Martin Blindow

Orgelgeschichte der Stadt Dortmund

MUSIK
Forschung und Wissenschaft

Band 2

LIT

Martin Blindow

Orgelgeschichte der Stadt Dortmund

Eine Dokumentation
von den Anfängen
bis ins 20. Jahrhundert

LIT

Gedruckt auf alterungsbeständigem Werkdruckpapier entsprechend
ANSI Z3948   DIN ISO 9706

235. Veröffentlichung der Gesellschaft der Orgelfreunde

Bibliografische Information der Deutschen Nationalbibliothek
Die Deutsche Nationalbibliothek verzeichnet diese Publikation in der
Deutschen Nationalbibliografie; detaillierte bibliografische Daten sind
im Internet über http://dnb.d-nb.de abrufbar.

ISBN 978-3-8258-0895-2

© LIT VERLAG Dr. W. Hopf Berlin 2008
Auslieferung/Verlagskontakt:
Fresnostr. 2   48159 Münster
Tel. +49 (0)251–62 03 20   Fax +49 (0)251–23 19 72
e-Mail: lit@lit-verlag.de   http://www.lit-verlag.de

O sagt mir an, wer diesen Wunderbau
Voll Stimmen alles Lebenden erfand?
Den Tempel, der, von Gottes Hauch beseelt,
Der tiefsten Wehmut herzerschütternde
Gewalt mit leisen Klageflötenton
Und Jubel, Zimbel- und Schalmeienklang
Mit Kriegstrommelhall und Ruf mit dem
Der siegenden Posaune kühn verband.
(Gottfried Herder)

A. Einleitung

Die Orgelgeschichte Dortmunds ist bisher nur sehr punktuell recherchiert und behandelt worden.[1] Deshalb versucht die vorliegende Arbeit, hier eine Lücke zu schließen. Der Verfasser konnte als langjähriger Orgelsachberater der evangelischen Kirche Westfalen viele Dokumente und Archivalien sammeln, so dass anschaulich und exemplarisch aufgezeigt werden kann, wie die Orgelbaukunst sich in Abhängigkeiten von der Kirchengeschichte, der Politik[2], der Wirtschaftslage, des städtischen Musiklebens und natürlich besonders von der allgemeinen musikalischen Ästhetik bis in unsere Tage entwickelte. Diese Untersuchung ist außerdem die erste ausführliche Orgelgeschichte einer westfälischen Großstadt.

Der Verfasser muss sich bei vielen Orgelfreunden für ihre bereitwillige Auskunft und Unterstützung bedanken: den Herren Helmut Dieckmann, Norbert Fiebig, Willi Garth, Eckhard Gerke, Winfried Kupka und Werner Silva, den Gemeindepfarrern, Herrn Macke von der Firma Walcker und den anderen Orgelbaufirmen. Ein besonderer Dank gilt Frau Susanne Barenhoff für ihre unermüdliche und unentbehrliche Hilfe und Frau Ingrid Beintker für die von ihr aufgenommenen Farbfotos.

1. Dortmunder Orgelbauer

Es ist und bleibt für einen Orgelhistoriker ein großes Rätsel, warum Dortmund kein gesuchter und anziehender Standort für die großen Orgelbauer war. Die wirtschaftlich starke Stadt besaß schon sehr früh Orgeln, einige Kirchen sogar zwei. Auch in der näheren Umgebung standen viele Kirchen mit Orgelwerken, so dass sich eigentlich ein lohnendes Arbeitsfeld anbot.

Baumeister des 16. Jahrhunderts sind uns nur dem Namen nach bekannt. Johann Becker, der öfter in der Lokalliteratur erwähnt wird, bleibt bisher in seiner Biographie zu unbekannt, um ihn als einflussreichen Orgelbaumeister anzusprechen. Laurenz Geilenkerken, 1909 in einer Zeitung erwähnt, hat außer seinem Namen keine Spur hinterlassen. Erst im 17. Jahrhundert kann man die Werkstatt Alberti mit einer nennenswerten Produktion nachweisen, die allerdings nur kleine Orgel aufweist. Einer der einflussreichsten Orgelbauer dieser Zeit, Andreas Schneider, wurde zwar in Dortmund geboren, hat aber in seiner Vaterstadt soweit bisher bekannt nie gearbeitet. Zu seinen noch heute in Fachkreisen hochgeschätzten Werken gehört das Instrument in Corvey, eine der größten und bedeutendsten his-torischen Orgeln unserer Region. Auch der einzige Vertreter der Orgelbauerzunft im 18. Jahrhundert, ein gewisser Johann Wey scheint fast nur mit Reparaturen sein Leben gefristet zu haben, denn wir kennen bisher nur einen kleinen Neubau von ihm. Man muss leider feststellen, dass alle größeren mehrmanualigen Instrumente bis 1800 von auswärtigen Meistern gebaut wurden. Mit dem 19. Jahrhundert bessert sich die Situation, wie eine amtliche Statistik zeigt. Die Regierung in Arnsberg meldete an den Oberpräsidenten von Vincke:

Zu unserm größten Befremden zeigt uns der Landrath des Kreises Dortmund unter dem 20sten d. Mts. nachträglich an, daß dorten folgende Orgelbauer wohnen:
1.   Mellmann in Dortmund
2.   Wild daselbst
3.   Meyer in Schwerte
und daß ersterer als ein zuverläßiger Mann bekannt ist, der durch die von ihm verfertigten Orgeln als ein geschickter Orgelbauer sich bewährt hat.
Wir haben nicht verfehlen wollen, Euer Hochwohlgeboren in Verfolg unseres gehorsamsten Berichts vom 2ten v. Mts. hiervon in Kenntniß zu setzen.
Arnsberg, den 30sten März 1824

Welche Brisanz sich hinter diesem Dokument verbirgt, konnte erst vor kurzem erkannt werde. Die beiden genannten Orgelbauer Mellmann und Wild waren Schüler des großen sächsischen Meisters Trampeli, der anlässlich der Aufstellung der großen Reinoldi-Orgel wenige Jahre in Dortmund lebte, und dieser Orgelbauer aus Adorf, dessen Qualität in Technik und Klang noch heute an einigen Instrumente in Sachsen studiert werden kann, baute streng in der Tradition des großen Silbermann. Seine Dortmunder Schüler, vor allem

Johann Christoph Mellmann, führten diese Tradition fort und konnten sich ein passables Arbeitsfeld schaffen, so dass man zum ersten Mal von einem nennenswerten, eigenständigen Dortmunder Orgelbau sprechen kann, der sich an der besten europäischen Orgeltradition orientierte. Jetzt konkurrierte Dortmund mit den anderen westfälischen Orgelbauerstädten. Von Mellmann übernahm Carl Herbst die Orgelbauergeschäfte und wechselte zum romantischen Klangbild. Er besaß noch so ein Ansehen, dass man ihn zu einem Kostenanschlag für eine dreimanualige Orgel in Petri (Soest) aufforderte. Seine Dortmunder Kollegen Derdack und Scholte konnten über Dortmund hinaus keinen Einfluss gewinnen. Im 20. Jahrhundert wohnten in Dortmund dann nur noch mehrere Bezirksvertreter der Firma Walcker, die für die Pflege der vielen Instrumente aus Ludwigsburg verantwortlich waren. Heute existieren wieder zwei Orgelbauwerkstätten (Kaltenhauser und Walentowicz).

2. *Konfessionelle Einflüsse.*

... und gäbe es in der protestantischen Kirche keine Orgel, so wäre sie gar keine Religion
(Heinrich Heine. Reisebilder. Die Bäder von Lucca. 1829.)

Schon immer bestimmten konfessionelle Positionen den Orgelbau, wenn das auch in den schriftlichen Dokumenten nie erwähnt wurde. Katholische Gemeinden bevorzugten katholische Orgelbauer, wie auf der Gegenseite evangelische Kirchen evangelische Orgelbauer beschäftigten. In Dortmund überwand man besonders auf katholischer Seite die in anderen Städten und Dörfern festgefahrenen Modalitäten und beauftragte schon mal Orgelmeister der anderen Konfession. St. Josef in Kirchlinde kaufte 1906 und 1965 eine Orgel der protestantischen Firma Walcker. Nach St. Antonius in Brechten kam 1952 ein Weigle-Instrument. Die norddeutsche Firma Kemper konnte zwischen 1948 und 1958 Orgeln für Liebfrauen, Gertrudis und St. Bonifatius liefern. Dass die maßgebenden Musiker des 19. Jahrhunderts, besonders die Organisten der Reinoldi-Kirche hier eine gewichtige Rolle spielten, weil ihr Rat von den katholischen Kirchen gerne eingeholt wurde, liegt auf der Hand. Erst in jüngster Zeit bestellten protestantische Gemeinden bei katholischen Firmen.

Einen heute kaum mehr verständlichen konfessionellen Konflikt trugen im 18. Jahrhundert einige evangelische Gemeinden untereinander aus. Die evangelische Kirche in Wickede diente als Simultankirche der reformierten und lutherischen Gemeinde. Aus der westfälischen Kirchengeschichte weiß man, dass die Unterschiede und Gegensätze in dogmatischen Fragen oft zu Auseinandersetzungen führten, die nicht gerade christlich-brüderlich ausgetragen wurden. Die Beziehungen waren immer sehr gespannt und führten oft zu Streitigkeiten, wenn es um Rechte und Pflichten der Benutzung des gemeinsamen Gotteshauses ging. 1790 beauftragten die Lutheraner aus Wikkede den Bochumer Orgelbauer Steffen, die Orgel umzusetzen und zu vergrößern, ohne sich mit den Reformierten abzusprechen, die energisch darauf hinweisen, dass die Orgel von den Adelsfamilien Bodelschwingh und Voigt der reformierten Gemeinde gestiftet worden war. Also ein unerhörtes Vergehen an fremdem Eigentum. Der Streit landete bald vor dem Unnaer Gericht und konnte erst dort gelöst werden. Auch in Wellinghofen stritt man äußerst heftig bis in die Mitte des 19. Jahrhunderts um die Bezahlung der Orgelkosten. Hier waren es die Reformierten, die allein über die Orgel bestimmen wollten. 1710 schafften sie sich eine neue Orgel an, deren kostenlose Mitbenutzung die Lutheraner verlangten. Als das abgelehnt wurde, brachen die Lutheraner die Tür zur Orgelbühne auf. Drei Jahre später verglich man sich in Lünen. Beide Seiten trugen die Hälfte der Orgelkosten. Friede kehrt aber immer noch nicht ein. Noch 1843 ist die lange Kriegsgeschichte nicht vergessen. Wieder geht es um die Eigentumsrechte, und jetzt erfährt man, dass der Bruderkampf lange tobte. Schon 1639 hatten die Lutherischen die Reformierten mit Gewalt aus Kirche und Pfarrhaus vertrieben. Der Konfessionskrieg war nach über 200 Jahren noch nicht vergessen. Man einigte sich erst auf massiven Druck der Regierung.

3. *Vernichtung und Zerstörung alter und junger Orgeln.*

Mementote animarum nostrarum, qui destruetis quod nos aedificavimus.
Gedenket unserer Seelen, wenn ihr zerstört, was wir erbaut haben. (Opherdike 1870)

Die Lebensdauer von Orgeln hängt in erster Linie von der baulichen Qualität ab. Wird nicht das beste Material verarbeitet, ist die technische Konstruktion fehlerhaft oder die Zusammenstellung der Register ohne Berücksichtigung ihrer Funktion vorgenommen, dürfte das Instrument kaum eine Generation überleben. Überblickt man die Dortmunder Orgelgeschichte, muss man schnell erkennen, dass bei weitem die meisten Instrumente nicht wegen schlechter Qualität durch Neubauten ersetzt wurden, eine Beobachtung, die man allgemein in der europäischen Orgelgeschichte macht. Die meisten Instrumente wurden vernichtet oder radikal umgebaut, weil sich der Zeitgeschmack geändert hatte, weil andere ästhetische und stilistische Maßstäbe galten und weil die Orgelliteratur angeblich Instrumente mit größeren und neuen Dispositionen verlangte. Oft sind die Gutachten der Sachverständigen, Organisten und Orgelbauer über alte Orgelwerke nicht objektiv, sondern subjektiv bestimmt, weil man unbedingt ein Instrument haben wollte, das die neueste technische Konstruktion besaß, z.B. pneumatische oder elektropneumatische Steuerungen. So wurden oft Orgeln, die eine gesunde Grundsubstanz besaßen, schlecht geredet, als unbrauchbare „Pfeifenkisten" hingestellt. Man muss also bei der Wertung von Zustandsberichten die Hintergründe sehen, obwohl nicht zu bestreiten ist, dass die Dortmunder Organisten, die Ende des 19.Jahrhunderts die zeitgenössischen Kompositionen spielen wollten, mit Recht ihre kleinen Barockinstrumente, auf denen man ja noch nicht einmal die Kompositionen eines Buxtehude und J.S. Bach spielen konnte, gegen moderne größere Orgeln tauschen wollten. In Dortmund hatten um 1900, als die Kirchen auch die nötigen finanziellen Mittel besaßen, die großen Innenstadtkirchen ohne Ausnahme ihre alten Orgeln gegen große spätromantische Orgeln ausgetauscht. So wurden auch die spätbarocken und frühromantischen Orgeln der Dortmunder Meister Mellmann und Herbst beseitigt. Jetzt konnte man in Konzerten die Werke von Bach, Reger, Franck, Widor etc. realisieren. Barockorgeln blieben nur in den kleinen Stadtrandkirchen erhalten.

Als sich um 1930 die „Orgelbewegung" formierte, man die Barockzeit als Maßstab aller Dinge propagierte, die romantische Orgel als ein große Fehlentwicklung bekämpfte und einen totalen Neuanfang forderte (zurück zur Orgel eines Schnitger und Silbermann, zurück zur Schleiflade), wurden nach und nach in den deutschen Landen die romantischen Instrumente vernichtet oder grundlegend umgebaut. Die neobarock orientierte Generation hatte schon ihre eigene Klangästhetik, kopierte also nicht ohne Rücksicht auf die zeitgenössische Musik. Grundtendenz war eine totale Ablehnung romantischer Traditionen.

Einige Orgelwerke gingen durch Kriege, Gebäudeeinstürze und Brand verloren. 1661 brach der Reinoldikirchturm zusammen und zerstörte einen Teil des Barockinstrumentes. In Kirchderne beschlagnahmten 1679 während des französisch-holländischen Krieges französische Truppen die Orgel, um die Bleiteile für die Waffenproduktion zu verwenden. 1914 brannte die Orgel der Pauluskirche ab. Bei weitem die meisten Zerstörungen verursachte der letzte

Weltkrieg. Viele Orgeln überlebten die verheerenden Bombenangriffe des letzten Weltkrieges nicht. Über 20 Kirchenorgeln wurden vernichtet, nicht mitgerechnet die vier Instrumente des Konservatoriums, der Schulen und einige Privatorgeln. Dortmund verlor die größten Orgeln der Innenstadt (zum Vergleich: im Kreis Tecklenburg wurde nur eine Orgel zerstört[3]), darunter der wertvolle gotische Orgelprospekt der Marienkirche, ein Kunstwerk von internationalem Rang, das in Fachkreisen äußerst bekannt war. Außerdem wurden zahlreiche Orgeln schwer beschädigt. Ein besonderes Schicksal traf die neue Orgel der St. Josefskirche in Nette. 1943 sollten die Orgelteile mit der Eisenbahn nach Dortmund transportiert werden. Sie gerieten im Kölner Hauptbahnhof in einen Bombenangriff und wurden vernichtet. Die letzten Verluste liegen noch nicht so lange zurück und gehören zum traurigsten und beklagenswertesten Kapitel der Stadtgeschichte. Trotz der fürchterlichen Fliegerangriffe konnten einige historisch wertvolle Instrumente erhalten bleiben. Man sollte erwarten, dass die Kirchenvorstände und Organisten damit sorgfältig und verantwortlich umgingen. Aber es konnte leider geschehen, dass einige Jahre nach Kriegsende die romantische Orgel des Dortmunder Orgelbauers Carl Herbst in Brechten abgerissen und beseitigt wurde, das letzte Instrument eines Dortmunder Meister aus dem 19. Jahrhundert. Ebenso unverzeihlich die sinnlose Zerstörung der großen Walcker-Orgel in Immanuel (Marten) vor ca. 20 Jahren, um einer Elektronenorgel Platz zu machen. Damit ging die letzte Dortmunder Großorgel aus der Hochblüte des Hauses Walcker verloren. Von derselben Firma stammte die große Westfalenhallenorgel, 1952 nach einem Dispositionsplan von Bunk gebaut. Als sie in den siebziger Jahren gründlich repariert werden sollte, lehnte das ein Dortmunder Gutachter ab, weil das Instrument mit immerhin über 60 Registern keinen künstlerischen Wert habe. Aus Teilen dieses Instrumentes zimmerte man Kleinorgeln zusammen! Und noch vor einem Jahr versteigerte man die große Orgel der Musikhochschule aus der angesehenen Werkstatt Führer für einen lächerlichen Preis.

4. *Orgeln zwischen Krieg, Politik, Wirtschaftskrisen, Finanzierung und Sachberatern.*

Das Blühen und Gedeihen des Orgelbauhandwerkes hängt natürlich von politischen und wirtschaftlichen Bedingungen ab. In Kriegen zerstören nicht nur feindliche Angriffe und Bombardierungen die Orgeln, Kriege hindern auch den Orgelbau massiv. Ja, Orgeln gelten als Materialquelle für die Rüstung.

So mussten im 1. Weltkrieg 1917 die wertvollen Zinnprospektpfeifen abgeliefert werden, die man auch in Dortmund später durch Zinkprospekte ersetzte. In den ersten Jahren des 2. Weltkrieges konnte die ev. Gemeinde Wikkede ihren Orgelbau nur über Bezugsscheine durchführen, weil die Materialien streng rationiert waren. Da die meisten Orgelbauer in den Kriegsjahren Militärdienst leisten mussten, wurden die Instrumente nicht mehr gepflegt und repariert, Neubauten nicht mehr ausgeführt.

Nach Kriegsende 1945 setzte mit dem wirtschaftlichen Aufschwung eine heute nicht mehr vorstellbare Orgelbautätigkeit ein. Neben den Wiederaufbauten entstanden etliche neue Kirchen, die alle Orgeln brauchten. Orgelbauten mussten und müssen heute noch von den Kirchenleitungen, wenn es sich um Denkmäler handelt, auch von staatlicher Seite genehmigt werden. Die Sachberater geben nicht nur die Dispositionen an, sie kontrollieren auch die technische und musikalisch-künstlerische Qualität der Instrumente, das Preis-Leistungsverhältnis und die Vertragsbedingungen. Dieses Verfahren existierte schon seit einigen Jahrhunderten. Die Preußische Regierung setzte Anfang des 19. Jahrhunderts amtliche Revisoren ein, meistens Seminarlehrerorganisten, die sich in das Aufgabengebiet eingearbeitet hatten. In Berlin saß ein „Oberrevisor", der bei größeren Neubauten eingeschaltet wurde. Die Sachberater hatten und haben die Interessen der Gemeinden zu vertreten, die sie bezahlten, sollten aber auch dafür sorgen, dass die Gemeinden nicht den Orgelbauern unmögliche Bedingungen vorsetzen. Zu diesem Punkt liefert die Dortmunder Orgelgeschichte eine interessante Geschichte: Der Geistliche von St. Ewaldi in Aplerbeck hatte einen verbindlichen Orgelbauvertrag abgeschlossen, verließ dann aber die Gemeinde. Als ein neuer Vikar kam, bestellte der das Instrument ab, denn sein Vorgänger hätte das privat zu verantworten und schrieb rücksichtslos dem Orgelbauer: *Er solle nicht auf Geld hoffen.* Die Einhaltung des Vertrages konnte er aber wegen des Widerstandes der Gemeinde nicht verhindern, sondern nur aufhalten.

Für die Finanzierung der Orgeln gab es im 18. Jahrhundert verschiedene Wege. Entweder es zahlte ein Patronatsherr (im Raum Dortmund waren das u.a. die Adelsfamilien von Romberg, von Bodelschwingh und von Voigt) oder man legte eine Umlage fest. In den sogenannten Hebelisten wurde je nach Vermögenslage festgelegt, was die einzelnen Familien zu zahlen hatten, ein Finanzierungskonzept, das heute mit Sicherheit nicht durchzuführen ist. Allerdings musste dafür eine Genehmigung eingeholt werden. 1724 wurde z.B. eine Beisteuer zur Orgel der ev. luth. Gemeinde abgelehnt[4]. Beim Bau in Wellinghofen verteilte man 1709 die Kosten auf verschiedene Schultern. Die Gemeindemitglieder übernahmen den Transport der Orgelteile von der Dortmunder Werkstatt in die Kirche, bauten die Orgelbühne und das Balghaus, also reine Zimmer- und Schreinerarbeiten, und beköstigten die Orgelbauer. Den größten Posten stifteten die Adeligen, einen geringen Teil einige Gemeindeglieder, der Rest wurde in befreundeten Gemeinden gesammelt. Man belastete also eigene Gemeindekasse mit keinem Taler.

Die evangelische Gemeinde Wickede beschritt einen anderen, früher möglichen Weg: Sie verkaufte Kirchensitze, was natürlich nur funktionierte, weil in verflossenen Zeiten die sonntäglichen Gottesdiensten stark besucht wurden. Heutzutage stehen die Kirchenvorstände vor viel schwierigeren Problemen, denn nur noch in seltenen Fällen werden Orgeln gestiftet. Dortmund kennt da einen Organisten, Max Lorf, der sein Gehalt dem Orgelfond stiftete, wo sich bei seiner langjährigen Amtszeit beträchtliche Summen ansammelten. Das so finanzierte Instrument steht heute noch in der ev. Melanchthonkirche. Erinnert sei auch an die vor wenigen Jahren durchgeführte Restaurierung der historischen Hauptfriedhofsorgel, deren Kosten die Stadtsparkasse übernahm.

Die Kosten für Orgelwerke haben sich im Laufe der Jahrhunderte enorm gewandelt. Die Dortmunder Orgelakten geben da aufschlussreiche Unterlagen. Material- und Arbeitskosten haben die Orgelbaukosten immer weiter in die Höhe getrieben. Im Kostenanschlag der Firma Rohlfing aus dem Jahre 1877 für die ev. Gemeinde Wickede sind bei den einzelnen Registern die Arbeits- und Materialkosten genau angegeben. Daraus ergibt sich, dass für Beschaffung des Materials fast dieselbe Summe wie für die Arbeit angesetzt wurde (50,74% zu 49,26%). Nach dem letzten Weltkrieg stiegen mit dem Aufschwung der Wirtschaft die Löhne und die Kosten für Spesen bei auswärtigen Bauten steil an. Jährliche Lohnerhöhungen von 5,4%, wie 1957 in Nette berechnet, bewegten sich da noch am unteren Ende. Die Registerpreise lagen 1965 bei 5.000 bis 7.000 DM, im Jahr 2000 bei ca. 13.000 Euro, haben sich also innerhalb von 35 Jahren um das beinah Vierfache gesteigert, eine Entwicklung, die bei der immer prekäreren Finanzlage der Kirchen in den letzten Jahren viele deutsche Firmen in die Insolvenz getrieben hat. Heute verschlingen die Lohnkosten 85% der Gesamtkosten in Deutschland und es bleibt nur noch eine Frage der Zeit, wann außereuropäische Werkstätten die

Oberhand gewonnen haben.

5. Denkmalpflege

Mit mir ihr Volcker singt dem Hern vnter Trompeten vndt Orgel Schal (Inschrift von 1695 unter dem Stifterwappen der Orgel Stift Keppel bei Siegen).

Die immerhin doch sehr respektable Zahl von erhaltenen historischen Instrumenten in Dortmund ist durchweg in keinem idealen Zustand. Die Mehrzahl der Orgeln präsentiert sich heute noch mit umgebauten Dispositionen, stilfremden Zubauten und veränderter Technik. Das trifft hundertprozentig für die Barockinstrumente zu. Die Alberti-Orgel in Wellinghofen, die restauriert werden soll, bietet die letzte Chance, ein wiederhergestelltes Original der Dortmunder Werkstatt zu bekommen. Dortmund hätte dann wieder ein vorzeigewertes Barockorgelwerk und kein Fragment ohne kunsthistorischen Wert. Es wäre auch eine lohnende Aufgabe für die Denkmalpflege, die bisher in Dortmund vor allem die romantischen Instrumente angemessen betreute.

Gelegentlich kam es zu Auseinandersetzungen zwischen amtlichen Beratern und Musikhistorikern. So direkt nach dem letzten Weltkrieg in Wellinghofen, also in einer Zeit, als die strenge Restauration, d.h. Erhalt der originalen Bausubstanz, noch nicht überall praktiziert wurde und nur sehr wenige Orgelbauer überhaupt die notwendigen technischen und historischen Kenntnisse im Umgang mit alten Instrumenten besaßen. Siegfried Gerdes, der kirchliche Gutachter, hatte die alte Alberti-Orgel 1947 untersucht und empfahl, die „sehr gut erhaltene Orgel" durch einen ortsansässigen Vertreter der Firma Walcker reparieren zu lassen. Als das der promovierte Musikwissenschaftler Maxton hörte, der seit 1938 in Dortmund wohnte, ein Kenner der Barockzeit, wandte er sich hilfesuchend an den Direktor der neuen Landeskirchenmusikschule in Herford, Wilhelm Ehmann, und kritisierte das amtliche Gutachten, denn die wertvolle Orgel sei in einem beklagenswerten Zustand (Bomben hatten einen Teil des Gewölbes zum Einsturz gebracht, Fenster zerstört und Feuchtigkeitsschäden verursacht). Der beauftragte Orgelbauer habe keine Kenntnisse im mechanischen Schleifladenbau und nach seinen Erfahrungen sei er mit dieser Aufgabe total überfordert. Maxton, der mit dem Wellinghofer Pfarrer befreundet war, wollte das im 19. Jahrhundert umgebaute und vergrößerte Instrument wieder auf seinen einmanualigen Originalzustand rückführen, konnte sich aber beim Presbyterium und dem Organisten nicht durchsetzen. Immerhin zeigt diese Auseinandersetzung, dass schon sehr früh Grundsatzfragen der modernen Orgeldenkmalpflege in Dortmund diskutiert wurden.

Zwischen den Sachverständigen der Kirchen und des staatlichen Denkmalamtes kommt es schon einmal zu starken Meinungsverschiedenheiten. Beide Seiten vertreten öfter verschiedene Interessen. Der kirchliche Beauftragte betont die gottesdienstliche Praxis, der staatliche Denkmalpfleger will die Erhaltung historischer Substanzen. Alte Instrumente mit ihren eingeschränkten Klavierumfängen, ihrer stilistisch einseitigen Disposition und ihrem historischen Klangbild finden nicht immer den Zuspruch der zuständigen Organisten, die ein Instrument spielen möchten, das möglichst allen Literaturansprüchen genügt. 1989 gab es diese Situation in St. Marien (Sölde). Dort stand eine Furtwängler-Orgel von 1905, die abgebaut worden war. Zwei Manuale mit 12 Registern. Im Nebenwerk nur drei Achtfüße plus Flöte 4, Subbass 16 und Prinzipal 8 im Pedal. Also ein Instrument mit sehr beschränkten Möglichkeiten für die Orgelliteratur. Prof. Dr. W. Schlepphorst vom Denkmalamt vertrat energisch den Standpunkt, dass es sich hier um ein erhaltenswertes Beispiel bester deutscher romantischer Tradition handele. In Frage käme nur eine Wiederaufbau und Restauration nach strengen denkmalpflegerischen Maßstäben. Dagegen votierten der kirchliche Sachberater Prof. Schmitz aus Paderborn und die Gemeinde für ein größeres Instrument, das für die Gottesdienste besser geeignet sei. Gegen das Denkmalamt setzte die Pfarrgemeinde ihre Stellung durch und baute nur wenige Register der Furtwängler-Orgel in den Neubau ein.

Eine leider nicht öfter praktizierte Lösung fand man 1974 in der ev. Kirche Barop. Hier stand eine zweimanualige pneumatische Link-Orgel von 1913 mit 21 Registern mit einer für spätromantische Musik geeigneten Disposition. Die Technik des Instrumentes war aber so abgespielt und unzuverlässig, dass eine gründliche Überholung enorme finanzielle Kosten verursacht hätte. Der kirchliche Sachverständige (M. Blindow) schlug vor, das romantische Instrument nicht abzureißen, sondern auf der Orgelempore stehen zu lassen und im Kirchenschiff seitlich eine neues Werk aufzustellen. Im Presbyterium war man zunächst der Meinung, dass die Gemeinde zwei Orgeln als unnötigen Luxus empfinden würde, entschied sich dann aber für den Vorschlag des

Sachverständigen. Man ließ sich davon überzeugen, dass man so ein wertvolles altes Instrument erhält und es später, wenn die notwendigen Gelder eventuell vorhanden seien, restaurieren könnte.

6. *Historische Orgeln in Dortmund*

Dortmund besitzt heute noch einen ansehnlichen Bestand an historischer Orgelsubstanz, was leider kaum bekannt ist. Dass sich viele alte Instrumente nach den Bombenangriffen des letzten Weltkrieges erhalten haben, grenzt an ein Wunder. Von den Barockorgeln blieb kein Instrument von Umbauten verschont. Das hängt in erster Linie von der ursprünglichen Größe der Orgeln ab. Es waren meist einmanualige Kleinorgeln ohne Pedal, deren Konzeption schon im 18. Jahrhundert außerhalb Westfalens nicht mehr gefragt war. Bei der Vergrößerung versetzte man in den meisten Fällen die Werke vom Chor auf die Westempore, weil hier genügend Platz war, um auch den Kirchenchor aufstellen zu können, denn die Organisten leiteten meistens auch den Gemeindechor. Die Auflistung zeigt, dass die meisten historischen Instrumente aus dem 19. und 20. Jahrhundert stammen, geliefert von Firmen, die heute repräsentativ für die Qualität des romantischen deutschen Orgelbaues stehen.

    Aplerbeck Kirche Märtmannsstr. 1870 Schulze II/31
    Asseln ev. Kirche Furtwängler 1906 II/24
    Barop ev. Kirche Link 1913 II/21
    Berghofen ev. Kirche Walcker 1929 II/15
    Bodelschwingh ev. Kirche Meyer 1890/ Walcker 1941 II/20
    Dorstfeld ev. Kirche Sauer 1904 III/39
    Dortmund-Mitte Albertus Magnus um 1930, stand ursprünglich in Gertrudis I/6
    Dortmund-Mitte Altkath. St. Martin Walcker 1912 II/11
    Eichlinghofen Mariä Königin Marcussen 1871 II/10
    Eichlinghofen ev. Kirche Johann Georg Alberti um 1700 II/13
    Eving St. Barbara (Teile) um 1900 III/36
    Hauptfriedhof Am Gottesacker Eggert-Feith 1923 II/12
    Husen ev. Kirche Link 1908 II/17
    Körne St. Liborius Stockmann 1915 II/27
    Kurl kath. Kirche Stockmann 1909 II/20
    Mengede ev. Kirche Faust 1911 II/19
    Oespel ev. Kirche Walcker 1902 II/8

Wellinghofen ev. Kirche Johann Georg Alberti 1709 II/15

Von dem Barockorgelmeister Johann Georg Alberti besitzen wir noch zwei leider umgebaute Instrumente. Da die Orgel in Wellinghofen restauriert werden soll, besteht hier wahrscheinlich die letzte Chance, ein Instrument der Dortmunder Werkstatt auf die ursprüngliche Disposition zurückzuführen. Alle Orgelwerke der Dortmunder Orgelbauer Mellmann und Herbst aus der frühromantischen Epoche gingen verloren. Erst aus der zweiten Hälfte des 19. Jahrhunderts haben sich mehrere Denkmalorgeln erhalten. In der ev. Kirche Aplerbeck Märtmannsstr. steht ein größere Orgel der Werkstatt Schulze aus Paulinzella, von der wir in Westfalen zwischen 1847 und 1881 zehn Orgelbauten nachweisen können. Fünf Jahre vor dem Dortmunder Auftrag hatte Schulze in der Petrikirche Soest ein dreimanualiges Werk aufgestellt, das von dem bedeutenden Orgelbautheoretiker Töpfer aus Weimar abgenommen wurde. Von der noch heute hochgeschätzten dänischen Firma Marcussen steht ein kleines Instrument in Mariä Königin Eichlinghofen, eine Kleinorgel, die erst vor einigen Jahren nach Dortmund kam, mit westfälischem Orgelbau nichts zu tun hat, aber die Dortmunder Orgellandschaft bereichert, denn die Werkstatt Marcussen gehört zu den ganz wenigen europäischen Betrieben, die vom 19. Jahrhundert bis in unsere Tage durchweg hochwertige Instrumente baute. Nur wenige Teile haben sich von der in Westfalen sehr aktiven Herforder Werkstatt Meyer in der ev. Kirche Bodelschwingh erhalten. Das Instrument wurde im letzten Krieg total umgebaut. 1902 lieferte die Ludwigsburger Firma Walcker für Oespel ein kleines Orgelwerk, das heute zu den wertvollsten Denkmalorgeln aus der Glanzzeit der Werkstatt gehört, die mit der Reinoldiorgel in der europäischen Organistenwelt Furore machte und in Dortmund bei weitem die meisten Instrumente bauen konnte. Es wird in der Fachwelt oft vergessen, dass die Württemberger schon vor 1909 in Dortmund bekannt und eingeführt waren, denn 1894, also 15 Jahre vorher, erhielten sie einen Auftrag für die Pauluskirche. Ende des 19. Jahrhunderts konnte die Hannoversche Werkstatt Furtwängler & Hammer in Westfalen Fuß fassen. Nicht weit von Dortmund, in Bochum-Hamme, hatte die Firma 1898 ein 28-registriges Werk aufgestellt, dessen Qualität den Auftrag für Asseln 1906 auslöste. Das Instrument in Asseln gehört heute zu den bedeutendsten Denkmalinstrumenten der Stadt, weil sich die Orgel in allen Teilen original erhalten hat, eine klanglich überzeugende spätromantische Meisterleistung. Asseln wird nur noch übertroffen von der Sauer-Orgel in Dorstfeld, die zu den größten erhaltenen Instrumenten der international arbeitenden Werkstatt aus Frankfurt/Oder gehört. Die mit 40 Registern ausgestattete Orgel ist in Fachkreisen weit bekannt, wird oft als Studienobjekt für Restaurationen besucht und ist für Aufnahmen romantischer Orgelmusik unter den Organisten sehr beliebt. Wilhelm Sauer, der Gründer des Frankfurter Betriebes, hatte bei den besten europäischen Meistern gelernt und führte seine Werkstatt zu einem beispiellosen Erfolg. Bis zum 1. Weltkrieg baute er für Westfalen bei weitem mehr Instrumente als die anderen Firmen. Allein in Bochum standen vier größere Werke (Bochum-Linden 1877: 30 Register, Christuskirche 1878: 38 Register, Synagoge 1878: 14 Register, Laer 1887: 28 Register). Zwei Instrumente der Werkstatt Link aus Giengen stehen noch heute in Dortmund, sind aber leider nicht in einem akzeptablen Zustand. Dass der Orgelbauer Paul Faust, immerhin nicht weit von Dortmund in Schwelm sesshaft und um 1900 für Rheinland und Westfalen die meistbeschäftigste evangelische Werkstatt, in Dortmund verhältnismäßig wenig beschäftigt wurde, lag sicher an der beherrschenden Vormachtstellung von Walcker. Belegt sind nur sieben Bauten, von denen sich lediglich in Mengede ein Umbau erhalten hat. In den katholischen Kirchen wurden um 1900 die meisten Orgeln von den Werkstätten Eggert-Feith in Paderborn und Stockmann in Werl geliefert. Im Gegensatz zu den evangelischen Gemeinden, die keine westfälischen Orgelbauer bevorzugten, bestellten katholische Kirchen bei den beiden großen westfälischen Betrieben.

Zwei interessante Werke stehen in Kurl (Stockmann 1909) und in der Kapelle des Hauptfriedhofes (Eggert-Feith 1923).

7. *Kirchenorgeln*

Gott ist ein Organist
Wir sind sein Orgelwerk,
sein Geist bläst jedem ein
und gibt zum Ton die Stärk
     Angelus Silesius

7.1 Standort im Kirchraum

Bis ins 17. Jahrhundert übernahm die Orgel nur Zwischenmusiken oder alternatim d.h. im Wechsel mit dem liturgischen Chor, der Schola, die Stücke des Ordinariums, besonders Kyrie und Gloria. Sie konnte auch Teile des Gottesdienstes allein ausführen, war aber für die Gottesdienstpraxis nicht unbedingt erforderlich. Entsprechend ihrer liturgischen Funktion positionierte man in den großen Kirchen bis ins 16. Jahrhundert die Orgel meist als „Schwalbennest" an einer Längswand des Mittelschiffes oder in Nähe des Altarraums, wobei die ausladenden Balganlagen einen geeigneten Raum hinter dem Instrument benötigten. Zu sehen ist dieser ehemalige Balgraum noch heute in der Marienkirche Dortmund, die bis zum letzten Weltkrieg einen der wertvollsten historischen Schwalbennest-Prospekte Deutschlands besaß. Beim Orgelneubau nach dem letzten Kriege wurde der Prospekt dem gotischen Vorbild in Stellung und Aufbau bewusst nachempfunden, ohne allerdings das prachtvolle und reich mit wertvollen Schnitzereien verzierte gotische Gehäuse künstlerisch gleichwertig zu ersetzen. Der Typ der Schwalbennestorgel hat sich in NRW erhalten in der Marienkirche Lemgo.

Als um 1650 in den evangelischen Gemeinden die Orgelbegleitung des Gemeindegesanges eingeführt wurde, die Orgel sich jetzt zum unentbehrlichen Instrument für die Gottesdienstpraxis entwickelte und eine enorme Bautätigkeit einsetzte, wechselte auch der Standort. Es lag ja wohl nahe, dem Orgelwerk eine akustisch günstige Position zu geben. Besonders in den kleinen romanischen Dorfkirchen des Dortmunder Randbezirkes bot sich da der Altarraum an. Hier konnte sich der Klang ungehindert ausbreiten. Da in dieser Zeit die Gemeinden die Kirchen nach ihrem Spätbarockgeschmack umgestalten wollten, entwickelte man Orgel, Kanzel und Altar zu einem einheitlichen Aufbau, den man heute gerne den „Bergischen Prospekt" nennt, obwohl sich diese Prospektform auch in anderen Landschaften findet. Bekanntestes Beispiel einer im Altarraum aufgestellten Orgel ist sicher die Silbermannorgel der Frauenkirche Dresden, deren Wiederaufbau heftigste Kontroversen in der Fachwelt auslöste, als entschieden werden sollte, ob man eine historisch strenge Kopie des Silbermanninstrumentes oder eine moderne Konzertorgel bauen sollte[5]. Man bezeichnet diese Form auch als „Prinzipalaufbau", weil hier die Prinzipalstücke des Kirchraumes, Orgel, Kanzel und Altar als Träger des Lobgesanges, der Wortverkündigung und des Sakramentes eine hohe Symbolkraft darstellten. Im Bergischen Land war die Orgel in Verbindung mit Kanzel und Altar weit verbreitet, u.a. in Altena, Blankenstein, Radevormwald, Voerde, Rönsahl und Kirchende. Der Aufbau besaß eine selbständige, geschlossene zweigeschossige Holzkonstruktion, im Erdgeschoss der Altar, im Obergeschoss die Orgel mit angehängter oder abgestützter Kanzel. Hinter der geschlossenen Front lagen die Treppe zur Kanzel und Orgel und die Sakristei.[6] Der Prinzipalaufbau blieb nicht auf lutherische Kirchen beschränkt, sondern ist auch in reformierten Gemeinden anzutreffen, z.b. in Radevormwald, Wuppertal-Ronsdorf, Wuppertal-Cronenberg etc. Natürlich fehlen im Untergeschoss Altarbilder. Die Wand hinter dem einfachen Abendmahlstisch lockerte man gerne mit Fenstern auf. Wir besitzen noch eine Fotographie aus dem Jahre 1893 der Alberti-Orgel von Eichlinghofen, auf dem man den ursprünglichen Orgelkanzelaufbau gut erkennen kann. Die Orgel steht oben in der Brüstung der dreigeschossigen geschlossenen Front, die eine Tür für die Kanzel hat. Der Altar steht vor der Kanzel[7].

Seit dem 19. Jahrhundert stellte man die jetzt größeren Instrumente durchgängig auf Westemporen, die gleichzeitig für den Gemeindechor genutzt wurden. Eine besondere Lösung fand man in der ev. Kirche Marten, wo hinter dem Altarraum eine große Sängerbühne mit einem imposanten Orgelwerk eingerichtet wurde. Den Orgeln auf Seitenemporen steht selten genügend Tiefe zur Verfügung, was für die technische Anlage nicht günstig ist (abgebrochene Kemper-Orgel Brechten). Eine für Dortmund einmalige Position zeigt die ev. Kirche Asseln. Hier verschwindet die alte Furtwängler-Orgel seitlich hinter einem Mauerdurchbruch, bleibt aber akustisch sehr präsent im Kirchenschiff.

In der Dortmunder Hauptsynagoge richtete man sich nach den Tendenzen der damaligen jüdischen Gemeinde. Die Reformbewegung versetzte den Almemor (die erhöhte Tribüne, von der die Thora (Pentateuch) verlesen wird) nach Osten[8]. Hier wurde dann zusammen mit der Lade, der Chorempore und dem Orgelwerk eine innenarchitektonische Einheit geschaffen, die im Blickpunkt der Gemeinde lag, eine auffällige Parallele zu der Zusammenfassung von Altar, Kanzel und Orgel im barocken evangelischen Kirchenbau, wie sie auch in den Dortmunder Kirchen bekannt war.

7.2 Dortmunder Orgeln vor 1600

Obwohl wir einige Nachrichten und Dokumente aus der Zeit vor der Reformation und zahlreichere Belege aus dem 16.–17. Jahrhundert kennen, lassen sich keine näheren Angaben zu den Dispositionen, dem technischen Aufbau und der Klanggestaltung festmachen. Für einen Orgelhistoriker, dem nur Namen und Baudaten zur Verfügung stehen, eine unbefriedigende Situation. Es hat sich bis heute keine Pfeife, keine Taste, rein gar nichts aus vorbarocker

Zeit herüber gerettet. Dortmund kannte schon sehr früh Orgeln, denn ihre Geschichte reicht bis ins 14. Jahrhundert. Beim Besuch Karls IV. (1377) hat eine Orgel in Reinoldi „zur großen Freude fröhlich ihren Klang und süße Stimmen zum Priester- und Scholagesang erklingen lassen". Sie verherrlichte die kaiserliche Macht und die feierliche Liturgie. Die Propsteikirche besaß 1415 Orgeln, und in Petri hat nachweislich 1447 eine Orgel gestanden. Auch die alte Nicolaikirche, um 1800 abgebrochen, benutzte Anfang des 16. Jahrhunderts eine Orgel. Alle alten Stadtkirchen waren zu dieser Zeit mit Instrumenten ausgestattet, ja die Orgelmusik war so beliebt und integriert in die Liturgie, dass Reinoldi und die Propsteikirche zu dieser Zeit sogar zwei Orgelwerke hatten. Im Ganzen eine Situation, wie sie in allen Städten anzutreffen war.

Peter Imort kann in seiner Untersuchung zur Dortmunder Orgelkultur des 16. Jahrhunderts keine sehr konkreten und auswertbaren Daten vorlegen, die über das bisher Bekannte hinaus neue Erkenntnisse liefern könnten. Für die liturgische Funktion halten sich seine Belege in einem allgemeinen Rahmen, der nicht nur für die Dortmunder Situation üblich ist[9]. Wie in allen repräsentativen Kirchen beschränkte sich die Orgel in den Gottesdiensten auf Vor-, Zwischen- und Nachspiele. So berichtet die *Ordnung der gesänge, welche nuhnmehro allezeit in unsere Kirche S.R*(einoldi) *soll gehalten werden: nach der Predigt soll der organist die Orgel rühren die Gemeinde zu dimittiren*. Gleiches gilt sicher auch für alle anderen protestantischen Kirchen der Stadt, in denen Orgeln standen[10].

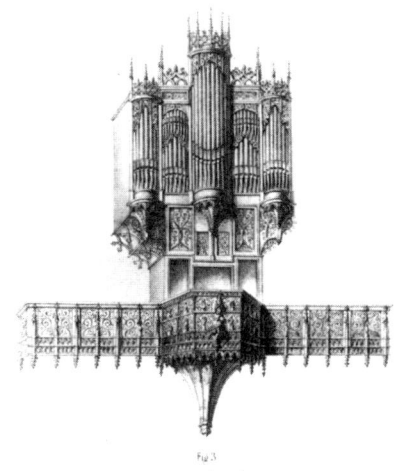

Marienkirche.
Zeichnung von Quast um 1900.

Aus der näheren Umgebung von Dortmund sind einige Orgelbauer aus vorreformatorischer Zeit bekannt, so Johann von Schwerte, der nach Dortmund zog und hier die Stadtkirchen versorgte. Er hatte bei Kremer aus Soest gelernt. Ihm rechnet man auch die Orgel zu, deren Gehäuse noch bis zum letzten Kriege die Marienkirche zierte, ein in der internationalen Fachwelt bekanntes Denkmal, im 19. Jahrhundert von dem reisenden englischen Orgelkenner Hill und dem Berliner Baurat von Quast gezeichnet, ein Kunstschatz von hohem Rang. Der Verlust dieses Gehäuses ist kaum zu verschmerzen. Die originale Disposition ist bis heute unbekannt. Wir kennen nur Unterlagen aus dem beginnenden 19. Jahrhundert, die allerdings zeigen, dass damals das Instrument nur 15 Register ohne Pedal besaß. Bekannt sind einige ungefähr gleich große niederländische Orgeln dieser Zeit, die uns zeigen, wie die Dortmunder Marienorgel wahrscheinlich konzipiert war.

1590 St. Ludgeri Münster – Reinhard Lampeler, Orgelmacher aus Miel-Land Cuick[11]

Principalwerck Sprinckclade	Brustwerk Schleifflade
Praestant 6 Labien mit Laubwerk verziert	Quinteden 6
Octaff 3	Gemßhorn
Super Octaff 1 1/2	Nasat
Mixtur	Ruschzimbal
Scherff	Krumhorn 6
Bardonn 12	
Scheufflet Octaff	Tremlandt
Holt Piff 3	Nachtegall
Trumpet 6	Trumme
Angehängtes Pedal	

1565 Warendorf – Gebrüder Cornelis und Michael Slegel aus Zwolle[12]

Hauptwerk Springlade	Brustwerk Springlade
Praestant 6	Koppelflöte 3
Octav 3	Sifflöte 1
Quinte 2	Rauschzimbel
Mixtur	Krummhorn 6
Quintaden 12	
Holtflöte 6	Tremulant
Gemshorn 1 1/2	Nachtigall
Trompete 6	
Angehängtes Pedal	

Anfang des 19. Jahrhunderts stand noch in der Dortmunder Marienorgel im Hauptwerk ein 32', für eine pedalwerklose Orgel sehr erstaunlich. Dass dieses für die Stadt doch sehr repräsentative Instrument bis Ende des 19. Jahrhunderts kein Pedal hatte, zeigt eine in Dortmund besonders auffallende Tendenz: Auf das Pedal verzichtete man gerne aus westfälischer Sparsamkeit oder aus technischer Bequemlichkeit. Die Organisten der vorromantischen Epochen konnten sich auf ihren Dienst so gut am heimischen Cembalo oder Clavicord vorbereiten, brauchten zum Üben keinen Balgtreter, was ja auch Kosten sparte, aber gehörten sicher nicht zur europäischen Spitze der Organistengilde. Erst zur Zeit von Mendelssohn spielen in den Hauptkirchen professionell ausgebildete und anspruchsvollere Musiker, für die ein voll ausgebautes Pedal selbstverständlich ist.

Wenige Nachrichten kennen wir von zwei angeblich in Dortmund lebenden Orgelbauern: Laurenz Geilenkerken, um 1520 nachweisbar, und Johann Bekker, zwischen 1530 und 1540 Geistlicher an Reinoldi, der in der Literatur immer wieder als Orgelbauer bezeichnet wird, dessen Vita und Ämter ihn aber eher als Orgelbautheoretiker und Förderer ausweisen. Er wird in seiner Dortmunder Zeit anstehende Reparaturen und Neubauten beraten haben. Für den Bau in der Reinoldi-Kirche 1598 verpflichtete man Meister Jan Slegel aus den Niederlanden, damals die führende europäische Orgelbauerheimat. Slegel und seine orgelbauenden Verwandten lebten und arbeiteten schon längere Jahre in Westfalen mit hervorragendem Erfolg. Jan amtierte auch einige Jahre als Organist in Bielefeld, ging aber dann nach Zwolle zurück. Zu den erhaltenen wertvollen Instrumenten dieser Werkstatt gehört u.a. die erhaltene Marienorgel in Lemgo. Schon im 16. Jahrhundert begnügte man sich in der Reinoldigemeinde nicht mit den ortsansässigen Orgelbauern, sondern holte von auswärts anerkannte und hochgeschätzte Künstler.

Die Randgemeinden der Stadt werden in der Reformationszeit kaum Orgeln gekannt haben. Sie waren damals für die Gottesdienste auch nicht notwendig, denn die Gemeinde sang die Kirchenlieder unbegleitet. Kantor und Schüler führten die Gemeinde. Zu den Gemeinden, die schon 1560 ein Orgelwerk benutzten, gehört, und das ist das einzige Beispiel, was wir bisher kennen, Wickede.

7.3 Das 17. und 18. Jahrhundert. Die Orgelbauer Alberti.

Der heute noch vorhandene Bestand an Dortmunder Barockorgeln stammt zum allergrößten Teil von der Familie Alberti. Wir können über 30 Arbeiten von ihnen nachweisen. Sie haben einen besonderen Orgeltyp entwickelt und auch die Baugeschichte der Region beeinflusst, weil sie mit den Orgelbauern Wienbreucker und Heilmann enge Geschäftsverbindungen pflegten. Im Chor der ev. Kirche Blankenstein steht noch heute eine ihrer eindrucksvollsten Orgeln, die eine organische Einheit mit Kanzel und Altar bildet. Die Werkstatt wurde Ende des 16. Jahrhunderts in Hattingen gegründet und ist bis in die zwanziger Jahre des 18. Jahrhunderts nachweisbar. Der erste Orgelbauer Peter Alberti hatte sich als Autodidakt die notwendigen Kenntnisse angeeignet und amtierte als Organist in Hattingen an der St. Georgskirche. Wie viele seiner westfälischen Kollegen konnte er nicht nur Orgeln bauen, sondern auch spielen. Für die Kirchengemeinden brachte das natürlich einen enormen finanziellen Vorteil, weil sie keine auswärtigen Baumeister verpflichten mussten, die Orgelbauer aber konnten sich so eine willkommene Einnahmequelle sichern. Allerdings gab es auch für die Gemeinden einige Nachteile, weil der Orgelbauer bei den damaligen beschwerlichen Reiseverhältnissen länger abwesend war, wenn er auswärts arbeiten musste.

Peter Alberti, vielleicht identisch mit Peter Allerts oder Ellerts, der 1591/93 in Wanne-Eickel auftritt, heiratete dreimal und starb in hohem Alter in Hattingen. Wir kennen heute nur noch einen kleinen Teil seiner Arbeiten. Neue Orgeln lieferte er für die ev. Kirche Herbede (1611) und seine Hattinger Heimatkirche (1634). Zu seinem Geschäftsbereich gehörten auch Coesfeld und Burgsteinfurt.

Vor 1614 wurde sein ältester Sohn Albert aus der ersten Ehe geboren, der bei seinem Vater lernte und 1637 in Hattingen heiratete. Er verlegte um 1640 die Hattinger Werkstatt nach Dortmund und übernahm das wichtige Organistenamt an St. Reinoldi. Auch von ihm sind bisher nur wenige Aufträge bekannt, u.a. der Orgelneubau für die ev. Kirche in Bergneustadt. Nach seinem Tode im Jahre 1670 führte sein Sohn Johann Georg die Dortmunder Werkstatt weiter mit seinem Bruder Johann Hermann, der in Reinoldi den Organistendienst übernahm, wenn Johann Georg verreist war. Ende des 17. Jahrhunderts treten noch die Brüder Heinrich und Werner Alberti auf, vermutlich Söhne von Albert Alberti. 1690 benutzten sie in Brechten eine Bohlenlade, wie sie im Brabanter Orgelbau seit Ende des 15. Jahrhunderts als Blockwerk bekannt, Ende des 17. Jahrhunderts aber lange durch die Schleiflade verdrängt war[13]. Die Orgel muss bei den engen Kanzellen einen hohen Winddruck (um 90 mm) gehabt haben, den man später anscheinend erniedrigte, wodurch das Instrument windstößig wurde. Als 1722 Johann Georg Alberti starb, wurde anscheinend auch die Werkstatt aufgelöst.

Die drei Generationen entwickelten Instrumente, die ganz auf die gottesdienstlichen Aufgaben der evangelischen Gemeinden zugeschnitten waren: kleine, einmanualige Orgeln mit angehängtem Pedal, die auf einer eigenen kleinen Empore im Altarraum über der Kanzel standen, eine akustisch sehr günstige Stellung. Sie waren konzipiert für die Begleitung der Gemeindegesänge, nicht für hochanspruchsvolle konzertante Orgelmusik. Deshalb lassen sie sich auch nicht mit den drei- und viermanualigen großen Instrumenten des norddeutschen Raumes vergleichen oder den mitteldeutschen Orgeln, wie der junge Bach sie kannte. Orgelwerke mit 20 Registern waren im Dortmunder Raum große Ausnahmen.

7.3.1 Dispositionsschema der einmanualigen Alberti-Orgeln

Manualumfang: (Dincker HH) C, D-c'''
Vollmechanische Schleifladen (Brechten Bohlenlade)
(Bordun 16)
(Prinzipal 8)
Gedackt 8
(Quinte 6)
Gedackt 4 – Spitzflöte 4- Quintade 4 – Nachthorn 4
Quinte 3
Octav 2
Flöte 2
Quinte 1 1/3
(Octav 1)
(Flöte 1)
Sesquialter D
Cornett D
Trompete D u. B (Dulzian 8)
Tremulant
Angehängtes Pedal

7.3.2 Registrieranweisung zur Alberti-Orgel

In den Orgelakten von Meinerzhagen hat sich aus dem Jahre 1713 eine Registrieranweisung für Instrumente von Alberti erhalten[14]:

1. Praestant, Bordun, Octav, Mixtur, Sesquialtera	Wahrscheinliche Disposition:
2. Praestant, Bordun, Octav, Sesquialtera	Bordun 8
3. Praestant, Bordun, Octav	Praestant 4
4. Praestant, Gedackt	Gedackt 4
5. Praestant, Gedackt, Sesquialtera	Oktave 2
6. Bordun, Gedackt, Flöte	Flöte 2
7. Bordun, Gedackt, Sesquialtera, Flöte	Sesquialter
8. Gedackt, Flöte, Tremulant	Mixtur
9. Flöte, Praestant, Tremulant	Tremulant
10. Gedackt, Tremulant	
11. Flöte, Tremulant	

Diese Anweisung nutzt alle Kombinationen fast hundertprozentig aus. Ob sie immer klanglich befriedigten, kann man mit Recht bezweifeln. Eine brauchbare Ergänzung findet man in einer Registrieranweisung von 1726/27 für die Orgel in Oythe[15].

Disposition:

Prinzipal 4	Waldflöte 1
Gedackt 8	Mixtur
Quinte 3	Sesquialter
Rohrflöte 4	Trompete 8
Oktave 2	

Registrierungen:

1. Das Prinzipal: Alle Register außer Waldflöte 1
2. Gedackt 8, Rohrflöte 4, mit oder ohne Waldflöte
3. Gedackt 8, Quinte 3, Rohrflöte 4, Sesquialter
4. Cantus firmus im Discant: Trompete 8 Disc., Gedackt 8, Rohrflöte 4

7.3.3 Prospektaufbau

Die Prospekte der Werkstatt Alberti zeigen einen immer beibehaltenen Aufbau: fünf Achsen, zwei Seitenspitzfelder, zwei doppelgeschossige Flachfelder, überhöhter Mittelrundturm. Durchlaufendes stark ausgebildetes Gesims, das nur durch den überhöhten Mittelturm unterbrochen wird. Johann Georg

Alberti beschreibt das so: *Die structur mitten mit einer runten zirlich mit pfeiffen außgeführt an beiten seiten mit spitzen und platten gefachen und zu beiten seiten mit schönen snitzel werck und blintflügel gezieret.*[16]

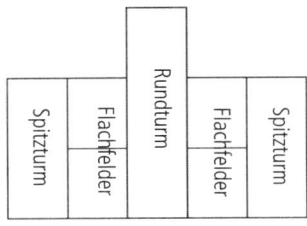

Prospektschema Alberti

Diese Prospektform findet sich in Westfalen auch bei anderen Orgelbauern, schon 1635 in Lübbecke bei einem kaum erforschten und bekannten „Cordt Kröger"[17],bei Peter Weidtmann I in Orsoy (1680), Volberg-Hoffnungsthal[18] (1696) Neukirchen, Dinslaken Stadtkirche (1723), Hoerstgen ev. Kirche (1731), Menzelen (1732), Kettwig ev. Kirche (1749), Rheinhausen (1750), Kettwig St. Peter (1754) und 1702 bei Christian Nohl in Rahrbach[19], um hier nur einige in Westfalen arbeitende Zeitgenossen zu nennen. Aber auch einige Jahrzehnte später war der Prospekttyp beliebt. Johann Andreas Zuberbier benutzte ihn z.B. 1763 in Overnstedt[20], um 1760 bei der heutigen Chororgel vom Münster in Herford[21] und in Veltheim[22].

Dieser Befund legt natürlich nahe, dass die westfälische Orgelbauergilde dieser Zeit untereinander Verbindungen hatte, die noch nicht genau erforscht sind. Die oberbergischen Orgelbauer Nohl und Kleine waren verwandt, und Johann Henrich Kleine lernte bei den Weidtmanns in Ratingen.

7.4 Auswärtige Orgelbauer des 18. Jahrhunderts

Zur Bachzeit, als in Dortmund keine leistungsfähigen Werkstätten existierten, waren die Gemeinden auf auswärtige Meister angewiesen. In Bochum saß Georg Wilhelm Steffen, der aber nur wenige Aufträge bekommen konnte. Gefragt waren dagegen die Orgelbauer Kleine-Nohl aus dem bergischen Land, eine bis ins 19. Jahrhundert weit verzweigte Familie, die viele Bauten durchführte und uns einen wertvollen Nachlass überliefert hat, der heute im Staatsarchiv Münster liegt. Dispositionssammlungen, Reisetagebücher und zahlreiche technische Zeichnungen, eine nicht hoch genug einzuschätzende

Quelle für die Orgelgeschichte und Denkmalpflege. Dass diese einflussreiche Werkstatt auch in Dortmund sehr aktiv war, blieb bisher unbekannt[23]. Christian Nohl d. Ä., dessen Lebensdaten wir nicht genau kennen, baute 1732 für Petri ein zweimanualiges Werk mit angehängtem Pedal, heute in Berchum erhalten und die größte Dortmunder Barockorgel, die wir kennen. Der Registerbestand unterscheidet sich nicht von dem der Albertis, eine Orgel mit Rückpositiv stand zu dieser Zeit auch in Reinoldi. Wenn es stimmt, wie Bullmann angibt[24], dass Roetzel vor 1675 geboren wurde, hätte er dieses Instrument mit über 60 Jahren gebaut. Es ist auch der letzte Neubau, den wir von ihm kennen.

1732 NB Christian Nohl[25]. Heute in Berchum.

Manual	RP
Praestant 8	Praestant 4
Quintadena 16	Bordun 8
Hohlfleute 8	Gedackt Fleute 4
Octav 4	Quinte 3
Quinte 3	Spitzfleute 2
Floeta 4	Mixtur 3f
Sexquialter 2f	Waldfleute 2
Cornet 3f halbiret als von C 2	Cimbel Scharff 2f 1
Mixtur 4f 2	
Quinta Dene 8	
Trompette 8 halbirt	
Vox humana 8	

Johann Henrich Kleine (1693-1773) kam mit seinen Söhnen Christian und Gerhard 1758 nach Brackel, um hier eine einmanualige Orgel mit 12 Registern und zwei Sechzehnfüßen aufzustellen, eine reichhaltige Disposition auf einem Manual mit angehängtem Pedal, wie sie im westdeutschen und rheinischen Barock nicht unbekannt war, dem Dispositionsschema der „Orgelbewegung" des 20. Jahrhunderts, die sich ja angeblich am barocken Orgelbau orientierte, vollkommen fremd blieb. Auch hier lässt sich keine starke Abweichung zur Dispositionsweise der Dortmunder Werkstatt Alberti festmachen.

Johann Henrich Kleine, Brakel 1758

Principal 8 Prospekt	Octav 4
Bourdon 16 ganz Metall	Octav 2
Quinta 6	Quinte 1 1/2
Cornett Diskant	Mixtur
Gedackt 8	Fagott 16
Flöte 4	Trompete 8

Ende des 18. Jahrhunderts trat gelegentlich Franz Josef Epmann in Dortmund auf. Er wohnte in Recklinghausen und Essen und wurde für St. Urbanus in Huckarde verpflichtet, das zum Essener Stift gehörte.

7.5 Einfluss der sächsischen Silbermannschule nach 1800. Die Dortmunder Orgelbauer Mellmann und Wild.

Dass Dortmund hundert Jahre ein großes Instrument bester sächsischer Silbermann-Tradition besessen hat, scheint den Historikern der Lokalgeschichte in seiner Tragweite nicht bewusst gewesen zu sein. Um 1800 hielt sich Johann Gottlob Trampeli einige Jahre in Dortmund auf, um in Reinoldi eine imposante Orgel aufzubauen, ein viel beschäftigter und gesuchter Meister der sächsischen Silbermannschule. Eine größere Anzahl seiner Orgeln hat sich bis heute erhalten – leider kein dreimanualiges Instrument –, und sie zählen zum wertvollsten historischen Besitz in den deutschen Landen. Dass Johann Gottlob und Christian Wilhelm, sein jüngerer Bruder, direkte Silbermann-Schüler sind, lässt sich bisher nicht aktenmäßig nachweisen, aber Johann Gottlob hält sich in der Konzeption und Bauweise so genau an sein Vorbild, dass man ihn unbedingt als Schüler von Silbermann sehen muss.

7.5.1 Trampeli-Orgel Reinoldi

Ohne Zweifel besaß in der Dortmunder Musikgeschichte die Orgel der Reinoldi-Kirche, der beherrschenden Stadtkirche, einen hohen Stellenwert. Dieses Instrument repräsentierte die wirtschaftliche, politische und kulturelle Bedeutung der Stadt. Hier wollte man nur die besten Orgelbauer engagieren. Allerdings besitzen wir leider bis zum 19. Jahrhundert keine Dokumente, die nähere Rückschlüsse auf Klanggestaltung, Registerzusammenstellung und Prospektform zulassen. Einige interessante Nachrichten zeigen aber, dass man, wie in allen deutsche Handelszentren, die Orgel schätzte und liebte und sie im Musikleben der Stadt eine wichtige Rolle spielte. So wurde beim Staatsbesuch Kaiser Karl IV. im Jahre 1377 in Reinoldi mit Orgelmusik gefeiert. Im frühen 16. Jahrhundert, in Reinoldi standen von 1500 bis 1800 zwei Orgeln im Chor und beim Turm, wurde Johann von Schwerte als Orgelbauer beschäftigt. Ende des Jahrhunderts tritt ein Mitglied der bedeutenden niederländischen Orgelbauerfamilie Slegel auf, Jan Slegel, der einige Jahre als Organist in Bielefeld amtierte. Um 1615 konnte der Organist von der großen Orgel im Westen beim Turm aus ein Glockenspiel anspielen. 1644 übernahm Albertus Alberti das Organistenamt, ein erfahrener Orgelbauer, der sicher seine Orgel gut gepflegt und gewartet hat. Seine Fähigkeiten waren gefragt, als 1661 ausgerechnet am Kantatensonntag beim Einsturz des Turmes die große Orgel schwer beschädigt wurde. Alberti erhielt den Auftrag, ein neues Rückpositiv zu bauen. Als 1737 der kleine Turm abgebrochen wurde, kauften die Dominikaner das Blei für ihren Orgelneubau.

Erst um 1800 können wir aber genauere Angaben über Reinoldi-Orgel machen, weil sich erst aus dieser Zeit ein Kontrakt erhalten hat, der technische, architektonische und klangliche Details wiedergibt. Die Orgel des 18. Jahrhunderts, nach einer nicht mehr nachzukontrollierenden Nachricht ein Werk mit 48 Registern wahrscheinlich auf drei Manualen, darunter einem Rückpositiv und Pedal, lässt sich bisher nicht rekonstruieren, da brauchbare und Archivalien fehlen. In den 80er Jahren des 18. Jahrhunderts begann man mit der Planung eines neuen Orgelwerkes. Die große Windkammer wurde eingerichtet, man stiftete und sorgte im Gemeindetat für die Finanzierung. Mit der Realisierung des Neubaues tat man sich aber anscheinend zunächst schwer. Erst als 1798 Günther aus Leipzig das Organistenamt übernahm, setzte er mit der notwendigen Energie den Neubauplan durch. Günther scheint auch dafür gesorgt zu haben, dass ein leistungsfähiger Orgelbauer herangezogen wurde. Er hatte in Sachsen die weitberühmten Silbermann-Orgeln kennen gelernt und holte einen Meister nach Dortmund, der die Tradition der berühmten Werkstatt fortsetzte und im damaligen deutschen Orgelbau weit bekannt und geschätzt war: Trampeli aus Adorf im Voigtland, südlich von Plauen. Zusammen mit seinem Bruder hatte er gerade elf Jahre vorher ein großes Instrument für die Nicolaikirche in Leipzig geliefert. Eigentlich hieß die Familie Trampel. Aber man kann verstehen, dass man durch Anfügung eines i aus dem „Trampel" ein elegantes „Trampeli" machte. Auch in Dortmund war die Vorliebe für Italien nicht unbekannt, denn auch die Orgelbauer und Organisten an Reinoldi nannten sich nicht „Albert" sondern

„Alberti". Nun war es um 1800 nicht unbedingt üblich, einen weit entfernten Orgelbauer zu verpflichten, denn der Meister musste eine Werkstatt einrichten, neue Lieferanten für seine Materialien suchen, ein Quartier für sich und seine Gesellen finden, abgesehen davon, dass er für lange Zeit von seiner Familie getrennt lebte. Dortmunds Presbyter, die sicher die Firma Trampeli nicht genauer kannten, waren vorsichtig und ließen sich vom Adorfer Bürgermeister bestätigen, dass die Orgelbauer auch finanziell abgesichert waren und einen so kostspieligen Bau durchführen konnten. Vier Jahre nach Fixierung des Kontraktes war das neue Orgelwerk fertig, neben Nicolai (Leipzig) das einzige dreimanualige Instrument der Voigtländer.

Zunächst überrascht, dass Trampeli 1800 noch so baut wie vor fünfzig Jahren. Seine Prospektgestaltung und seine Verteilung der Register bei dreimanualigen Instrumenten auf Hauptwerk, Ober- und Brustwerk hat er sogar von Silbermann übernommen.

Silbermann Glauchau 1730   Trampeli Dortmund Reinoldi

Auch in technischen Anlagen übernahm er Silbermannsche Bauweise, wie u.a. der Baukontrakt 1808 mit Grünhain (Sachsen) zeigt[26]: *Das Regierwerk wird nach Silbermännischer Art angeleget.* Auch seine Vox humana zeigte *Silbermännischer Art.* Selbst die Gehäuseornamente, stilisierte und meist vergoldete Eichenzweige mit Früchten unter den Konsolen der Rundtürme, gehen auf Silbermann zurück. Als Mittelteil stand der Trampeli-Prospekt noch bis Ende des letzten Krieges in der Reinoldikirche. Man war wohl beim Orgelneubau um 1900 vom künstlerischen Wert überzeugt, musste aber den Prospekt an den Seiten vergrößern, weil das neue Instrument doppelt so groß wurde. Bei der Disposition lassen sich ebenfalls Parallelen zu Silbermann und früheren Instrumenten von Trampeli feststellen, wenn man die Orgel von Nicolai (Leipzig, Trampeli 1785-87) und Hofkirche (Dresden, Silbermann 1754) mit dem Reinoldi-Bau vergleicht[27]. Da der Meister aus Adorf in Dortmund sehr geschätzt war, holte man ihn während seines Aufenthaltes in Reinoldi auch für notwendige Reparaturen heran, so z.B. in Mengede. Beim geplanten Neubau in der Petrikirche konnte er wegen seiner hohen Preise nicht zum Zuge kommen.

Anhand der überlieferten Akten lässt sich einiges über die Registerbauweise von Gottlob Trampeli sagen, die mit großer Sicherheit auch für Reinoldi zutreffen:

HW
Prinz 16 Zinn im Prospekt (nur Nicolai bekannt)
Bordun 16 Fichte (Sornzig!) C-H an Seitenwänden
Prinzipal 8 C-Ds Holz (Fichte)
Gedackt 8 C-h Kiefer (Sornzig u. Strassberg Fichte)
Viola da Gamba.8 C-H Kiefer (Sornzig u. Strassberg Fichte), ab c Metall mit niedrigen Kastenbärten
Flauto dolce 4 Fichte gedeckt, ab e" offen (Rothenkirchen Metall, bis d" gedeckt, dann konisch offen)
Rohrflöte 4 Metall ab cs" konisch offen
Cornett ab a, (Strassberg C-gs Nasat 2 2/3 gedeckt über den Vertrag hinaus)

OW
Prinzipal-Diskant ab a im Prospekt, (Waldkirchen: zur Vox humana zu gebrauchen)
Quintatoen 8 C-H Kiefer (Sornzig Fichte)
Lieblich Gedackt 8 C-H-Kiefer (Strassberg Fichte, Zitzschen Fichte, Labien Birnbaum)
Flauto (amabile) 4 Ahorn (Sornzig, Straßberg u. Markersbach Fichte) offen mit Stimmdeckeln, Labien Birnbaum
Flauto traverso 4 englisch Zinn
Nasat C-f' gedeckt Zinn, dann offen

Vox humana ab a Becher Zinn, Mundstücke, Zungen und Krücken Messing „Silbermännischer Art"
(Zylindrische Becher auf Konus, Dulzian-Regal)

Ped.
Prinzipalbaß 16 Kiefer Vorschläge Eiche
Subbaß 16 Kiefer (Strassberg Fichte)
Violonbaß 16 Kiefer
Oktavbaß 8 Kiefer mit Stimmdeckeln (Straßberg Fichte)
Posaune 16 Stiefel Ahorn, (Sornzig Köpfe Rotbuche) Kehlen Metall, beledert, Zungen Messing, Krücken Messing (Sornzig Schmiedeeisen), Becher Kiefer (Strassberg Fichte), Kehlen und Zungen unten gerundet wie bei Silbermann
Trompetenbass 8 Zinn

Wie die Reinoldi-Orgel stilistisch richtig registriert werden musste, können wir bei Silbermann selbst nachlesen. Er gibt für seine zweimanualigen Orgeln Großhartmannsdorf und Fraureuth eine Hilfestellung für nicht sehr sachkundige Organisten[28]. Hier zunächst die Dispositionen der beiden Orgeln:

Großhartmannsdorf 1741

HW I. Manual
Principal 8
Rohrflöte 8
Quintadena 8
Octav 4
Spitzflöte 4
Quinte 2 2/3
Octav 2
Cornett 3f ab c'
Mixtur 4f

OW II. Man.
Gedackt 8
Rohrflöte 4
Nasat 2 2/3
Octav 2
Gemshorn 2
Tertia 1 3/5

Fraureuth 1742

HW I. Manual
Principal 8
Rohrflöte 8
Quintadena 8
Octav 4
Spitzflöte 4
Quinte 2 2/3
Octav 2
Cornett 3f ab c'
Mixtur 4f

OW II. Man.
Gedackt 8
Rohrflöte 4
Nasat 2 2/3
Octav 2

Sesquialter 4/5, ab c' 1 3/5

Quinte 1 1/3
Sufflet 1
Cimbel 2f

Ped.
Subbass 16
Octavbass 8
Posaune 16

Quinte 1 1/3
Sufflet 1
Cimbel 2f

Ped.
Subbass 16

Posaune 16

Die fast identischen Dispositionen unterscheiden sich nur darin, dass im Oberwerk von Fraureuth anstelle von Gemshorn 2 und Terz ein Sesquialter stand und im Pedal eine Oktave 8 fehlte. In Reinoldi spielte der Organist ein Instrument, das fast doppelt so groß war. Deshalb lassen sich die Silbermannschen Registeranweisungen nur annähernd auf die Dortmunder Verhältnisse anwenden, zumal Großhartmannsdorf und Fraureuth keine Zungenstimmen hatten. Trotzdem geben die Dokumente einen Hinweis, welche historischen Klangkombinationen die Trampeli-Orgel ermöglichte[29]:

Organo pleno *Reines volles Spiel*
HW
Prinzipal 8 + Rohrflöte 8 + Oktave 4 + Quinte 2 2/3 + Oktav 2 + Mixtur 4f (+ Rohrflöte 4 beim *völligen Zug*)
OW Koppel OW/HW
Gedackt 8 + Rohrflöte 4 + Oktav 2 + Quinte 1 1/3 + Sifflöte 1 + Zimbel II
Ped.
Subbaß 16 + Oktavbass 8 + Posaune 16

Scharffer reiner Zug
HW
Prinzipal 8 + Rohrflöte 8 + Oktav 4 + Oktav 2
OW Koppel OW/HW
Gedackt 8 + Rohrflöte 4 + Oktav 2 + Sifflöte 1
Ped.
Subbass 16 + Posaune 16

Prinzipalkombinationen im HW
Prinzipal 8 solo
Prinzipal 8 + Quintade 8
Prinzipal 8 + Rohrflöte 8

Prinzipal 8 + Spitzflöte 4
Prinzipal 8 + Oktav 4
Prinzipal 8 + Oktav 4 + Quinte 2 2/3
Prinzipal 8 + Oktav 4 + Quinte 2 2/3 + Oktav 2

Flöthen-Züge
HW
Rohrflöte 8 + Spitzflöte 4
OW
Gedackt 8 + Rohrflöte 4
Lieblicher Flöthen Zug
HW
Quintade 8 + Spitzflöte 4
OW
Gedackt 8 + Flöte 4 + Gemshorn 2

Der *Suffloet Zug (Siffleten-Zug)* war in Dortmund nicht möglich, da der Einfuß fehlte.

Zum accompagniren
HW
Rohrflöte 8 + Spitzflöte 4
OW
Gedackt 8 + Rohrflöte 4 + Sifflöte 1
Ped.
Subaß 16

Cornet-Zug
HW
Prinzipal 8 + Rohrflöte 8 + Oktav 4 + (Spitzflöte 4) + Kornett (solo)
OW
Gedackt 8 + Rohrflöte 4 oder Gemshorn 2
Cornet Zug im Ober Werk
Gedackt 8 + Nasat 2 2/3 + Terz 1 3/5

Tertien Zug
OW
Gedackt 8 + Rohrflöte 8 + Nasat 2 2/3 + Oktav 2 + Terz 1 3/5 *(Canto Solo)*

Tertien Zug zweystimmig
HW
Prinzipal 8 + Rohrflöte 8 + Oktav 4 + Quinte 2 2/3 + Oktav 2 + Terz 1 3/5 + (Mixtur 4f)
OW
Gedackt 8 + Rohrflöte 8 + Nasat 2 2/3 + Oktav 2 + Quinte 1 1/3 + Sifflet 1
Ped.
Subaß 16 + Posaune 16

Nassat-Zug
HW
Rohrflöte 8 + Spitzflöte 4 *(zum accompagniren)*
OW
Gedackt 8 + Rohrflöte 4 + Nasat 2 2/3 *(Solo)*
Ped.
Subaß 16

Stahl Spiel
HW
Rohrflöte 8 + Spitzflöte 4
OW
Gedackt 8 + Nasat 2 2/3 + Terz 1 3/5 + Quinte 1 1/3 oder Sesquialter + Sifflöte 1 *(solo gespielt)*
Ped.
Subaß 16

Zum Tremulanten
HW
Prinzipal 8 oder Rohrflöte oder Quintade 8
OW
Gedackt 8
Ped.
Subaß 16

Canto-solo mit Vox humana
Vox humana + Prinzipal 8 + Schwebung (langsamer Tremulant)

Zungen – Trio
HW

Trompete 8 (+ Prinzipal 8?)
OW
Chalmeaux 8 (+ Gedackt 8?)

7.5.2 Johann Christoph Mellmann

Der Orgelbau in Reinoldi hatte für die Lokalgeschichte eine weitreichende Auswirkung. Beim Bau der Orgel halfen die jungen Dortmunder Johann Christoph Mellmann und Adam Wild und lernten hier die Grundlagen für ihre spätere Berufslaufbahn. Mellmann, der bei weitem erfolgreichere von beiden, soll sich nach dem Bericht des Lokalhistorikers Feldmann aus dem Jahre 1830 *blos durch häufiges Zusehen beim früheren Bau der Reinold'ischen Orgel* seine Fachkenntnisse erworben haben. Er baute in der ersten Hälfte des 19. Jahrhunderts viele Orgeln im Dortmunder Raum, von denen sich leider nur ein Instrument, das heute in Karlsbrunn bei Saarbrücken steht, erhalten hat. Erst 1825 erhielt Mellmann die amtliche Zulassung[30], obwohl er schon 1818/19 in Dortmund als Orgelbauer und Instrumentenmacher tätig war . Er scheint übrigens ein Freund alkoholischer Getränke gewesen zu sein. In Berchum, wo er eigentlich mit seinem Gesellen nicht wie vereinbart 3–4, sondern 17 Wochen brauchte, kam er mit der Arbeit nicht so recht voran, weil er „dem Trunke ergeben und oft bei der Arbeit betrunken" war. Ihm wurden 12 Taler abgezogen, die er dann seinerseits vom Lohn des Gesellen abzog mit dem Kommentar: „Hol es dir bei den Berchumern wieder." 1834 findet man ihn im Dortmunder Adressbuch[32]. 1856 wohnte er in der Klosterstraße 279, scheint dann aber bald sein Orgelbaugeschäft aufgegeben zu haben, denn 1859 ist er als Rentner in der Schwarze Brüder Straße gemeldet. Er starb wohl kurz vor 1868. *In den amtlichen Dokumenten ist zu lesen, dass er als ein zuverlässiger Mann bekannt ist und durch die von ihm verfertigte Orgeln als ein geschickter Orgelbauer sich bewährt hat.*[33] In seinen Kostenanschlägen, Um- und Neubauten offenbart er sich als treuer Schüler der Silbermannschule. Sein Registerbestand deckt sich vollständig mit der Disposition der Trampeli-Orgel in Reinoldi. Seine zweimanualigen Instrumente, wie bei Silbermann mit Haupt- und Oberwerk, verteilen die Stimmen etwas anders auf die Manuale: Die Rohrflöten wandern ins Oberwerk, ebenso die Cornettstimme und die Traversflöte, die Soloterz fehlt in den bisher bekannten Dispositionen. Auch im Pedal hält er sich an die Bauweise seines Lehrers. Selbst bei einmanualigen Orgeln ohne selbständiges Pedal mit 8 Registern verzichtet er nicht auf den Manual-Bordun 16 und stellt seine breite Achtfußbasis auf Prinzipal, Weit- und Engchor (Prinzipal 8, Traversflöte 8 und Viola di Gamba 8), geht dann allerdings den Kompromiss ein, für die große Oktave nur einen gemeinsames Gedackt zu benutzen. Die tiefen Bordunpfeifen stellt er hinter das Gehäuse. So kann er das Instrument in Positivgröße halten. Mellmann stellt sich in seinen zweimanualigen Dispositionen als konservativer Orgelbauer dar, der noch bis 1850 so disponierte wie Silbermann in Sachsen hundert Jahre vorher. Bei den Kleinorgeln hält er sich an den Zeitgeschmack und disponiert als Klangkrone nur die Quinte 2 2/3 im Gegensatz zu Gottfried Silbermann, der auch bei drei Achtfüßen auf die Mixturen nicht verzichtet[34]. Auf technischem Gebiet war Mellmann in begrenztem Rahmen für Experimente offen. So bot er schon 1825 für die tiefe Prinzipaloktave und die tiefen Pedalzungenbecher bei einer Orgelplanung in Arnsberg Zink als Pfeifenmaterial an, ist hiermit wohl der erste deutsche Orgelbauer, der dieses Material verwandte, das im spätromantischen Bau eine wichtige Rolle für die Verstärkung des Bassklanges spielen sollte[35]. 1805 entdeckten Sylvester und Hobson, dass Zink erhitzt auf 100° C seine Sprödigkeit verliert. So konnten für die Pfeifen geeignete Bleche hergestellt werden. Eine Kuriosität zeigt auch sein *Fagott 16 Fuß mit Einwendigen Röhren von Metall die Körper von Holz* im Kostenanschlag für die ev. Kirche Brakel, als *Fagott 16 gedackt* in Petri angegeben. Dieses Instrument soll als Beispiel einer zweimanualigen Mellmann-Orgel dienen, das seine Abhängigkeit von Silbermann nicht verleugnen kann:

Hauptwerk	Positiv	Pedal
Prinzipal 8 Prospekt	Principal 4	Principal 16 Fuß Prospekt
Bordun 16	Gedact 8	Octava 8
Octava 4	Octava 2	Violon Baß 16
Violdigamba 8	Quinta 1 1/2	Flöten Baß 8
Gedact 8	Rohrflöte 8	Posaunen Baß 16
Quinte 3	Flauto traverso 8	Trompete 8
Octave 2	Mixtur 4f	
Mixtur 4f	Vox humana 8	
Cimbal 3f		
Salicional 4		
Fagott 16		
Trompete 8		

In Mellmanns Zeit fällt übrigens die Umstellung der Orgeltonhöhe auf Berliner Kammerton. 1845 werden Stimmgabeln von der Berliner Regierung an die Orgelbauer verschickt. Am 16. September 1845 schreibt der Landrat von Bochum nach Berlin, dass nach Auskunft der Fachmusiker die Orgeln und Instrumente der Umgebung alle Leipziger Stimmung hätten, *die um einen Ton tiefer steht* (!!).

Dass Dortmund heute kein Werk von Trampeli und Mellmann mehr besitzt, muss man zu den größten Verlusten zählen. Umso wichtiger ist die erhaltene Orgel in Karlsbrunn, das letzte Zeugnis Dortmunder Orgelbaukunst aus dem 19. Jahrhundert.

Bordun 16	Octave 4
Principal 8	Rohrflöte 4
Flöte Travers 8*	Quinte 2 2/3
Viol di Gamba 8	Octave 4

*heute leider gegen eine Mixtur ausgetauscht.

Zum Vergleich eine etwas größere Silbermann-Orgel, ein Hinweis auf die Vorbildfunktion des sächsischen Meister.

Mellmann-Orgel in Karlsbrunn

Plüchau 1729

Principal 8	Quinte 2 2/3
Rohrflöte 8	Octav 2
Quintaden 8	Cornet 3f
Octave 4	Mixtur 3f
Spitzflöte 4	

8. Der Dortmunder Orgelbau zwischen 1850 und 1920

Die Orgel tönt in feierlichen Klängen,
nur hohen Dingen ist ihr Schall geweiht.
Sie stimmt das Herz zu heil'gen Lobgesängen,
sie fühlet mit den Menschen Freud und Leid;
sie schallt der frohen Braut am Hochaltare,
und klagt mit dem Betrübten an der Bahre.
                    Friedrich Schiller. Urania, 2. Jg., 1845, Nr. 1,1.

8.1 Orgelbauer Herbst

In der zweiten Hälfte des 19. Jahrhunderts arbeitet in Dortmund die Familie Herbst als Orgelbauer, von denen wir bisher 15 Aufträge kennen. Erster und bei weitem bedeutendster Vertreter der Werkstatt, zu der auch andere Handwerker und Gastwirte gehören, war Carl Herbst sen. Es liegt natürlich nahe, dass er bei Mellmann gelernt hat. Belegen lässt sich das bisher aber nicht. Sein Baustil unterscheidet sich auch besonders in der Anlage des Nebenwerkes von der Silbermannschule. Er folgte, wie der Elberfelder Komponist und Organist van Eyken bezeugt, dem Vorbild des damals hochangesehenen Orgelbauers Schulze aus Paulinzella[36]: *Herr Herbst in Dortmund arbeitet nach Schulzschem System, seine Orgeln haben viel Kraft, die Arbeit ist solide doch laßen die Rohrwerke zu wünschen übrig. Seine Preise sind billig.* Carl Herbst, in dessen Betrieb mehrere Söhne mithalfen, disponierte im Hauptwerk noch nach klassischem Stil, ausgebauter Prinzipalchor mit Quinte 2 2/3, Mixtur und Scharff, Weitchor mit Hohlflöte 8 und Rohrflöte 8, dazu eine Viola di Gamba 8. Sein „Positiv" ist dagegen ganz zum Pianoklavier reduziert: Drei Achtfüße (Gedakt oder Geigenprinzipal, Salicional, Flauto traverso) und ein Flauto douce 4. Bei Orgeln um 20 Register stehen im Pedal vier Labiale in 16- und 8-Fußlage und eine Posaune mit durchschlagenden Zungen. Auch für die Hauptwerkstrompete bevorzugte Herbst durchschlagende Zungen, was van Eyken kritisierte. Die Preise des Dortmunder Orgelbauers – seit 1876 schrieb die Regierung fixierte Kostenanschläge bei Neubauten vor[37] –, lagen deutlich unter den großen Firmen wie Walcker, Ladegast und Schulze, übertrafen aber meist die lokale Konkurrenz. Der Familienbetrieb existierte bis ca. 1900. Danach konnte keine größere Orgelbauwerkstatt in Dortmund Fuß fassen.

8.2 Auswärtige Orgelbauer

Mit dem Bau der Eisenbahn im Jahre 1847[38] änderte sich die Situation des Orgelgeschäfts grundlegend. Bisher mussten Orgelteile, die in der Werkstatt produziert wurden, mit Pferdefuhrwerken zum Aufstellungsort transportiert werden. Für weite Strecken benutzte man die Schifffahrtswege. Diese langwierigen und kostspieligen Transportbedingungen erschwerten bis zur Mitte des 19. Jahrhunderts die Lieferung von großen Instrumenten. In der Dortmunder Entwicklung lässt sich das gut ablesen. Der Orgelbau vom Trampeli Anfang des Jahrhunderts blieb die einzige Ausnahme, dass ein auswärtiger Orgelbauer aus dem entfernten Sachsen nach Dortmund lieferte und sicher hier einige Jahre bleiben musste. Mit den neuen vereinfachten Möglichkeiten der Eisenbahn konnten mehrere auswärtige Orgelfirmen nach Dortmund liefern, Firmen, die sich im weiteren Umkreis bewährt hatten und den ortsansässigen Orgelbauern natürlich das Leben schwer machten. Gegen die modernen „Stahlrösser" versuchte der Orgelbauer Sassenhoff aus Lünen zu intrigieren, indem er gegenüber der Gemeinde Kurl behauptete, die Erschütterungen der nahen Eisenbahn würden der Orgel sehr schaden. Während die Dortmunder evangelischen Orgelbauer Herbst noch bis 1900 ein befriedigendes Arbeitsfeld fanden, bestellten besonders die katholischen Gemeinden bei den Orgelwerkstätten in Paderborn (Randebrock, Eggert, Feith), Werl (Stockmann) und Osnabrück (Rohlfing). Beherrschender Orgelbauer für den Dortmunder Raum wurde Walcker aus Ludwigsburg, der die meisten evangelischen Gemeinden belieferte. 1894 baute er die erste Orgel für die ev. Pauluskirche. Bis zum weit über Dortmund hinaus beachteten Bau der Reinoldi-Orgel standen in der Stadt über 20 Instrumente aus Ludwigsburg. Diese Firma, um 1900 ohne Zweifel eine der führenden europäischen Werkstätten, behielt ihre führende Stellung besonders im evangelischen Bereich bis etwa 1970. Es gibt wohl in Europa keine andere Stadt, deren Orgelbau so von der Firma Walcker bestimmt wurde. Verantwortlich dafür waren nicht zuletzt die beiden angesehenen Organisten Holtschneider und Bunk, die als Berater immer wieder diese Firma bevorzugten. Dass dadurch die Orgellandschaft der Stadt nicht gerade interessanter und vielgestaltiger wurde, überrascht nicht.

Welche rasante Entwicklung der Orgelbau damals machte, lässt sich eindrucksvoll an einer Statistik darstellen. 1824 standen in den evangelischen Kirchen Dortmunds 17 Orgeln[39], von denen zwei über 20 Register auf mehreren Manualen besaßen, fünf eine Registerzahl zwischen 12 und 20 aufwiesen und zehn einmanualige Kleinorgeln waren. Münster konnte dagegen nur über zehn Orgeln vorweisen mit über 20 Registern. Im katholischen Dekanat Attendorn standen vier große, sieben mittlere und zehn kleine Orgeln, und im Regierungsbezirk Arnsberg existierten in den evangelischen Kirchen 20 große, 41 mittlere und 101 kleine Orgelwerke, in den katholischen 21 große, 42 mittlere und 84 kleine[40]. Dortmund zählte also bis zur Mitte des 19. Jahrhunderts nicht zu den orgelreichen westfälischen Städten, holte dann aber besonders ab 1870, als auf katholischer wie auf evangelischer Seite zahlreiche größere Kirchen gebaut wurden, mächtig auf und konnte stolz einen großen Bestand auch an größeren Instrumenten vorzeigen[41]. 1900 können wir 15 große Orgeln zwischen 20 und 30 Registern nachweisen. Dortmund nahm damit die Spitzenposition unter den westfälischen Großstädten ein. Man hatte hier nicht nur die meisten Großorgeln zur Verfügung, sondern es waren auch die besten deutschen Orgelbauer der damaligen Zeit vertreten: Walcker, Eggert, Furtwängler, Schulze, Sauer und Klaßmeyer. Orgeln für Konzerte standen auch in der Synagoge und im Fredebaumsaal.

Das spätere 19. Jahrhundert revolutionierte in Europa den gesamten Orgelbau. Die Einführung der Pneumatik brachte nicht nur eine totale Umstellung der Technik und mit ihr eine bisher unbekannte Spielmöglichkeit, sondern auch ein neues Klangideal. Im Grunde ging es darum, das Instrument dynamischer zu machen, die Farbpalette zu vergrößern, die Expressivität zu steigern. Die pneumatische Steuerung ermöglichte eine neue Ausnutzung der Verbindung Taste-Pfeife und den Einbau von Spielhilfen, die ein schnelles Umschalten der Register ermöglichte und damit einen schnelleren Wechsel der Farben und Lautstärke. Neue Register wurden eingesetzt, um den Prozess zu einer variablen Dynamik und reichhaltigen Klangfarben zu unterstützen, ein Prozess, der bis zum Beginn des ersten Weltkrieges dauerte. Die Orgelbaufirmen wetteiferten untereinander mit immer neuen technischen Patenten und Spielhilfen. Auch in den Dortmunder Akten unterstreichen die Orgelbauer gerne ihre Erfindungen, um im harten Konkurrenzkampf nicht ins Hintertreffen zu geraten.

Wie Herbst in Brechten baute noch 1866 die Paderborner Werkstatt Randebrock für St. Clara in Hörde eine konservativ disponierte vollmechanische Schleifladenorgel, die allerdings einige Neuheiten aufwies. Die Hauptmanuallade war so konstruiert, dass sich von ihr aus vier Transmissionen an ein drittes Manual anschließen ließen, und im Pedal gab es eine Oktavkoppel zur Aufhellung der 16'- und 8'-Register[42]. Dieses Instrument mit seinen 25 Registern war damals nach der Reinoldiorgel die zweitgrößte Schleifladenorgel. Randebrock bevorzugte noch 1877 in St. Remigius (Mengede) die Schleiflade. 1882 benutzte der Paderborner Franz Eggert, einer der erfindungsreichsten deutschen Orgelbautechniker, für die Propsteikirche dann seine mechanische Kegellade, wahrscheinlich eine Heberlade[43]. Zwei Jahre später, 1894, kommt die erste pneumatische Lade nach Dortmund, gebaut von Walcker für die Pauluskirche[44], und 14 Jahre später liefert dieselbe Firma für Marien (Stadtmitte) die elektropneumatische Version. Jetzt werden die Orgeln mit Kombinationen zur Vorbereitung der Registrierungen mit Sub- und Super-, Pianopedal und Melodiekoppeln ausgerüstet, alles im Dienste einer dynamischen Flexibilität. Bei dem Pianopedal stellt sich die Pedalregistrierung automatisch um, wenn man auf dem leise eingestellten Pedal eine Taste berührt. Natürlich funktioniert es auch für den umgekehrten Vorgang. Bei der Melodiekoppel erklingt nur der oberste Ton des zweiten Manuals auf dem Hauptmanual mit. Außerdem kann nun der Organist neben dem Jalousieschweller ein Register-Crescendo oder -Decrescendo mit Hilfe einer Walze durchführen. Hier gab es sogar in der Marienkirche eine Vorrichtung, die nicht weit verbreitet war. Der Registrant konnte mittels eines Hebels seitlich am Spieltisch das Registercrescendo übernehmen. Bei der Elektropneumatik spielte die Entfernung von Spieltisch und Orgel keine Rolle mehr, eine sehr wichtige Möglichkeit für Theater- und Konzertorgeln[45]. Für Marien waren die elektrisch gesteuerten Laden notwendig, weil man die Hauptorgel auf der Westempore mit der an der Seitenwand des Mittelschiffes angebrachten Schwalbennestorgel verbinden wollte. Auffallend beliebt wurden – übrigens nicht nur in Dortmund – Fernwerke. Neben Reinoldi besaß die Synagoge (Do-Mitte) ab 1910 solch ein Manual, dessen Register meist auf dem Dachboden standen. Durch ein Deckenloch kam der Orgelklang dann „wie vom Himmel". Dieser Raumeffekt war noch bis ca. 1930 besonders bei der Firma Eggert-Feith beliebt, so in der Stiftskirche Hörde, hier sogar über Mittel- und Seitenschiff verteilt, in St. Clemens Brackel 1929 und Syburg 1930 (Faust-Schwelm), wo die zweimanualige Orgel komplett in einem Schwellkasten auf dem Dachboden stand. Später waren die Anlagen als kitschige Effekthascherei verschrien. Die Fernwerkorgel von St. Anna (Mitte, 1927) versetzte man 1957 auf eine Kirchenempore.

Um die neue Klangästhetik, bruchloses, organisches Crescendo, breite Farbpalette und große Mischfähigkeit, umsetzen zu können, wurde die 16' und 8' Basis stark erweitert, die hohen Register und hier besonders die Mixturen und Aliquote zurückgefahren. Verbunden war das mit neuen Mensuren, Intonationen und Registern. Typisches Beispiel für diese Tendenz ist die einmanualige Kleinorgel von 1896 in Syburg, eine Schleiflade:

Manual C-f'''
Gedacht 8   Salicional 8 ab c
Flöte 8   Prinzipal 4
angehängtes Pedal C-d'

Es war eine Orgel mit Generalschweller, d.h. die ganze Orgel stand in einem Schwellkasten, eine Bauweise, die sich noch findet in Asseln (ev. Kirche), Dortmund (Hauptfriedhof) und DASA (Dorstfeld). Abt Vogler, nicht unbedingt ein geschätztes Vorbild in der Orgelbautheorie, war hier Wegbereiter. Er stellte sein „Orchestrion" in einen Gesamtschweller. Aus vielen Orgeln hat man den Generalschweller später wieder ausgebaut, weil er doch gravierende akustische Nachteile besonders für das Pedalwerk bringt. Der Klang wird gedämpft und verliert seine klare Ausstrahlung. Auch Cavaillé-Coll ist nach einigen Versuchen davon abgekommen. Einsatzfähiger ist da schon ein separater, kleiner Schwellkasten nur für ein Register, wie ihn Walcker in der Synagoge für die Vox humana einsetzte, was übrigens Faust in der Schwelmer Kirche[46] und vor einigen Jahren Schuke in der Altstadtkirche Gelsenkirchen kopierte.

Im 19. Jahrhundert reduzierte man die Pedalregister. So stellte Eggert 1895 nur drei Register ins Pedal: Subbass, Posaune und Oktavbass bei 15 Manualregistern (I/9, II/6) mit Bordun 16, Mixtur und Trompete. Dieselbe Tendenz zeigt sich beim 1906 von Walcker gebauten Instrument für die Lutherkirche: vier Pedalregister bei 21 Manualstimmen (I/10, II/6, III/5). Hier ist man total auf Koppeln angewiesen, von einem selbstständigen Pedal kann keine Rede sein. In den Orgelakten von Wickede findet sich da ein interessanter Hinweis, nicht von einem Organisten oder von einem Orgelbauer, sondern von einem anscheinend sehr informierten Theologen. Am 8. Mai 1877 schreibt Pfarrer Poetter aus Minden an seinen Kollegen in Wickede, dass es total unverständlich ist, im Pedal nur Subbass 16 und Violon 8 zu disponieren. Der Orgelbauer würde sicher auf die Möglichkeit der Koppeln verweisen, aber ein

Pedal müsse selbstständig sein. Für Bach-Fugen brauche man unbedingt Posaune und Prinzipal. Und dann noch der sehr beherzigenswerte Rat: *Bauen Sie so, dass Sie nicht auf den Beutel, wohl aber auf den verehrten Meister* (Rohlfing) *den Daumen halten.*

Nach 1850 wurden auch eine Reihe neuer Register entwickelt, aus Frankreich übernommen und der tradierte Bestand geändert. Es würde hier sicher ermüden, die allgemein bekannten spätromantischen Neuheiten aufzuzählen. Erwähnenswertes soll aber nicht übergangen werden. 1893 ließ sich der Stuttgarter Orgelbauer Weigle seine neuen tongewaltigen Hochdruckregister patentieren, die er 1907 auch in die neue Orgel der ev. Kirche Lütgendortmund einbaute. Walcker übernahm diese Novität und disponierte sie natürlich in Reinoldi. Ca. zehn Jahre später treten sie auch in der Bonifatiuskirche (Mitte, Eggert 1916) auf. Hochdruckregister aus Labial- oder Lingualpfeifen brauchen einen großen Raum, um nicht penetrant zu lärmen. Als man 1955 (die Zeit der Hochdruckstimmen war lange vorbei) in St. Josef (Mitte) eine neue Orgel brauchte, das Geld aber knapp war oder man einfach am Orgelbau sparen wollte, verfiel man auf die Idee, den Kirchenraum mit einer kleinen sechsregistrigen Hochdruckorgel zu beschallen, keine zukunftsweisende Idee und in keiner Weise nachahmenswert. Ebenso wie die Fernwerke wurden die „Stentor-Register" bald mit verächtlichem Lächeln bedacht. Sie verschwanden nach dem ersten Weltkrieg als unentschuldbare Verirrungen des Orgelbaues, obwohl u.a. der beliebte Engländer Elgar sie am Ende seiner Orgelsonate wirkungsvoll einsetzte. Für die in der Romantik unentbehrliche Schwebestimme Vox coelestis, später als Sentimentalität verschmäht, heute wieder in fast jeder neuen Orgel vertreten, baute Walcker 1906 in Petri (Mitte) eine besondere Kombination: zweifach als 8' und 4'.

9. Zwischen den beiden Weltkriegen.

9.1 Orgelbewegung

Im ersten Weltkrieg ging die Produktion rapide zurück. 1914 waren von den ursprünglich 216 Betriebsangehörigen der Firma Walcker nur noch 64 vom Kriegsdienst befreit. Die Zahl der ausgelieferten Orgeln sank von 42 im Jahr 1914 bis auf 14 im Jahr 1915. Noch 1919 wurden nur neun Instrumente fertiggestellt. Nach der Flucht des letzten deutschen Kaisers änderte sich nicht nur das politische Leben in Deutschland radikal, auch im Orgelbau kündigte sich eine neue Ära an. Es begann 1921 mit dem Bau der von Walcker gestifteten Praetorius-Orgel in Freiburg, einem „Nachbau" einer Ideal-Orgel von 1618. Die sich danach organisierende „Orgelbewegung" wurde vorbereitet durch die historische Musikforschung, die Bach-Renaissance, die musikalischen Collegien der Universitäten, die alte Musik mit originalen Instrumenten aufführen wollten, und besonders durch die Elsässer Orgelreform. Die ersten Jahrzehnte konzentrierten sich mehr oder minder auf eine antiromantische Position, auf das Studium barocker Instrumente, die Orientierung an den Dispositionen des 17. und 18. Jahrhunderts. Die Vorherrschaft der 16' und 8' Basis wurde gebrochen, besonders der Streicherbereich fast ganz eliminiert, die dynamischen Möglichkeiten (Schweller, Walze) als orgelfremde Attribute abgelehnt. Unter den Orgelbauern und Orgelhistorikern entbrannte bald eine oft heftig geführte Auseinandersetzung. Sollte man alle Errungenschaften des modernen Orgelbaues, die Elektro- pneumatik, die zahllosen Spielhilfen etc. aufgeben? Oder musste man zur kompromisslosen Barockorgel mit Schleifladen und mechanischer Traktur zurückfinden? Es war im Grunde ein Krieg zwischen Romantikern und Modernen, der eine Entsprechung in der Komponistenwelt (Karg-Elert contra Hindemith!) hatte. Führende Köpfe der Orgelbewegung wollten sich nicht als historisierende Theoretiker verstanden wissen, sondern betonten, dass es ihnen in erster Linie um ein neues Klangbewusstsein ginge, das sich zwar an barocken Vorbildern orientiert, weil hier die Orgel konsequent und nach ihren eigenen charakteristischen Möglichkeiten konzipiert war, sich aber modernen Fortschritten besonders auf technischem Gebiet nicht verschließt. Nach dem Idealtyp Barockorgel entwickelte man die antiromantischen Dispositionen, Pfeifenmensuren und Intonation. Die Ladenformen, Trakturen und Gebläse übernahm man zunächst noch von der Spätromantik, ging dann aber auf die alte vollmechanische Schleiflade über.

In Dortmund, wo Spätromantiker wie Holtschneider und Bunk die Musikszene beherrschten, konnten die radikalen „orgelbewegten" Firmen schwer Fuß fassen. Aufschlussreich sind Sentenzen eines Briefes, den der heute vergessene Paul Gerhardt noch 1939 an Bunk richtete[47]: „In den Köpfen der eingefleischten Barockmänner spukt noch immer H.H. Jahnn[48] herum. Ihre ganze Barockmusikmacherei dient zumeist nur als Tarnung ihrer eigenen kalten Leere und seelisch impotenten Dürftigkeit." Und dann wird es hochpolitisch: „Mein einstiger so hochbegabter Schüler Helmut Bräutigam[49], dessen sogenannte 2. Sinfonie ein geradezu fürchterliches Kakophonie-Gemächte, ein Rückfall in den wüstesten Musikbolschewismus à la Krenek ist. Und von diesem Machwerk wurde eine besondere Prachtausgabe der Partitur ausgerechnet dem Führer zum diesjährigen Geburtstag überreicht." Man soll hieraus aber keine falschen Schlüsse ziehen. Gegner wie Befürworter der Orgelbewegung gehörten zu den Freunden der Nationalsozialisten. Die von Bunk konzipierten Nachkriegsinstrumente suchten einen Kompromiss zwischen den feindlichen Lagern. Zwar Schleiflade, aber elektrische Steuerung mit fahrbarem Spieltisch[50]. Die in den fünfziger Jahren des vergangenen Jahrhunderts richtungsweisenden Firmen Beckerath, Schuke oder Ott, die eine kompromisslose Technik mit mechanischen Spiel- und Registertrakturen auf Schleifladensystem bauten, konnten in Dortmund keine Aufträge bekommen[51]. Die Dortmunder Orgellandschaft wurde mit massiver Unterstützung Bunks einseitig von der Firma Walcker bestimmt, die in zahlreiche kleinere Kirchen ihre Serieninstrumente lieferte, ja selbst die traditionsreiche und kunsthistorisch wertvolle Petrikirche besitzt heute noch solch ein Instrument.

In den ersten Jahren nach dem verlorenen ersten Weltkrieg liebte man noch den spätromantischen Orgeltyp. Seifert aus Kevelaer baute 1920 eine elektropneumatische Membranlade für St. Benno in Benninghofen. Einige Jahre später stellte Faust aus Schwelm in die Friedenskirche (Dortmund-Mitte) ein pneumatisches Werk mit stärkster 8'-Basis:

I. Manual C-g'''	II. Manual SW	Pedal C-f'
Prinzipal 8	Gemshorn 8	Subbaß 16
Jubelflöte 8	Lieblich Bordun 8	Stillgedackt 16
		(Windabschwächung)
Dulciana 8	Aeoline 8	
Praestant 4	Vox coelestis 8	
	Bachflöte 4	

Bei dieser sparsamen Disposition durfte natürlich ein großes Spielhilfenangebot nicht fehlen:
II/I, I/P. II/P, Oberoktavk. II/I, Unteroktavk. II/I, Tuttitritt 1 Freie Kombination, Rollschweller mit Skala, Pianopedaltritt, Schwelltritt für II.

1930 zeigt dann die Nicolai-Orgel derselben Firma schon ein „orgelbewegteres" Bild, allerdings noch mit breiter Grundstimmenbasis auf pneumatischen Laden:

I. Manual C-g'''	II. Manual SW	III. Manual SW	Pedal C-f'''
Prinzipal 8	Gedeckt 16	Gemshorn 8	Contrabasss 16
Rohrflöte 8	Flötenprinzipal 8	Lieblich Bordun 8	Subbass 16
Viola alta 8	Jubelflöte 8	Aeoline 8	Zartgedeckt 16
Salicional 8	Quintadena 8	Vox coelestis 8	Dulcianbass 8
Prestant 4	Dulziana 8	Fugara 4	Octavbass 8
Nachthorn 2	Gemshorn 4	Flauto dolce 4	Choralbass 4
Mixtur 4f	Bachflöte 4	Waldflöte 2	Posaune 16
Trompete 8	Gemshornquinte 2 2/3		Sifflöte 1
	Kleinoktav 2	Oboe 8	
	Terzflöte 1 3/5	Tremolo	
	Cornett 8		
	Waldhorn 8		
	Tremolo		

Bei dem Orgelprojekt von Walcker aus dem Jahre 1933 für Heliand (Dortmund-Mitte) zeigen sich schon die negativen Seiten der konsequenten Neobarocksucht. Schmalstes 8'-Fundament, im Hauptwerk kein weiterer 8', im Schwellwerk nur Gedackt 8 neben Trompete bei einem großen Obertonausbau, im Pedal als einziger 8' eine enge Quintade:

I. Manual	II. Manual SW	Pedal
Prinzipal 8	Gedackt 8	Subbaß 16
Viola di Gamba 8	Salicional 4	Quintadena 8
Rohrflöte 4	Prinzipal 4	Gemshorn 4
Nasat 2 2/3	Gedacktquinte 2 2/3	Rauschpfeife 2 2/3 u. 2
Oktav 2	Waldflöte 2	
Mixtur 4f 1 1/3	Gemshornterz 1 3/5	
	Spitzquinte 1 1/3	
	Zimbel 3f	
	Trompete 8	
	Tremulant	

Einen eher zaghaften Versuch, die Reinoldiorgel neobarock aufzuhellen, startete Bunk 1938 mit der Firma Walcker. Man erweiterte die große Orgel durch ein barockes Mini-Rückpositiv:

Gedeckt 8
Prinzipal 4
Schwiegel 2
Quinte 1 1/3

Cymbel 3f
Regal 8
Tremolo

Leider besitzen wir für die katholischen Kirchen kaum aufschlussreiche Unterlagen, um einen Überblick über die Orgelsituation zwischen den beiden Weltkriegen zu erhalten. Wahrscheinlich hielten sich die Orgeln, hauptsächlich von der Paderborner Werkstatt Eggert-Feith und ab 1896 von der Werler Firma Stockmann geliefert, an das spätromantische Dispositionsschema. Die 1929 für St. Clara in Hoerde von A. Feith konzipierte Orgel, in der ein bemerkenswerter Terzian auf 16'-Basis stand, besaß aber für diese Zeit überraschend viele Aliquote und Mixturen:

I. Manual	II. Manual	III. Manual	Pedal
Bordun 16	Fagott 16	Stillgedackt 8	Violonbass 16
Prinzipal 8	Prinzipal 8	Geigenprinzipal 8	Harmonikabass 16
Fugara 8	Liebl. Gedackt 8	Aeoline 8	Posaune 16
Dulciana 8	Salicional 8	Vox coelestis 8	Quintbass 10 2/3
Flauto major 8	Gamba 8	Soloflöte 8	Cello 8
Trompete 8	Labial Clarinette 8	Oboe 8	Flötbass 8
Oktave 4	Gemshorn 4	Quintatön 8	
Rohrflöte 4	Tibia 4[52]	Tuba mirabilis 8[53]	
Quinte 5 1/3	Terzian 3 1/5	Clairon 4	
Cornett 4f	Rauschquinte 2 2/3	Konzertflöte 4	
Mixtur 2 2/3		Quintflöte 2 2/3	
Oktav 2		Flageolet 2	
Cimbel 1		Flötenkornett	
		Terzflöte 1 3/5	
		Mixtur 2 2/3	

9.2 Von 1945 bis zur Gegenwart

Als nach den verheerenden Verlusten des 2. Weltkrieges in Dortmund viele neue Orgeln angeschafft wurden, hätte man erwarten können, dass die Orgelbewegung, die sich nicht nur in Deutschland inzwischen durchgesetzt hatte, nun das Feld beherrschen würde. Orgelbauer wie Paul Ott (Göttingen), der schon in den 30er Jahren vollmechanische Schleifladen baute, und

Rudolf von Beckerath, vor dem Kriege staatlicher Fachberater, stark beeinflusst von H.H. Jahnn und mit seiner Hamburger Werkstatt nach dem Kriege äußerst erfolgreich, propagierten erfolgreich nach dem damaligen Wissensstand die Barockorgel in Klang und konsequenter Technik. Man betonte bewusst den klanglich statischen Charakter der Orgel und trennte sich von allen dynamischen Einrichtungen der Spätromantiker, eine Entscheidung, die nicht von allen verstanden und bejaht wurde. Arnold Schönberg, nach 1945 in Deutschland eines der großen Vorbilder der Modernen, äußerte das 1949 in einem Brief: „Vor allem war mir die Dynamik des Instrumentes etwas sehr wichtiges, denn die Dynamik allein ist's was Klarheit schafft, die ja durch die meisten Orgeln nicht erzielt werden kann. Würde man nicht an die Großartigkeit der Orgelliteratur denken und an ihre wunderbaren Effekte in Kirchen, so würde man sagen, dass die Orgel heute ein veraltetes Instrument ist." Dortmund blieb in den Händen der schon seit ca. 100 Jahren etablierten Firmen mit Unterstützung der aktiven Sachberater. Feith benutzte noch 1961 für Heilig Kreuz seine elektrische Kegellade. Bezeichnenderweise kam die erste vollmechanische Schleiflade von einem Orgelbauer, der in Dortmund unbekannt war. Steinmann aus Vlotho baute 1950 für die Paul Gerhardt Kirche (Do-Mitte) folgende Disposition:

HW	BW	Pedal
Rohrflöte 8	Gedackt 8	Subbaß 16
Prinzipal 4	Spitzflöte 4	Gemshorn 8
Waldflöte 2	Prinzipal 2	Choralbaß 4
Sesquialtera 2f	Quinte 1 1/3	Baßzink 4f
Mixtur 4f	Zimbel 3f	Nachthorn 2
Trompete 8	Oboe 8	Fagott 16
	Tremulant	

Ein Instrument mit gleich starken Werken, eine Disposition, wie sie typisch war bis in die siebziger Jahre. Willi Peter aus Köln lieferte 1952 für Martin (Dortmund-Mitte) ebenfalls ein vollmechanisches Instrument, das aber nicht lange überlebte. Walcker benutzte in der neuapostolischen Kirche Wickede noch 1952 eine elektrische Kegellade mit neun Registern auf zwei Manualen und Pedal und einer Disposition, für die man beileibe kein barockes Vorbild finden kann:

1. Manual	2. Manual	Pedal
Gedackt 8	Quintade 8	Subbaß 16
Prinzipal 4	Nachthorn 4	
Schwiegel 2	Prinzipal 2	
Mixtur 3-4f	Quinte 1 1/3	

und baute 1957 vollmechanische Orgeln im Gemeindehaus Melanchthon (Mitte) und Scharnhorst. In diesen Jahren bevorzugten viele Werkstätten die Vollmechanik bei kleineren Instrumenten um die 20 Register, bei Großorgeln verwendete man lieber elektrisch gesteuerte Schleifladen, wie 1958 in Reinoldi mit seinem fahrbaren Spieltisch. Bunk kannte keine Hemmungen, offen vor Publikum zu üben und zu konzertieren. Seine Nachfolger versteckten sich lieber in einem Kasten, ein Unikat im Orgelbau, eine fahrbare Spieltischkabine. Erst 1963 konnte Paul Ott, damals gesuchter Lehrmeister von heute angesehenen Orgelbauern, ein Instrument für die Dreieinigkeitskirche in Wellinghofen bauen. Nach und nach kommen nun neue deutsche Orgelbauer nach Dortmund, Hillebrand 1970, Lötzerich 1971, 1983 Weigle (Echterdingen), 1988 Sauer (Höxter), 1994 Rieger (Scharzach, Österreich), 1994 Noeske (Rotenburg/Fulda), 1998 Claus Sebastian (Geesthacht). Die Firma Walcker, die in den Nachkriegsjahren eine Unzahl von Serienorgeln in den kleineren Kirchräumen stehen hatte, verlor an Einfluss, aber die Orgellandschaft Dortmunds wurde vielgestaltiger.

In den siebziger Jahren setzte dann eine Gegenbewegung zur Neobarockwelle ein, ausgelöst durch das neue vehemente Interesse an romantischer Orgelmusik. Besonders die Französische Schule eines Franck, Widor, Vierne und Dupré tauchte verstärkt wieder in den Programmen auf, und die französische sinfonische Großorgel avancierte zum hohen Ideal der jungen Organistengeneration, ein Prozess, der bis heute nicht abgeschlossen ist. Französische Zungen, Flöten und Streicher kamen in Mode. Man wollte nicht mehr in erster Linie die deutschen Barockmeister spielen und entfernte sich damit natürlich von den neobarocken Dispositionen der orgelbewegten Väter. Ja, die „Orgelbewegung" wurde stark kritisiert, weil sie die romantischen Orgeln auf Barockklang umfrisiert, viele Instrumente des 19. Jahrhunderts beseitigt habe. Auch die aggressive, kernstichlose Intonationsweise mit starken Vorsprachen, den scharfen Mixturen und schnarrenden Zungen bei niedrigem Winddruck war nicht mehr gefragt. Allerdings wird heute gerne vergessen, dass ein wichtiger Punkt der „Orgelbewegung" von allen ernstzunehmenden gegenwärtigen Orgelfirmen übernommen worden und als beste Basis für eine klangliche und technische Qualität unumstritten ist: die Schleiflade mit mechanischer Traktur. Gerade in den letzten Jahrzehnten hat man immer konsequenter die Handwerkstechniken der Barockmeister in den modernen Orgelbau integriert. Während die „Orgelbewegung" noch ihr eigenes Klangideal hatte, mit dem barocken Registerbestand experimentierte und zwischen den Orgelbauern und Komponisten eine gemeinsame stilistische Linie verfolgt wurde – Hugo Distler ließ seine Hausorgel von Paul Ott bauen –, kann man heutzutage keine zeittypische Orgelkonzeption ausmachen. Man zieht es vor zu kopieren: Orgeln im französischen Barockstil, Cavaillé-Coll-Typ, geklonter Arp Schnitger, spanische Barock-Imitation. Auf der anderen Seite möchte man alle alten Instrumente, ohne die Frage der Qualität zu stellen, erhalten, was dazu führen dürfte, dass auch die so sehr geschmähten Opera der „Orgelbewegung" die Aura einer erhaltenswerten historischen Orgel erhalten. Die Extreme dieser Entwicklung haben Dortmund noch nicht erreicht. Aber die Übernahme spätromantischer Stilelemente bestimmt schon gravierend die neue, ohne Zweifel gute Klais-Orgel des Konzerthauses.

9.3 Profane Orgeln

9.3.1 Private Hausorgel

Orgeln wurden besonders seit dem 19. Jahrhundert für die unterschiedlichsten Interessen benutzt, weit entfernt von ihrer kirchlichen Bindung (Heldenorgeln, Kaufhausorgeln, Hotelorgeln, Opernorgeln etc.) oder als Garant für würde- und weihevolle Feiern. 1905 bestellte die Dortmunder Loge „Zur alten Linde" bei Walcker ein Orgelwerk mit elf Registern. Selbst die Hitlerjugend liebte das Instrument und benutzte es gerne bei ihren Kulten als Fanfare des „unvergänglichen und ewigen Dritten Reiches"[54]. Man sieht, das Instrument diente allen Ideologien und Gesellschaften. Die „Schlaraffia", ein kulturell und künstlerisch orientierter Klub in Dortmund, besaß seit 1955 eine Kleinorgel (Walcker, 6 Register) für ihre Konzerte.

Dass in Dortmund die Orgel eine große Verehrerschar hatte und noch besitzt, zeigt die im Vergleich zu anderen Städten hohe Zahl von Hausorgeln. Keine Instrumente, die sich vergleichen lassen mit der Privatorgel mit fast 60 Registern auf vier Manualen und Pedal, 1866-1869 von Edmund Schulze (Paulinzella) erbaut und aufgestellt in einem extra gebauten großen Holzorgelhaus von T.S. Kennedy in Leeds. Allerdings konnte die Monumentalorgel – sie hält als Privatinstrument wahrscheinlich den Größenweltrekord – nicht lange dort bleiben. Schon 1877 wurde sie, das größte erhaltene Schulze-Instrument, verkauft und steht heute in St. Bartholomew (Armley). Dortmunds Orgelliebhaber waren da, schon aus finanziellen Gründen, viel bescheidener. Aber immerhin findet man unter ihnen auch zweimanualige Orgeln.

9.3.2 Konzertorgeln

Das Positiv mit süssem hal/
Schlag ich auff Bürgerlichem Sal/
Da die ehrbarn der Geschlecht sind gesessn/
Ein köstlich Hochzeitmahl zu essen/
Dass jn die weil nicht wird zu lang/
Brauchn wir die Leyern mit gesang/
Dass sich darvon jr Hertz eben/
In freud vnd wunne thu erhebn.
    Hans Sachs. Ständebuch des Jost Amman (1568)

Außerhalb der Kirchen konnte man in Dortmund in Konzertsälen, dem Fredebaumsaal und der Westfalenhalle, große Orgeln hören, die heute verschwunden sind. Die Orgel im Fredebaumsaal ging im Kriege verloren, und wir besitzen leider keine näheren Unterlagen dieses Orgelwerkes. Das Instrument der Westfalenhalle wurde nach dem letzten Krieg abgebrochen und in einige Kleinorgeln zerlegt, weil es angeblich – so ein Dortmunder Sachverständiger – keine akzeptable Qualität besaß. Heute steht im neuen Konzerthaus eine beachtliche Orgel, die die Tradition fortführt und mittlerweile einen wichtigen Beitrag zum städtischen Musikleben leistet.

Die Geschichte der Konzerthausorgel ist eng mit der Oratorienpflege verbunden, die um 1800 zusammen mit der Gründung zahlreicher Musikvereine einen enormen Auftrieb erlebte. Die Orgel als Generalbassinstrument war hier unentbehrlich, besonders für die Unterstützung der Chöre. Für die Konzertsäle, die seit dem frühen 19. Jahrhundert in vielen Städten errichtet wurden, plante man schon beim Entwurf größere Orgeln, die oft an der Stirnseite die Innenarchitektur beherrschten. Besonders in England förderte die intensive Pflege der Händelschen Oratorien in Massenbesetzungen den Bau großer Instrumente, die den riesigen Aufführungsapparat begleiten mussten. In welchen Dimensionen man sich manchmal bewegte, zeigt ein polemischer Bericht des Händelfestes 1859 im Crystalpalace von London[55]: *Die musikalische Armee ... übertraf allerdings numerisch alles bis jetzt Dagewesene – wieviel aber darunter Landsturm und Invalide gewesen sein mögen, ist nirgends aufgezählt. Das Orchester bestand angeblich aus 92 ersten, 90 zweiten Violinen, 60 Violen, 60 Violoncells, 61 Bässen, 10 Flöten, 10 Oboen, 10 Clarinetten, 10 Fagotten, 6 Trompeten, 12 Hörnern, 9 Posaunen, 3 Ophikleiden, 2 Bombardons, 8 Serpents, 2 Paar gewöhnlichen Pauken und ein Paar Contra-Pauken im Umfang von 13 Fuß, einer großen Trommel von nie degwesener Größe (über Mannshöhe Durchmesser, aber so schmal gebaut ‚wie ein Tambourin) und 6 Militärtrommeln – in Summa 453 Mann. Hierzu kam noch eine Riesenorgel mit 40 Balgtretern (Warum zog man nicht lieber eine Dampforgel von 40 Pferdekraft vor?). Der Sängerchor zählte angeblich 725 Sopran=, 719 Alt=, 659 Tenor= und 662 Baßstimmen, zusammen 2765 Sänger ohne die 6 Solisten. Im Ganzen waren also 3227 geigende, blasende, spielende, schlagende, singende und schreiende Engländer beieinander, wenn man für die Orgel noch einen Spieler und 2 registrirende Assistenten darzu rechnet.*

Auch Mendelssohn wollte in seinen Aufführungen barocker Chorwerken nicht auf die Orgel verzichten. Beim Niederrheinischen Musikfest 1835 im Kölner Gürzenich, wo es keine Orgel gab, musste eine sechsregistrige Orgel installiert werden, deren Pfeifen man sich aus der Domorgel entlieh. Karl Friedrich Zelter dagegen war kein Befürworter der Orgelbegleitung bei Chorwerken. Dazu äußerte er sich kritisch in einem Brief an seinen Freund Joh. Wolfgang Goethe am 14.11.1828[56]: *Eine Orgel mag nötig sein, um einen schwachen Chor zu decken, zu vertreten. Ein nicht klug verhaltenes, nicht vollkommenes Spiel der Orgel kann den besten Chor schwächen, verderben,* eine Meinung, die von seinen dirigierenden Zeitgenossen nicht geteilt wurde. 1845 baute wahrscheinlich der Verdener Orgelbauer Peter Trappe die erste deutsche Konzertsaalorgel in der Tonhalle Hamburg[57]. In Rheinland-Westfalen setzte Mitte des 19. Jahrhunderts verstärkt der Einbau von größeren Orgeln in die Konzertsälen ein. Um 1860 lieferte die Barmer Firma Ibach drei große dreimanualige Orgeln für die Konzerthalle „Concordia" in Barmen, das „Casino" in Elberfeld und den Kölner Gürzenichsaal. Die Barmer weihten ihr Instrument mit der Aufführung des Messias ein, die Elberfelder folgten ein halbes Jahr später mit Haydns „Schöpfung".

Casino Elberfeld[58]

Manual	Positiv	Echo	Pedal
Prinzipal 16	Principal 8	Salicional 8	Violon 16
Quintatön 16	Bordun 16	Gedakt 8	Subbass 16
Praestant 8	Gedakt 8	Flaut angelica 8	Principal 8
Flaut major 8	Fugara 8	Spitzflöte 4	Violon 8
Rohrflöte 8	Octav 4	Violine 4	Gedakt 8
Gamba 8	Flaute douce 4	Vox humana 8	Quinte 5 1/3
Octav 4	Sesquialter II		Octave 4
Hohlflöte 4	Flötine 2		Posaune 16
Quinte 2 2/3	Hautbois Disk. 8		Trompete 8
Mixtur IV	Fagott Bass 8		
Superoctave 2			
Trompete 8			

In den USA und England, wo man die Konzertorgel als Orchesterersatz benutzte, entstanden zahlreiche Orchestertranskriptionen, die dann auch in Deutschland beliebt wurden. Ein Unterschied in der Dispositionsanlage zwischen der Kirchen- und der Saalorgel lässt sich nur schwer ausmachen, zumal bei reinen Orgelkonzerten dieselbe Literatur benutzt wurde. Zudem hatte sich seit dem 18. Jahrhundert die musikalische Konzertveranstaltung außerhalb der Gottesdienste immer stärker etabliert. In den Programmen standen oft geistliche neben weltlichen Kompositionen, besonders auffällig bei dem beliebten Virtuosen Abbé Vogler, der hemmungslos nach dem Choral „O Haupt voll Blut und Wunden" eine „Spazierfahrt auf dem Rheine, vom Donnerwetter unterbrochen" folgen ließ oder das mohammedanische Credo „Es gibt nur einen Gott, und Mohammet ist sein Prophet" einschmuggelte[59]. Auch in späteren Zeiten wurden auf den Saalorgeln kirchliche Orgelwerke gespielt. So wich Félix-Alexandre Guilmant, weil er in seiner Kirche Sainte-Trinité (Paris) nur die Orgel in Gottesdiensten spielen durfte, mit seinen zahlreichen und beliebten Orgelkonzerten in den Festsaal des Trocadéro-Palastes aus, wo Cavaillé-Coll 1878 eine großes Konzertinstrument gebaut hatte. Und Karl Straube spielte die Uraufführung von Regers Choralfantasie op. 52,3 „Halleluja! Gott zu loben" 1899 im Münchener Kaim-Saal[60]. Eine Zusammenarbeit zwischen Kirche und Konzerthaus ist zwar selten anzutreffen, aber trotzdem vereinzelt nachweisbar. Christoph von Dohnanyi, damals Chefdirigent des Cleveland Orchesters, ließ Anfang der neunziger Jahre des vergangenen Jahrhunderts bei der Generalrenovierung der Severance Hall die von der Bostoner Firma Ernest M. Skinner gebauten Orgel, die sein Vorgänger George Szell stillgelegt hatte, wieder renovieren und initiierte eine Orgelkonzertreihe, die im Anschluss an die Gottesdienste der umliegenden Kirchen begann und die Besucher der Gottesdienste an das Konzerthaus binden sollte[61].

Man kann kaum von einer eigenständigen Entwicklungstendenz im säkularen Orgelbau sprechen. Technische und klangliche Innovationen des Kirchenorgelbaues wurden auch bei den Konzerthausinstrumenten verwendet. Der einzige Unterschied bestand darin, dass die Konzerthausorgel nur für die Konzertliteratur bestimmt war und auf die Funktion als Kirchenliedbegleiter keine Rücksicht nehmen musste.

Dortmunds Saalorgeln gingen im letzten Weltkrieg verloren. 1899 hatte Franz Eggert für den Fredenbaum-Saal ein größeres Instrument geliefert, das beim deutschen Tonkünstlerfest im Mai desselben Jahres mit einem großen Orchester- und Chorprogramm vorgeführt wurde[62]: *Augenblicklich ist H. Franz Eggert mit Aufstellung einer Konzertorgel für den riesigen Fredenbaum-Saal in Dortmund beschäftigt, in welchem, am 11. Mai beginnend, das grosse deutsche Tonkünstlerfest stattfindet, wobei die neue Orgel in mehreren Nummern mitwirkt. Nämlich 11. Mai: a) Variationen über den Choral „Wer nur den lieben Gott lässt walten" für großes Orchester und Orgel von Georg Schumann*[63] *b) Drei Sätze aus der deutschen Messe für Soli, Orchester und Orgel von Otto Taubmann*[64].*– 12. Mai: in der Fuge solemnis für Orchester und Orgel von Max Puchat*[65] Dispositionsangaben zu diesem Orgelwerk fehlen bisher.

Für die Westfalenhalle baute Walcker 1952 ein reichdisponiertes Konzertinstrument mit über 60 Registern nach einem Dispositionsentwurf von Gerhard Bunk. Da man in den siebziger Jahren das Instrument als wertlos einordnete, wurde es abgebaut und in mehrere Kleinorgeln zerlegt. Seit wenigen Jahren besitzt Dortmund im neuen Konzerthaus wieder eine hochwertige Saalorgel der Firma Klais[66], das mit seinen 53 Registern spätromantische Klangvorstellungen aufgreift, wie sie auch in der Dortmunder Orgelszene um 1900 vertreten wurden: labiale und linguale Hochdruckstimmen, zahlreiche Koppeln und eine breite Achtfußbasis in allen drei Manualen. Dortmund hat nun wieder die Möglichkeit, in den Sinfoniekonzerten die Werke für solistische

Konzertorgel und Orchester zu realisieren und hat damit seine Tradition des 19. Jahrhunderts fortgesetzt.

9.3.3 Kinoorgeln

Um 1900 startete die steile und schnelle, aber auch kurze Karriere der Kinoorgel. Für die Stummfilme brauchte man eine musikalische Untermalung, aber auch eine angenehme Geräuschkulisse zur Übertönung der Filmapparate und eine akustische Realisierung des Bildes. Deshalb verlangte man von den Orgeln auch Register für Donner, Blitz, Hagel, Regen, Sturm, Imitationen von der Schiffs- und Autohupe bis zum Schlittenglöckchen, eben möglichst alles, was der Lärm des modernen Lebens hergibt. Die Kinoorgel bevorzugte im Gegensatz zur normalen Orgel nicht die Prinzipale, sondern die weichen Stimmen. Alles Grelle, Spitze und Gewalttätige wurde vermieden, denn das Orgelwerk durfte gegenüber dem Film nicht dominieren. Mixturen fehlten vollkommen1[67]. Die Kinoorgel entwickelte sich schnell zum unverzichtbaren Partner der Filmkunst. Ein Charly-Chaplin-Stummfilmstreifen wird erst mit einem gut improvisierenden Kinoorganisten zum amüsanten Kunstwerk. Allerdings dauerte die Konjunktur für die Kinoorgel nicht lange. Mit der Verbreitung des Tonfilmes um 1930 wurde sie in die Varietés verbannt. Man verkaufte die Instrumente oder baute sie, was selten geschah, zu Kirchenorgeln um. So geschehen 1934 in Sölde St. Marien. Hier übernahm man die Kinoorgel des Ufa Palastes Hamm.

Auch die Dortmunder Kinos benutzten nachweislich Kinoorgeln. Im Lichtspielhaus Assauer am Borsigplatz 5[68] spielte eine Zeitlang der Reinoldiorganist Gerard Bunk auf dem Modell „Standart". Es wird sicher je nach Regiebuch ein amüsantes, lyrisches oder dramatisches musikalisches Event gewesen sein, denn Bunk soll hervorragend improvisiert haben. Seit 1929 benutzte der Emelkapalast im Westfalenhaus (Hansastraße) ein Christie Modell C2 von G. Tootell, F.P. Webber mit zwei Manualen. In Dorstfeld steht heute noch ein hörenswertes Link-Instrument, eine Orgel mit vielen Raffinessen. Die Deutsche Arbeitsschutzausstellung[69], DASA, kaufte 1993 die Kinoorgel des Baujahres 1928. Auch sie wurde vorübergehend in einer Kirche gespielt.

9.3.4 Freiluftorgeln

Der Orgelklang verlangt eigentlich einen akustisch nicht zu trockenen Raum für den typisch verschmelzenden Pfeifenklang. Kurze Nachhallzeiten sezieren gerne den Gesamtklang, lassen die einzelnen Register separat erklingen, verhindern eine Mischung zu einem organischen Klangbild, besonders wenn ein alles umschließendes Gehäuse fehlt. Trotzdem gab es immer wieder in der Geschichte die Tendenz, das Instrument auch außerhalb der Kirchen und Säle bei Prozessionen und Festzügen vorzuführen. Bekannt ist Hans Burgkmairs Holzschnitt des Triumphzuges für Maximilian I. mit zwei auf einem Pferdefuhrwerk gesetzten kleinen Orgelinstrumenten[70]. Im 19. Jahrhundert stellte man ein Orgelwerk in den Zoologischen Garten von Petersburg zur musikalischen Ergötzung von Tier und Mensch[71]. In welche Dimensionen Freiluftorgeln vorstoßen können, sieht man an der Riesenorgel von Bilbao, anlässlich der Festtage zur Eröffnung des Panamakanals 1915 gestiftet: vier Manuale und Pedal eingebaut in einen großen Pavillon. Über drei Meilen war dieses Monstrum zu hören, und zum 1. Konzertspektakel sollen über 30.000 Zuhörer zusammengeströmt sein. Auch die Bevölkerung von San Diego erfreut sich an ihrer Parkorgel[72].

Open-air-Orgeln dienten auch dem Heldengedenken. In Kufstein versteckt sich seit 1931 Europas größtes Exemplar in einem Festungsturm. Der Klang von 26 Registern wird mit einem Hochdruck von 470 mm durch die alten Schießscharte in die Landschaft geschmettert, der Organist sitzt 100 m entfernt im Trocknen. Was ist der tiefere Sinn dieses Unternehmens? Der Fürsterzbischof hat ihn in seiner Einweihungsrede offen gelegt: „Diese Orgel soll ein dauerndes Denkmal sein an den Heldenkampf, den Deutschland und Österreich gegen die halbe Welt geführt, und soll kommenden Generationen die Heldentaten der beiden Völker verkünden."[73] Heute preist die Kufsteiner Touristik die inzwischen auf 46 Registern vergrößerte Festungsorgel moderater: „Als tönendes Mahnmal zur Erinnerung an alle Opfer kriegerischer Auseinandersetzungen mahnt sie auch zum Frieden in der Welt." Auch in Westfalen-Lippe, in der Marienkirche Lemgo, steht eine „Heldenorgel", ein historisches Werk des großen Scherer, umfunktioniert zum Träger von Gefallenentafeln.

Aber was hat das mit Dortmund zu tun? Hier konnte man 2004 innerhalb der Regertage auf dem Markt eine Freiluftorgel besonderer Art erleben, von der Firma Hoffmann-Ostheim konstruiert, ein akzeptables Konzertinstrument mit 29 Registern und zwei Manualen, montiert auf einem LKW. Die moderne Form der Festzugsorgel. Der fahrbare Spieltisch wird bei der Hoffmann-Orgel heruntergefahren, eine Seitenwand des Möbeltransporters heruntergeklappt und das erstaunte Publikum steht vor einem barocken Prospekt mit entsprechender Disposition.

Hauptwerk	Positivwerk	Pedal
Bordun 16'	Koppelflöte 8	Subbaß 16`
Principal 8'	Gamba 8'	Principalbaß 8'
Gedackt 8'	Quintatön 8	Gedacktbaß 8'
Octave 4'	Principal 4'	Choralbaß 4'
Nachthorn 4'	Rohrflöte 4'	Baßflöte 2'
Octave 2'	Quinte 2 2/3'	Mixtur 4f. 2 2/3'
Mixtur 4f. 1 1/3'	Waldflöte 2'	Posaune 16'
Cymbel 2f. 1/2'	Terz 1 3/5'	Trompete 8'
Trompete 8'	Sifflöte 1'	
Scharf 3f. 1'		
Dulcian 16'		
Oboe 8'		
Tremulant Cymbelstern		
Cymbelstern (7 Bronze-Glocken)		
II/I, I/P, II/P, Crescendowalze, Setzer MP95		

10. *Fazit*

Dass die Orgel in der Dortmunder Bevölkerung immer noch eine große Akzeptanz besitzt, dass sie auch als kulturelles Erbe gesehen und gepflegt wird und dass man sich bei der Orgelfrage nicht allein von vordergründigen wirtschaftlichen, sondern von künstlerisch-ästhetischen Aspekten führen lässt, ließ den elektronischen Ersatzorgeln nur geringe Chancen. Nur wenige Kirchen benutzen Elektronien (neun Kirchen in Brüninghausen, Huckarde, Husen, Hörde, Marten, Scharnhorst, Löttringhausen, drei Gemeinden Do-Mitte), bei über 130 Orgeln ein sehr geringer Prozentsatz. Eine kombinierte Pfeifen-Elektronenorgel steht in der Methodistengemeinde Do-Mitte.

Dortmund hat in den letzten drei Jahrhunderten, die wir einigermaßen gesichert überschauen können, die Zahl seiner Kirchenorgeln enorm gesteigert, von der Spätbarockzeit bis zum ersten Weltkrieg um das Dreifache – darunter verhältnismäßig viele Schulorgeln – bis in unsere Tage nochmals um das Doppelte. Eine Statistik, die kaum eine andere Großstadt Deutschlands vorzeigen kann.

	10–20 Register	über 20 Register	insgesamt
1824[74] nur ev. Kirchen	6	2	17
1914	21	41	62
2005	74	62	136

Zum Vergleich: Im gesamten Regierungsbezirk Arnsberg standen im Jahre 1888 41 große, 83 mittlere und 185 kleine Orgeln, d.h. die Stadt Dortmund war ganz im Gegensatz zum 18. Jahrhundert hundert Jahre später Heimat der meisten Orgeln im Arnsberger Bezirk[75]. Hierzu hat nicht zuletzt beigetragen der Neubau zahlreicher katholischen Kirchen in der Zeit von ca. 1880 bis 1914, nach dem letzten Weltkrieg das „Wirtschaftswunder" und die gute Finanzlage der Kirchengemeinden.

In unseren Tagen änderte sich die Situation. Neubauten sind sehr selten geworden, ja es ist schon zum Verkauf von Orgeln gekommen, weil Kirchen geschlossen werden mussten. Obwohl bei den Orgeleinweihungen der letzten Jahre die Festgottesdienste und Einweihungskonzerte immer gut besucht waren, muss man leider feststellen, dass normale Orgelkonzerte nicht mehr den Zuspruch finden, wie es noch in den Jahren nach dem letzten Kriege war, wo besonders bei den Orgelkonzerten in Reinoldi viele Zuhörer die Kirche füllten. Bleibt der große Wunsch, dass die Dortmunder nicht vergessen, welchen Schatz sie mit ihren Orgeln zu bewahren und zu pflegen haben.

B Orgelbauer-Verzeichnis[76]

Ahmer, F.W. aus Hörde

1860 Rep. kath. Pfarrkirche Kirchveischede[77]. Ein Engelbert Ahmer aus Letmathe (Kreis Iserlohn) war 1825 als Orgelbauer von der Regierung zugelassen[78]. Er arbeitete in den dreißiger Jahren zusammen mit einem Bernhard Ahmer, der vorübergehend in Soest wohnte. Ein J. Ahmer aus Letmathe soll 1841 eine Reparatur in der Pfarrkirche Essen ausgeführt haben[79]. 1823 wird ein C. Ahmer aus Letmathe erwähnt.

1834 verhandelte die Kirchengemeinde Hohenlimburg mit Ahmer, der aber den Auftrag nicht erhielt, weil er über den Kostenanschlag hinaus Nachforderungen stellte und keine Garantiezeit gewährte[80].

Familie Alberti

Peter, gest. im hohen Alter um 1670 in Hattingen. Dreimal verheiratet. Nach Reuter[81] identisch mit Peter Allerts (Ellerts), nachweisbar in Wanne-Eickel 1591/93.
1607 Rep. luth. Hattingen („nie woll bei einem Meister gewesen"[82])
1609/11 NB Herbede[83]
1613 Rep. Lamberti Coesfeld[84]
1614 Rep. Burgsteinfurt[85]

Albert, geb. vor 1614, ältester Sohn von Peter aus 1. Ehe mit Anna, (beerd. 2. Februar 1670 St. Reinoldi),
heiratet am 30.9.1637 in Hattingen Margaretha Steinbecker
1. Kind 1639 in Hattingen getauft: Margaretha
2. Kind 1640 in Hattingen getauft: Johannes Hermann, arbeitete mit Joh. Georg
Seit 1644 Organist Reinoldikirche Dortmund
Bis 1652 drei Söhne und zwei Töchter
1650 Rep. Minoriten Dortmund[86]
1652 UB Methler mit Sylvester Heilmann, „Perfektionierung" der Orgel von Johann Conrad Wienbreucker[87]
1653 NB ev. Neustädter Kirche Bergneustadt, pflegt die Orgel bis 1663[88]. Das Instrument wird 1798 nach Kurl, kath. Kirche, verkauft[89].
A. Alberti könnte Lehrer von Konrad Wienbreuker und Sylvester Heilmann

gewesen sein[90].
1658/59 Rep. ev. Kirche Kierspe

Johann Georg, geb. 17. Juli 1644 „des Organisten Albertus Alberti kind", wahrscheinlich nicht verheiratet, 24. Jan. 1721 Testament zugunsten seiner Nichte Cath. Marg. Schröder, Legat von 100 Rthlr. für Reinoldikirche, falls „seinem Vetter J. Arn. Saterday die Orgelbedienung wieder anvertraut wird."
Ihm halfen zwei Brüder.
Begr. 13.11.1722
1681 Hattingen ev. St. Georg[91]. *Statt der Zimbel im großen Werck ein Cornett oder Sesquialter doppelt durchs ganze Clavier ad 82 Pfeifen* (3 Oktaven plus große Terz). Orgel hatte 1809 Umfang C, D-c'''.
1682 NB Mengede[92]
1686 Rep. Elsey
1688 Rep. Stiftskirche Leeden[93]
1690 NB Siegen[94]
Disposition nach Aufzeichnung von J. Chr. Kleine 1791

Principal 8	Quinta 3
Bordun 16 *zu dünn gearbeitet*	Spitzflöt 2
Gedac 8 *Hat den nemlichen Fehler wie Bordun*	Octava 2
Mixtur 2	
Quinta 6	Quinta 1 1/2
Octava 4	Cornetti Discant
Gedac 4	Trompete 8 Bass u. Diskant
Spitzflöte 4	

1690 NB Siegen Johanneskirche[95]
1694 NB Bodelschwingh[96]
1696 Rep. Stiftskirche Leeden
1696 NB Witten
1699 NB Dincker. Die Lade mit Contra-H lagerte längere Zeit bei der Firma Führer (Wilhelmshaven)[97]. Sie wurde nach Aufhebung der Firma entsorgt. Das Gehäuse ist in Rhynern erhalten[98].
Zustand der Orgel in Rhynern 1969[99]

II. Manual HH-f'''
Geigenprinzipal 8   Tiefe Oktave Eiche, Rest Metall
Gedeckt 8   Eiche
Principal 4   HH-cs' Zink Prospekt, Rest Metall
Gedacktflöte 4   Metall
Octav 2 Metall   (alte Inschrift: Octav 2
                                              Quinte 2 2/3)
Mixtur 2f   (neueren Datums, ältere Inschrift: Salicional 8)

I. Manual Positiv HH-f'''
Lieblich Gedackt 8   HH-H Eiche, Rest Metall
Salicional 8   HH-H Eiche gedeckt, Rest Metall
                           (alte Inschrift: F…flöte 8)
Hohlflöte 4   Doppelflöte aus Eiche
Flageolet 2   Metall

Pedal HH-d'
Subbass 16   Eiche
Violon 8   Eiche
Pedalkoppel als Rechen, Schiebekoppel I/II, Pedalklaviatur neueren Datums
Manuale: Untertasten schwarz, Obertasten weiß, Pedal hinter der Orgel

1700 NB Heeren[100]
1700 NB Frömern[101]
Um 1700 Blankenstein ev. Gehäuse erhalten[102]
Dispositionsaufzeichnung von 1847, wahrscheinlich Originalzustand der Alberti-Orgel[103]:

C,D-c'''
Praestant 4   Octav 2
Gedackt 8   Sesquialter 2f.
Gedacktflöte 4   Mixtur 3f
Quinte 3   Trompete

1705 NB Lünern ev. Kirche im Chor über dem Altar (OA Lünern)
1709/10 NB Wellinghofen **HO**[104]
1710 NB Bochum-Stiepel Dorfkirche 380 Thaler
Dispositionsaufzeichnung von Heinrich Küper, Bochum-Linden vom 12.6.1876. 1819 baute Gerhard Nohl das Instrument um.

C D- (c''')
Principal 8   Prospekt, Blei
Bordun 16
Gedackt 8
Nachthorn 4
Kleingedackt 4
Oktave 4
Quinte 2 2/3
Sesquialter   ein Chor noch vorhanden
Cornett 2chörig   Diskant
Mixtur 4chörig,   Repetition auf d'
Oktave 2
Trompete 8   nur einige Basspfeifen vorhanden
3 Bälge, angehängtes Pedal[105]

Abnahmeprotokoll des Herner Organisten Albert Raman (1710)
Wir zuends unterschriebene zeugen und bekennen hiemit alß zur examination und Lieferunck einer von der Gemeine zu Stipel ahn Herrn Joan Georgen Alberti berühmten Orgelmachenr und Organisten in der kayserl. Freyen Reichsstatt Dortmund veraccordriten Orgel requiriert worden, dass diese Orgel nach 1710 d. ersten tag Monats May geschehener Examination in qualitate et quantitate iuxta Contractum redlich und richtig befunden und von uns für unstraflich guht censuriert und anerkand worden. Uhrkund unser beyder unterschriebenen hand. Sig. Stipel d. 2t.tag May anno 1710. Albertus Raman Not.publ. und Organist in Herne mppria.[106]

1876 Zustandsberichte. OB Herbst: *Windlade, welche meinem Urtheile nach aus dem 16. Jahrhundert stammt. Pfeifen nur aus Blei.* OB Heinrich Küper (Bochum-Linden): Bleipfeifen haben *sehr viel Oxid angesetzt. Das Orgelgehäuse ist unten schmaler als da, wo die Pfeifen anfangen. Balganlage steht im Turm.*
1713 Rep. oder NB Meinerzhagen[107]
Aus der Pfarrchronik 1713, Registrieranweisung[108]:
Es ist in der Orgel zu finden:
1. *Praestant, Bordun, Octav, Mixtur, Sesquialtera*
2. *Praestant, Bordun, Octav, Sesquialtera*
3. *Praestant, Bordun, Octav,*
4. *Praestant, Gedackt,*

5. *Praestant, Gedackt, Sesquialtera,*
6. *Bordun, Gedackt, Flöte,*
7. *Bordun, Gedackt, Sesquialtera, Flöte,*
8. *Gedackt, Flöte, Tremulant,*
9. *Flöte, Praestant, Tremulant,*
10. *Flöte, Tremulant*

Vermutete Disposition[109]:

Bordun 8	Oktav 2
Praestant 4	Flöte 2
Gedackt 4	Mixtur
Sesquialter	Tremulant

1714 NB Wengern nicht belegt, aber wahrscheinlich[110].

Heinrich, Lebensdaten bisher unbekannt
1689 NB kath. Kirche Opherdicke
1690 NB Brechten ev. Kirche[111] (Rekonstruierte Disposition)

Werner, Lebensdaten bisher nicht bekannt.
Arbeitete 1689 in kath. Kirche Opherdicke mit seinem Bruder Heinrich A. zusammen.

Becker, Johann, Dortmund, Schwelm, Schwerte, Soest[112].
Johan Becker genant van Swelm, der tyt capellan to sanct Reinolt, der den kunsten geneiget und der to der hebraeschen tungen lust hatte, und was auch ein dapper nicht allein ein organiste und der senge componiste, sunder auch ein sehr ernstlich predichante und darna pastor to Soest.[113]
Er ist zu Schwelm gebohren, wurde vorerst im 16. Jahrhundert Kapellan zu St. Reinoldi in Dortmund, nachhero Pastor in Soest, er wird nicht allein als trefflicher Prediger, sondern auch als ein großer Meister in der Music gerühmet.[114]
Lehrte um 1520 an der Stiftsschule in Essen, seit 1524 Kaplan an Reinoldi[115]. Unterstützte mit als erster Geistlicher in Dortmund die Reformation. Ob er selbst Orgelbauer war, kann bezweifelt werden. Ein Johann von Schwerte, um 1520 Bürger in Dortmund, ist als Orgelbauer belegbar. Es liegt nahe, dass es sich um zwei Personen handelt.
1522 Rep. Reinoldi
1523 NB Reinoldi

Chronicon Dominicanorum 1523: *Organum in ecclesia S. Reinoldi funditus aedificatu prope forum per M.Johannem de Swertis, qui et praecedenti anno renovatur antiqum.*[116]
1535 Rep. Marien Dortmund
Chronicon Dominicanorum 1535: *Hoc anno innovatum est Organum ad D.Virginem per magistrum Johannem.*[117]
1537 NB Nicolai(?)
1536–1538 Rep. Petrikirche in Recklinghausen. In der Literatur von 1936 wird hier der Familienname Becker genannt.[118]

Bente, J.
War noch 2001 tätig. Früher Bezirksvertreter von Walcker.

Blaschke, Paul, Essener Str. 29, Dortmund
Orgelbaumeister in den 20er Jahren des 20. Jhs.[119]
1927 arbeitete er für die Firma Walcker[120].

Bosch, Niestetal-Sandershausen bei Kassel
Werner Bosch (geb. 1916) begann 1946 mit seiner Firma in Kassel und wich aus Platzgründen 1955 in die Randgemeinde Sandershausen aus. Der Betrieb entwickelte sich schnell. Bis 1990 produzierte er 850 Orgeln und 190 Positive. In den ersten Jahren baute man Kegelladen, seit 1955 nur noch Schleifladen.

Breil, Franz, Dorsten
30.8.1903 – 3.6.1985 Todesanzeige[121]: *Aus einem Orgelkonzert heimkehrend, schenkte Gott meinem lieben Mann, unserem guten Vater einen gnädigen und friedvollen Tod.* Breil lieferte um 1900 Orgeln für Wanne und St. Josef (Bochum). 1836 gründete Joseph Anton Breil (1801-1868) in Dorsten seine eigene Werkstatt. Er hatte bei Seyberth in Wien gelernt und bildete sich in Paris, London und Berlin weiter. 1851 wurde sein Neffe Franz Johann Breil (1828-1903) Teilhaber und 1865 Inhaber der Firma. Sein Sohn Franz Joseph (1865-1929) übernahm den Betrieb, den dann sein Enkel Franz Breil (1903-1985) und später Franz Ludger (geb. 1946) leitete. Die Werkstatt baute vor 1900 Schleifladen, dann pneumatische Kegelladen und ab 1925 elektrische Trakturen. Schon 1948 wurde der Schleifladenbau mit mechanischer Traktur aufgenommen.[122]

Brill, Karl, Dortmund, geb. 1893, Do-Husen, Wickedestraße
Sohn eines Orgelbauers, gab 1962 seinen Betrieb in Dortmund auf.[123]
KA Aplerbeck 1935
Rep. Ahlen St. Ludgerus 1943 und Einbau von 2 neuen Registern.[124]
Rep. 1944 Diestedde St. Nicolaus.[125]

Buchholz, Carl August, 1796–1884
Die Orgelbauwerkstatt wurde 1799 von Johann Simon Buchholz (1758–1825) in Berlin gegründet. Sein Sohn Carl August – er wohnte 1835 in Berlin, Klein Hamburger Str. 13[126] – übernahm die Leitung und arbeitete zusammen mit Karl Friedrich Buchholz (1821–1885), der 1850 Teilhaber der Firma und später Chef wurde. Mit seinem Tode erlosch der Betrieb[127]. Der bedeutendste Orgelbauer dieser Werkstatt war Carl August, der seit 1817 selbständig arbeitete und durch die königliche Akademie der Künste den Titel akademischer Künstler erhielt.[128] Er gilt als der Erfinder der Keilschleifen und der Doppelventile.[129] Seine größte erhaltene Orgel (63 Register auf 4 Manualen und Pedal) steht in der Stadtkirche Kronstadt, jetzt Brasow (Rumänien).[130]

Derdack, J.H., aus Dortmund-Barop, Werkliste Münster
Gehilfe bei Carl August Randebrock, ab 1866 bei Franz Wilhelm Sonreck[131].
Disposition u. Kostenanschlag einer neuen Orgel für die ev. Kirche zu Frömern 1877 (den Auftrag erhielt Ladegast)[132]

Manual C-f'''	Positiv C-f'''	Pedal C-d'
Weite Mensur,	Engere Mensur,	Weite Mensur,
starke Intonation	schwächere Intonation	starke Intonation
Prinzipal 8 tiefe Octav Zink, Rest Metall	Geigenprincipal 8 tiefe Octav Zink, Rest Metall	Subbaß 16 Holz
Bordun 16 2 tiefe Octaven Holz, Rest Metall	Salicional 8 tiefe Octav Zink, Rest Metall	Principalbaß 8 Zink
Gamba 8 Tiefe Octav Zink, Rest Metall	Fernflöte 8 tiefe Octav aus Salicional, Metall	Violoncello 8 Zink
Gedackt 8 Tiefe Octav Holz, Rest Metall	Flauto traver 4 Holz, von g an überblasend	
Octav 4 Metall	Flageolet 2 Metall	
Quinte 2 2/3 Metall		
Octav 2 Metall		
Cornet 3fach Metall		

Zwei Koppeln für Manual und Pedal.
Zwei kombinierte Schleifladen für Manual und Positiv mit doppelten Ventilen und Kanzellen von trockenstem Eichenholz, Unterschiede und Windstöcke aus Kiefernholz, letztere mit Schrauben. Federn, Stifte und Drähte Messing. Zwei Laden für Pedal gleicher Konstruktion.
Magazingebläse mit doppeltem Faltensystem und zwei Schöpfern mit Schöpfhebel. Zusätzlich ein Regulator zum Auffangen von Stößen. Kanäle innen und außen mit Papier verleimt, an den Enden mit Leder und Schrauben.
Mechanik teils aus Eiche, teils aus Rigaer Holz, teils Eisen und Messing. Winkel und Ärmchen aus Ahornholz. Löcher mit Tuch ausgefüttert.
Registerzüge aus Eiche und Tanne, zierlich polierte Knöpfe mit beschrifteten Porzellanplättchen.
Manualklaviaturen: Untertasten gebleichte Knochen, Obertasten Ebenholz.
Spielschrank. Pedalklaviatur horizontal aus Eiche und Tanne.
Gerüste für Windladen aus Eiche und Tanne
Metallpfeifen 10löthiges Zinn. Holzpfeifen aus Rigaer Holz, Kerne Vorschläge und Füße Eiche.
Gesamtkosten: 4620 Mark

J.H. Derdack Orgelbauer Eichlinghofen b/Barop (Kreis Dortmund) empfiehlt sich zum Neubau von Kirchen und Hausorgeln zum Repariren und Stimmen derselben.
Uebersicht der durch Obigen als Werkführer unter anderen Meistern, theils von demselben auf eigene Rechnung erbauten Orgeln.

Jahr	A Unter Sonreck in Cöln	Stimmen
1866	*Rheydt, kath. Kirche*	*28*
„	*Kalk, Pfarrkirche*	*25*
„	*Klausen /Lux.kath.Kirche*	*22*
1867	*Hosingen/Luxemburg*	*19*
„	*Bochum, Hospital-Kapelle*	*7*
„	*Cöln, Gefängniß*	*18*
„	*Stammeln*	*12*
„	*Boppard, Lehrer-Seminar*	*16*
„	*Cöln, Marienkirche (prov. Orgel)*	*5*
„	*Cöln,Cunibert (prov. Orgel)*	*6*
1868	*Crefeld, kath.Kirche*	*31*
„	*Cöln, Cunibert*	*30*

	B. Unter Heidenreich in St. Omer/Frankreich	
1868-69	Air s.l.Lys, Pfarrkirche	62
1869	Blaissie	12
1870	St.Omer St.Denis Kirche	38
	C. Unter Lohmann in Zütphen/Holland	
1871	Wathringen	10
	D. Auf eigene Rechnung	
1871-72	Zütphen	8
1872	Weinbergen	10
,,	Züthphen Chr. nat. School	5
1873	Provisorische Orgel	9
,,	Eichlinghofen, ev. Kirche Umbau	16
1874	Hagen ref.Kirche	10
,,	Hombruch evg.Schule	6
1875	Wetter kath.Kirche	7
1876	Sterkrade kath.Kirche	20

Ebel, Carl, aus Unna(?)
1887 KA ev. Kirche Asseln

Eggert, Franz, Paderborn
Georg Josias Eggert (1775-1882) kam als Soldat nach Paderborn, heiratete eine Paderbornerin und beschäftigte sich in seiner Tischlerei auch mit dem Orgelbauhandwerk. Sein Sohn Karl Joseph (1808-1886) arbeitete hauptsächlich als Orgelbauer. Er hatte bei Müller in Reiferscheidt gelernt, handelte auch mit Klavieren und baute Wanduhren. Sein Sohn Franz Eggert (1849-1911) studierte in mehreren angesehenen Werkstätten (u.a. Sonreck, Weigle, Ladegast) und leitete ab 1874 mit großem Erfolg den väterlichen Betrieb. Er konstruierte eigene Kastenladen, baute ab 1864 Kegelladen mit mechanischer und ab 1874 mit pneumatischer Traktur. Restaurator Christian Scheffler: „Im technischen Bereich erkennen wir das Streben nach höchstmöglicher Perfektion, leider aber auch eine oft unnötige Kompliziertheit, die für die Dauerhaftigkeit und die Pflegearbeiten einer pneumatischen Anlage sehr große Probleme mit sich bringt." Die Firma führte nach seinem Tode Anton Feith weiter.[133]

Bochum Wattenscheid St. Maria Magdalena
NB Franz Eggert 1905

Renovierung Franz Rietzsch 1996

HW (I. Man. C-g''')	SW (II. Man. C-g'''')	Ped. (c-f')
Bordun 16	Gedackt 16	Untersatz 32
Principal 8	Geigenprincipal 8	Offenbass 16
Hohlflöte 8	Flaut major 8	Subbass 16
Rohrgedackt 8	Liebl. Gedackt 8	Echobass 16
Salicional 8	Gamba 8	Salicetbass 16
Unda Maris 8	Aeoline 8	Octavbass 8
Octave 4	Vox coelestis 8	Flötenbass 8
Rohrflöte 4	Octave 4	Cello 8
Octave 2	Flaut travers 4	Choralbass 4
Cornett 3-f 2 2/3	Violine 4	Contraposaune 32
Mixtur 4.-f. 2 2/3	Quintflöte 2 2/3	Posaune 16
Fagott 16	Waldflöte 2	Trompete 8
Trompete 8	Terzflöte 1 3/5	
Clarine 4	Mixtur 4f 2	
Tremulant	Trompete 8	
	Oboe 8	
	Clarinette 8	
	Tremulant	
	Tuba mirabilis 8	
	(Hochdruck, vorgesehen)	

Spieltraktur: pneumatisch mit Vormechanik, Registertraktur: elektrisch, Windladen: Kegelladen

Berlin Herz Jesu Kirche
NB1899 op.89
1998 restauriert von Christian Scheffler, Sieversdorf[134].

HW 1. Man. C-f'''	OW 2. Man. C-f'''	SW 3. Man. C-f'''	Ped. C-d'
Principal 16	Bordun 16	Gambe 16	Principalbass 16
Principal 8	Principal 8	Geigenprincipal 8	Subbass 16
Gamba 8	Gedeckt 8	Gedackt 8	Violon 16
Bordun 8	Harmonieflöte 8	Concertflöte 8	Gedecktbass 16
Doppelflöte 8	Salicional 8	Aeoline 8	Oktavbass 8
Flauto major 8	Octave 4	Voix celestis 8	Gedecktbass 8
Octave 4	Rohrflöte 4	Traversflöte 4	Violoncello 8

Gemshorn 4	Progress. harm. 2-4f	Violine 4	Posaune 16
Rauschquinte 2f 2 2/3	Clarinette 8	Oboe 8	Trompete 8
Cornett 5f 4			
Mixtur 2-5f 5 1/3			
Trompete 8			
Trompete 16			

Pneumatische Kegelladen mit Keilbälgchen.

Ep(p)mann

Orgelbauwerkstatt in Essen, deren Geschichte noch nicht erforscht ist. Es treten mehrere Orgelbauer und Wohnorte auf. Franz Anton soll den Beruf von seinem Vater Franciscus Josephus in Essen gelernt haben. Franz Josef Epmann, der in Huckarde auftritt, kam aus dem Veste Recklinghausen und war verheiratet mit Maria Elisabeth Kuhlhoff.[135] Er wohnte 1795 in Recklinghausen[136] und 1801 in der Viehoferstraße in Essen[137]. In Recklinghausen beschäftigte er zwei Mitarbeiter. Positivgehäuse von 1787 im Musikinstrumentenmuseum Leipzig erhalten.[138] Franciscus Jos. Epmann war 1787 in Leipzig.[139] Wahrscheinlich vor 23.8.1823 verstorben in Essen.
1825 Schreiben von Franz Josef Epmann aus Essen, *jetzt in Borken wohnhaft:*
Er hat gelernt bei seinem Vater (seel.) den gewesenen Orgelbauer Franz Jos Eppmann in Essen und mit demselben in dem Zeitraum von 12 Jahren mehrere neue Orgeln außer den vielen gemachten reparaturen gebaut.[140]
1784/85 Rep. Albersloh
1785 Rep. Meppen
1792 NB kath. Kirche Lette[141]. Franciscus Josephus Epmann aus Recklinghausen. Prospekt und Register der Orgel von Mencke und Eppmann liegen auf dem Dachboden der Kirche.
1795 UB Klosterkirche Marienfeld. Auf Pfeife der Viola di Gamba „H.P. Epmann"[142] (Lesefehler?)
RP-Plan Pfarrkirche Essen, der 1799 ausgeführt war.
1796 NB-Plan für Münsterkirche Essen[143]:
Spezification einer neuen Orgel: als Manual, Rückpositiv und Pedal, nebst der dazu gehörigen Mechanique in der hohen Münsterkirche binnen Essen. Manual Register mit dessen Zubehör
1. Praestant 8 Fußthon von feinstem Blockzinn mit dem Stahl poliret
2. Bardun 16 Fußthon der Baß vom besten Eichenholz inwendig beleimt, die übrige

　　　 2 1/2 octave von Mixtum
3. Boudon 8 Fußthon die unterste Octave von gut Eichenholz inwendig beleimt, die übrige Pfeifen von Mixtum, Zinn und Bley
4. Viola gamba 8 Fußthon ganz von Mixtum Zinn und Bley
5. Octava 4 Fußthon
6. Quinta 6 (?)[144] Fußthon
7. Quinta 3 Fußthon
8. Flaut 4 Fußthon
9. Superoctave 2 Fußthon
　　　 Sexquialter 3 Chor E g c (!)[145]
10. Mixtur 2 Fußthon 4 Chor c g c g repetiret 3 mahl
11. Cimbal 1 Fußthon 3 Chor c g c repetiret 7 mahl
12. Trompette Baß 8 Fußthon halbiret
13. Trompette Discant
14. Vox humana 8 Fußthon von feinstem englischen Zinn

Register zu dem Rückpositiv
1. Praestant 4 Fußthon von feinstem englischen Blockzinn mit dem Stahl poliret
2. Gedackt 8 Fußthon die unterste Octave von bestem Eichenholze inwendig beleimt, die übrige 3 1/2 octave von Mixtum
3. Flaut traver Baß 4 Fußthon ist zwey Fuß gedeckt wie ordinaire
4. Flaut traver Discant 8 Fußthon halbirtes Register
5. Rohr Flaut 4 Fußthon
6. Quinta 3 Fußthon
7. Octava 2 Fußthon
8. Mixtur 1 1/2 Fußthon 4 Chor g c g c repetirt 3 mahl
　　　 Cimbal 1 Fußthon 3 Chor c g c repetirt 7 mahl
9. Cromorne 8 Fußthon
10. Fagotte Baß 8 Fußthon von Mixtum halbirtes Register von feinem englischen Blockzinn
11. Hautbois Discant 8 Fußthon

Register so zum Pedal gehören mit dessen Zubehör
1. Principal Baß 16 Fußthon vornen im prospect vom feinstem englischen Blockzinnen mit dem Stahl polirt
2. Subbaß 16 Fußthon ganz vom besten Eichenholz und inwendig ganz beleimt
3. Posaunenbaß 16 Fußthon von Mixtum Zinn und Bley, wegen Kostenersparung kann auch von Holz gemacht werden
4. Octava 8 Fußthon

5. *Superoctave 4 Fußthon*
6. *Trompette 8 Fußthon*

1797-1801 Stimmungen in der kath. Kirche Borbeck.[146]
vor 1802   luth. Kirche Essen
            St. Johannis Kirche Essen
            Kapuziner Essen[147]
1802 Rep. St. Urbanus Do-Huckarde
1803 Rep. Münsterkirche Essen
1804 kath. Kirche Stadtlohn, Aufstellung der Orgel aus dem Kloster Varlar. Epmann aus Epe.
1805 Rep. Pfarrkirche Essen.[148] Die Bezahlung seiner Arbeiten musste Epmann beim Innenminister anmahnen.
1812 Kath. Kirche Ortmarsum: Franz Friedrich(?) Epmann.
1814/15 NB Ortmarsum (Holland) kath. Kirche
1816 Rep. Pfarrkirche Essen.
vor 1823 Rep. kath. Kirche Westerholt: Franz Anton.
1827 NB Barlo kath. Kirche *Orgelfabrikant Eppmann Borken*

Faber & Greve, Salzhemmendorf
Heinrich Faber begann 1863 mit einer Werkstatt und baute Ende des 19. Jahrhunderts pneumatische Systeme. Um 1905 trat F.K. Greve als Teilhaber in die Firma „Faber & Greve" ein. Man verlegte sich auf Multiplexorgeln (Herausziehen von möglichst vielen Registern aus wenigen Pfeifenreihen), hatte damit großen geschäftlichen Erfolg und konnte so den Betrieb stark vergrößern. Nach 1918 trennten sich die Inhaber. Die Firma nannte sich „Faber & Söhne", als 1926 die Söhne August und Heinrich Anteile übernahmen.[149]
1913 Rep. Kirchderne

Feith, Paderborn[150]
Anton Feith (1872 Köln – 1929 Paderborn), Sohn eines Kölner Kaufmanns, machte nach dem Gymnasium eine Kunstschreinerlehre und lernte bei dem Würzburger Orgelbauer Schlimbach. Nach Mitarbeit im Betrieb Fabritius (Kaiserswerth) gründete er einen eigenen Betrieb in Köln, übernahm 1902 die Firma Eggert in Paderborn und baute hier eine größere Fabrik. Er konnte seinen Geschäftsbereich schnell ausdehnen bis Belgien, Holland und Japan. Sein Sohn Anton II (1902 Paderborn – 1979 Paderborn) übernahm 1929 das Geschäft. Er wurde zur Wehrmacht eingezogen, der Betrieb geschlossen und

nach der Zerstörung durch Bomben 1946 allmählich wieder aufgebaut. 1960 hatte die Firma 45 Mitarbeiter. Da Anton II kinderlos war, führte Siegfried Sauer 1972 die Werkstätte weiter.

Fischer, Adam. Identität der A. (Adam, Adolf, Anton) Fischer ist nicht sicher geklärt. Ein A. Fischer wurde geboren am 27.8.1822 in Beckum, Sohn von Anton Fischer.[151] Als Wohnorte sind belegbar:
Syburg
    um 1836 Castrop Kreis Dortmund
    1847 Boele
    1857 Husen bei Westhofen
    1860 Herdecke
    1860 Castrop
    1868 Soest

Um 1836(?) Kostenanschlag NB Schwerte größere Kirche, Verwendung alter Register, die Orgel baute Ibach[152].

Hauptmanual C-f'''	Positiv	Pedal
Prinzipal 8 neu	Principal 4 alt	Violon 16 neu Tanne
Bordun 16 alt	Salicet 8 neu Metall	Subbaß 16 neu, Tanne
Gamba 8 neu	Flötetravers 8 neu, Baß ged. Tanne, Diskant Birnbaum überbl.	Principalbaß 8 neu, Metall
Hohlflöte 8 alt	Gedact 8 alt	Octave 4 neu, Metall
Nasart 5 1/3 alt	Duesflöte 4 alt	Posaune 16 neu, durchschl. Zungen, Rahmen u. Krücken Messing, Knöpfe Eiche, Stiefel Zink, Körper Metall
Octave 4 alt	Octave 2 alt	Trompete 8 neu, Stiefel u. Knöpfe Eiche,
	Harmonika 8 neu, die Zungen freischwingend, Neusilber auf Messingrahmen, Stiefel und Knöpfe Eiche, Stimmkr. Messing, Schallbecher Metall	Zungen Neusilber, Krücken Messing, Schallbecher Metall

Metall: 2/3 Blei, 1/3 Zinn, Pumpengebläse mit doppeltem Schöpfer 7 Fuß lang, 3,72 breit.
Magazinbalg 7 Fuß lang 4 Fuß breit, Preis: 1339 Thaler

Um 1850 kath. Kirche Altenrüthen Erweiterung.[153]
1857 KA ref. Kirche Schwerte[154]
Disposition und Kostenanschlag zu einer neuen Kirchenorgel für die ref. Gemeinde zu Schwerte
Vom Orgelbauer Ad. Fischer zu Husen bei Westhofen.
Genantes Orgelwerk soll bestehen aus einem Manual von C bis f''' oder 54 Tönen und einem Pedal von C bis d' oder 27 Tönen. Folgende Disposition ist der Kirche und den jetzigen Anforderungen entsprechend
A. Manual
1. Principal 8 Fuß   2. Bordun discant 16 Fuß
3. Gamba 8 Fuß   4. Gedackt 8 Fuß
5. Octav 4 Fuß   6. Dulzfloete 4 Fuß
7. Octavquinte 2 u. 3 Fuß die Quinte fängt beim 2t. f an durch Hinzufügung der Quinte erhält dieses Register den Charakter einer sanften Mixtur
B. Pedal ganz frei
8. Subbass 16 Fuß   9. Violon 8 Fuß
10. Tuba 16 Fuß wird durchschlagend construirt.

Die Stimmung wird nach dem Berliner Kammerton. Die Register 1.3.5. und 7. werden von Metall 1/3 Zinn 2/3 Blei gefertigt, jedoch die tiefe Octave der ad Nro.1 und 3 von Holz, weil dieses für die Stimmgattung und Intonation am besten ist. Das Register 10. wird von Zink; die Knöpfe von Eichenholz, die Stimmkrücken von Messing, die Zungen von Neusilber gefertigt. Die übrigen Register von Tannenholz mit Kernen und Vorschlägen von Eichenholz gefertigt.
Zu diesem Werk sind zwei Blasebälge von 7 Fuß Länge und 3 1/2 Fuß Breite nöthig. Dieselben werden von Tannenholz gemacht. Die Verlederung von Schafleder wird dreifach die Zwickel doppelt das Einwinden geschieht mit passenden Hampfcortel. Dieselben werden im unteren Raume des Gehäuses angelegt.
Die Kunstladen werden der Disposition entsprechend von Eichenholz mit Federn und Angehängen von Messing. Die Untertasten der Manual-Claviatur werden mit Knochen, die Obertasten mit Ebenholz belegt die Leitstifte und Stellschrauben von Mesing. Das ... des Rahmens wird schwarz polirt.

Die Pedal Claviatur wird von Eichenholz die Registerknöpfe von Tannenbaumholz werden schwarz polirt und mit Porzellanplätgen darauf die betreffenden Register-Namen stehen versehen. Die Registerstangen Hebel und Wellen werden von Eichenholz gemacht. Die Abstracten und Wellenstöcke sind von Tannenholz der Wellenrahmen nebst Docken wird von Eichenholz. Die Leitstifte und Anhang von Mesing. Die Kunstladen Lager von Eichenholz. Die Pfeifenhalterungen Angehänge und Befestigungen von Tannenholz. Das Gehäuse wird der anliegenden Zeichnung entsprechend von Eichenholz gefertigt.
Die Prospekt Pfeifen werden von Zink gemacht und der zur Ansicht kommende Theil versilbert. ... Summa 860 rthlr
Weil ich in der Nähe von Schwerte wohne so erkläre ich den Betrag auf Siebenhundert und fünfzig rthlr herabzusetzen.
Sollten etwa die Kosten nicht ganz aufzubringen sein, so kann einstweilen der Tuba 16 Fuß zurückbleiben.
Husen bei Westhofen den 12. Juni 1857

Fischer, Adolph, „Orgelbauer zu Hirschberg im Kreise Arnsberg", belegbar zwischen 1833 u. 1886
Zwischen 1834 u. 1854 Rep. Westönnen kath. Kirche[155].
Um 1850 kath. Kirche Altenrüthen Erweiterung[156].
1881 4. Jan. KA für ev. Kirche Hohenlimburg. Den Auftrag für den Neubau erhielt Ladegast[157].
1886 kath. Kirche Wormbach Erweiterung[158].

Fischer, Anton
Vater eines A. Fischer
Zwischen 1834 u. 1854 Rep. Westönnen kath. Kirche, wo auch Adolph Fischer arbeitete.[159]

Fischer, Franciscus Anton
Geb. 2.6.1799 in Beckum, lernte wahrscheinlich bei Joh. Hermann Dreymann (Beckum), zwischen 1829 und 1832 Wohnsitz in Werl, dann bis 1834 wieder in Beckum, von 1834-1838 in Oedingen, anschließend erneut Beckum, häufiger Wohnwechsel wegen Schulden.[160]
1832 KA kath. Kirche Olpe u.1864 KA kath. Kirche Affeln.[161]

Fischer, Friedrich, sesshaft in Hagen[162], später wohl in Lingen.
Zwischen 1730 u. 1742 UB Lingen zusammen mit Sohn.[163]

1731 u. 1733/34 Westbevern Friedrich Fischer.[164]
1734 Rep. Warendorf St. Cornelius u. Cyprianus

Fleiter, Friedrich
Nach Lehrjahren bei Haupt (Osnabrück) und Sonreck (Köln) ließ sich Friedrich Fleiter (1836-1924) in Münster nieder und führte hier einen erfolgreichen Betrieb, in dem noch bis Ende des 19. Jahrhunderts stabile und solide Schleifladenorgeln gebaut wurden. Der Betrieb mit einem Orgelmuseum wird heute von seinem Urenkel Friedhelm in Nienberge bei Münster weitergeführt.

Führer, Alfred
Alfred Führer (1905-1974) studierte den Orgelbau bei Furtwängler & Hammer (Hannover) und ließ sich nach Studienaufenthalten in der Schweiz und den USA 1933 in Wilhelmshaven nieder. Er orientierte sich an den historischen Orgeln Ostfrieslands und Oldenburgs, baute fast ausschließlich vollmechanische Schleifladen und entwickelte sich zu einem maßgebenden Betrieb des historisch orientierten Orgelbaus der Nachkriegszeit. 1974 übernahm der Neffe Fritz Schild (geb. 1933) die Werkstattleitung.

Furtwängler & Hammer[165]
In Elze arbeitete der älteste Orgelbauer der Familie Philipp (1800-1867) auch als Uhrmacher. Seine Söhne Wilhelm I (1829-1883) und Pius (1841-1910) erweiterten den Betrieb. 1883 trat Adolf Hammer (1854-1921) als Teilhaber bei. Die Werkstatt wurde von Elze nach Hannover verlegt. Um 1900 hatte die Firma 120 Mitarbeiter. Emil Hammer (1878-1958), Neffe von Adolf Hammer, leitete den Betrieb unter dem Namen Emil Hammer Orgelbau, der heute von Dr. Christian Eickhoff (geb. 1935 in Shanghai) nach seiner Verlegung nach Amrum geführt wird. Nach Werkverzeichnis Hammer von 1891 bis 1933 lieferte die Firma 77 Orgeln nach Westfalen.

Geilenkerken, Laurenz
Soll um 1520 als Orgelbauer in Dortmund gelebt haben.[166]

Hammer, siehe Furtwängler & Hammer.

Haver, Caspar
1680 Kirchderne Orgelbauer Caspar Haver aus Wesel liefert ein Instrument.[167] Fertigstellung am 30. Juli 1681.

Heissler, Franz
Franz I Heissler (1908-1962) gründete nach Lehrjahren bei Laukhuff in Weikersheim im benachbarten Markelsheim seine eigene Werkstatt. Längere Gefangenschaft nach dem Zweiten Weltkrieg unterbrach seine Orgelbautätigkeit. Sein Sohn Franz II führte den Betrieb weiter.

Herbst, Dortmunder Orgelbauer- und Handwerkerfamilie, zwischen 1850 und 1898 nachweisbar[168], 1887: Herbst & Sohn.
Adressen:
Carl sen. und jun.
1856 Herbst, C. Orgelbauer in Dortmund, Kuckelkestr. 760 1/2[169].
1868 Herbst sen., Carl Orgelbauer, Kuckelkestr. 760 1/2
Herbst jun. Carl, Kuckelkestr. 760 1/2
1873–75 Karl, Orgelbauer und Wirt, Kuckelkestr. 760 1/2
1877-86 Kuckelkestr. 32
Fritz Orgelbauer
1875 Kuckelkestr.760 1/2
1877 Kuckelkestr. 32
Friedrich Orgelbauer und Instrumentenmacher
1880-83 Bornstr. 12
1884-88 „Fr. & Co Orgelbau-Anstalt und Instrumentenhandlung. Inh. Orgelbauer und Instrumentenmacher Friedr. Herbst und Möbelhändler Wilh. Hochrath Weiherstr. 19. (Inserat i. Anhang). Friedr. H. wohnte in der Weiherstr. 19
1889-95 Kuckelkestr. 32
1896 Münsterstr. 60 Klavierstimmer
1898 Kapellenstr. 31 Orgelbauer, scheint kurz vor 1900 gestorben zu sein.
Gustav Anstreicher
1877 Kuckelkestr. 32
Ludwig Schlosser, Orgelbauer, Spezereihändler
1877-85 Kuckelkestr. 32
Otto Schlosser
1883-86 Kuckelkestr. 32
1888 Bischofsgasse 3
Wilhelm Tischler
Kuckelkestr. 760 1/2

Der Elberfelder Organist van Eyken 1868 in einem Schreiben an die ev. Gemeinde Soest St. Petri: *Herr Herbst in Dortmund arbeitet nach Schulzschen System, seine Orgeln haben viel Kraft, die Arbeit ist solide doch laßen die Rohrwerke zu wünschen übrig. Seine Preise sind billig.*

Orgelbauten:
1850 Marien Mitte
1853 UB-Plan Hofkapelle Schloss Wittgenstein (Laasphe), OA Archiv Wittgenstein

Alte Disposition	Disposition Herbst
Manual	Manual
	Principal 8 neu
Gedackt 8	Gedackt 8
Gambe 8 u.4	Viola di Gamba 8 neu
	Flöt traverse 8 neu
Principal 4	Oktave 4
Rohrflöte 4	Rohrflöte 4
Quinte 3	
Octav 2	Octav 2
Tertian 1 3/5	
Gemshorn 2	Gemshorn 2
Mixtur 3chor	Mixtur 2 Chor
Pedal	Pedal
Subbass 16	Subbass 16
Oktavbass 4	Oktavbass 8 neu
Trompete 8	
Flachflöte 4	

1856 ev. Kirche Dülmen NB[170]
1856 wurde diese Orgel von dem Orgelbauer Herbst in Dortmund erbaut und von dem Herrn Wilhelm von Hösel der ev. Kirche zu Dülmen zum Geschenk gemacht. (Zettel, den man beim Abbruch der Orgel 1932(?) fand)
1857 KA Schwerte[171]. Vorgesehen UB

II. Manual HW	I. Manual Positiv	Pedal
Principal 8 neu	Geigenprincipal 8 Holz neu C-H	Violonbaß 16 neu offen
Bordun 16	Liebl.Gedact 16	Subbaß 16 neu Major Subb.
Viola de Gambe 8 neu	Flaut traverse 8 neu Kirschbaum	Posaune 16 neu durchschl.
Flaut major 8	Gedakt 8	Octavbaß 8 neu
Gedact 8	Octave 4	Cello 8 neu
Octave 4	Flaut douce 4	
Hohlflöte 4		
Octave 2		
Quinte 3		
Scharf 3f		
Mixtur 3f		
Trompete 8 neu durchschl.		

Manualkoppel, Pedalkoppel mit besonderen Ventilen und Windkasten, Suboktavkoppel Pos/HW
Neue Laden
Principal 8 HW 14-löth. Zinn, aufgeworfene Labien, hellpoliert nebst stummen Pfeifen.

1857/58 UB Do-Wellinghofen
1857/59 UB Blankenstein
1858 Gutachten ev. Kirche Dellwig[172], Orgel von Steffen (Bochum): Principal, Quintadena, Octav, Bordun, Mixtur. Windlade: 3 Fuß 1 Zoll breit, 6 1/2 Fuß lang.
1858 UB ev. Kirche Berchum. Erweiterung auf 2 Manuale u. Ped.(?). Anstelle Quintatön ein Bordun 16'[173].
1861 NB Herbede[174]

Hauptwerk C-f'''	Oberwerk	Pedal C-d'
Principal 8 engl. Zinn, aufgew. Labien	Gedact 8 tiefe Oktave Kiefer, Rest Metall	Principal Baß 8 Tanne
Bordun 16 2 tiefe Oktave Kiefer, Kerne u. Vorschläge Eiche, große Oktave Vorschläge mit englischen Schrauben, Reste Metall	Salicional 8 tiefe Oktave mit Viola d.G. Metall	Violon 16 Kiefer, Kerne u. Deckel Eiche

Hohlflöte 8 2 tiefe Oktave Kiefer, Rest Eiche
Flauto traverse 8 tiefe Oktave mit Gedact, Rest Birnbaum
Gedact Baß 8 Tanne

Octave 4 Metall, hell poliert, aufgew. Labien
Flaute douce 4 Metall
Subbaß 16 Kiefer, Kerne u. Deckel Eiche

Rohrflöte 4 Metall
Viola di Gamba 8 tiefe Octave Kiefer, Rest Metall
Posaune 16 durchschlagend, Aufs. Zink

Quinte 3 Metall
Octave 2 Metall
Mixtur 3f Metall
Scharf 3f Metall

3 Bälge 9 Fuß lang, 4 breit mit Regulator für schwächeren Wind im OW
HW geteilte doppelte Windlade
2 Züge für Koppeln, 2 für Sperrventile
Gehäuse: Front Eiche, sonst Tanne, Bildhauerarbeit Eiche
Preis: 1969 Thaler

1863 Heeren ev. KA für NB

Hauptwerk C-f'''
Bordun 16   enge Mensur, tiefen 28 Pfeifen Holz, Rest Metall
Principal 6   mittl.   „ , tiefe Oktave Holz, Rest Metall
Hohlflöte 8   weite   „   Holz
Gedact 8   „   „   tiefe Oktave aus Hohlflöte, Rest Metall
Octav 4   mittl.   „   Metall
Quinte 3   „   „   „
Octav 2   „   „   „
Mixtur 3f 2   „   „   „

Positiv C-f'''
Geigenprincipal 8   enge Mensur, tiefe Octave Holz, Rest Metall
Salicional 8   engste „   tiefe Octav aus Geigenprincipal, Rest Metall
Gedact 8   enge   „   tiefe Octav Holz, Rest Metall
Flauto traverse 8   weite   „   tiefe Octave aus Geigenprincipal, Rest Kirschbaum
Flaute douce 4   mittl. „   Metall

Pedal C-d'
Subbass 16   weite Mensur, Holz

Octavbass 8   „   „   „
Fagott 16   „   „   durchschlagende Zungen, Aufsätze Zink
Manual-Coppel, Pedal-Coppel (mit besonderen Cancellen und Ventilen)
Geteilte mechanische Schleifladen, Klaviaturen mit weiß gebleichten Knochen auf Unter-und Ebenholz auf Obertasten, schwarz polierte Registerknöpfe mit Porzellanschildern, Holzpfeifen mit Nut und Feder *von Holz angefertigt, weil die Ansprache in den tiefen Octaven bei Holzpfeifen eine stärkere ist, wie bei zinnernen. Die Metal-Pfeifen werden von 10 bis 12 löthigem Zinn in genügender Stärke angefertigt.*

1863/64 UB Volmarstein, neues 2. Manual und Pedal
1864 NB 13 Register Witten-Rüdinghausen
1867 NB Herdecke (Gutachter van Eyken aus Elberfeld)[175]
1867 UB Gruiten ref. Kirche
Anstelle Trompete Salicional 8, Prinzipal 4 in Prinzipal 8 umgewandelt, neue Querpfeife. Orgel von der Emporenbrüstung nach hinten gesetzt, davor 3 neue Sitzreihen.

1869/70 Opherdicke NB
Bei der Restaurierung der Orgel im Jahr 1964 fand man im Spieltisch folgendes Manuskript:
Hoc organon primum aedificatum circa annum MDCC, quum anno MDCCCLVIII et fragile et nimis parvum reperiretur, renovatum et amplificatum est. Prae(ter) ligna et metalla veteris organi, quae apte adhuc et utilia fuereunt, omnia nova sunt. Pecuniam (D imperiales) dedit patronus ecclesiae, illustrissimus & praenobilis Dominus D. Franciscus Josephus Michael L.Baro de Lilien, possessor domus Opherdicke, qui dilexit decorum domus Die. Opifex autem huius organi fuit Carolus Herbst, artista Tremoniensis, adhibito socio Friederico Fuchs. Parochu fui ego, infrascriptus ; ludimagister autem fuit Antonius Runte Marsbergensis. Mementote animarum nostrarum, qui destruetis quod nos aedificarimus. Eduardus Klein, Arnsbergensis.
(Die erste Orgel wurde um 1700 gebaut. Als man 1858 feststellte, dass sie reparaturbedürftig und zu klein sei, wurde sie renoviert und erweitert. Außer dem Holz und Metall der alten Orgel, welches noch verwendbar und brauchbar war, war alles neu. Das Geld (500 Taler) stiftete der Patron der Kirche, der edle und vornehme Herr Franz Joseph Michael Freiherr von Lilien, Besitzer des Hauses Opherdicke, ein Freund der kirchlichen Kunst. Erbauer die-

ser Orgel aber war Karl Herbst, Künstler aus Dortmund mit Hilfe seines Gesellen Friedrich Fuchs. Pfarrer war ich, der Unterzeichnende, Lehrerorganist aber war Antonius Runte aus Marsberg. Gedenket unserer Seelen, wenn ihr zerstört, was wir gebaut haben. Eduard Klein aus Arnsberg.)

1878 NB Bochum-Stiepel Dorfkirche. 3550 Mark[176]

I. Manual C-f'''	II. Manual C-f'''	Pedal C-d'
Principal 8	Geigenprinzipal 8	Subbass 16
Lieblich Gedackt 16	Salicional 8	Oktavbass 8
Viola di Gamba 8	Flauto dolce 4	
Hohlflöte 8		
Oktave 4		
Superoktave 2		
Mixtur 3f		
Pedalkoppel		

Mechanische Schleifladen aus Eiche und Kiefer. Blasebälge aus Tannenholz 3fach beledert.

Prospekt Bochum-Stiepel

1880 Dahl NB (Orgelakte nach Bullmann verloren)
1881 UB Lünen[177]

Hubert, Joseph. Wohnte 1917 in Dortmund, Malinkrodt Str. 16[178]
Werkstatt existierte noch bis 1930 Orgelbau GmbH[179], Konzert- und Piano-Orchestrions, Orgeln u. Elektr. Pianos.
1917 Kirchderne Prospektpfeifenausbau.

Ibach[180]
Klavier- und Orgelbauerfamilie in Wuppertal-Barmen. 1794 eröffnete Johann Adolph (1766-1848) in Barmen den Betrieb. Die Söhne. Rudolph (1804-1863) und Richard (1813-1889) übernahmen die väterliche Firma. Der dritte Sohn Adolph (1823-1883) arbeitete zunächst in Barmen, machte sich dann aber um 1860 in Bonn selbständig. Der vierte gründete eine eigene Klavierfabrik. Die Orgelbauer hatten international einen großen Erfolg. Bis Ende des 19. Jahrhunderts wurden ca. 250 Orgeln gebaut. Der größte Teil stand in rheinischen und westfälischen Kirchen. Ein Sechstel der Produktion ging nach Holland, Belgien, Spanien, USA und Südafrika. Leider haben sich nur 12 Instrumente erhalten, darunter kein dreimanualiges Werk.

Johann, Meister von Schwerte
zwischen 1515 und 1535 nachweisbar.[181]

Kaul, Marcus
geb. 18.7.1967. Lehre bei der Firma Nenninger (München, 1984-88). Fortbildung bei einigen Firmen Süddeutschlands. Nach dem Besuch der Fachschule in Ludwigsburg seit Ende 1936 Dozent an dieser Orgelbauerschule. Führt in Leonberg einen eigenen Betrieb.[182]

Kaltenhauser, Konrad
geb. 1933 lernte bei der Altmühldorfer Werkstatt Glatzl (Bayern). Arbeitete von 1954–1973 bei Walcker und ist seit 1973 freier Orgelbauer in Dortmund.

Kersting, Johann (um 1790-1854) und **Melchior** (1815-1879), Münster[183]
Für Dortmund lässt sich nur der Orgelneubau in Marten 1840/41 nachweisen. Die Kerstings haben hauptsächlich das Münster- und Emsland beliefert. Einige Orgeln sind erhalten, so dass wir über ihre Bauweise gut unterrichtet sind.

Kleine-Nohl-Roetzel[184], 18. und 19. Jahrhundert, Eckenhagen und Umgebung.
Im Staatsarchiv Münster liegt ausgiebiges Material zur Technik und Ge-

schichte des Orgelbaues dieser Werkstatt, die im rheinischen und südwestfälischen Raum zahlreiche Instrumente baute. Dass die oberbergischen Orgelmeister, besonders Franz Georg Nohl, auch in Dortmund über längere Zeit sehr aktiv waren, blieb bisher unbekannt. Als um 1700 die Orgelbauwerkstatt Alberti ihre Produktion einstellte, übernahm Kleine-Nohl den Dortmunder Bezirk für ca. hundert Jahre. Die Geschichte der Orgelbauer, die historisch und technisch hochgebildet waren, ist seit längerer Zeit gründlich erforscht.[185]

Daniel Roetzel

Kleine, Johann Henrich (1693-1773)
1713-1721 lernt und arbeitet er in der Ratinger
Werkstatt Weidtmann und in Holland (Amsterdam). Seine Prospekte (Marienhagen um 1725, Oberkirchen 1736, Kohlhagen um 1745) zeigen denselben Aufbau wie Alberti-Instrumente. Auch in der einmanualigen Disposition stellt Kleine wie Alberti Sesquialter neben Cornet oder separate Quinte und Terz.

1768 Ohle luth. Kirche

Gedact 8	Octava 2
Principal 4	Mixtur 3f 1
Violdegamba 4	Cornett Disc. 3f 5/4
Sesquialter 2f 2 2/3	Trompete 8

1765 Liebershausen ev. Kirche (Aufzeichnung 1875)

Gedact 8	Octave 2
Principal 4	Cornetti 3f
Fleute traverse 4	Terz 1 3/5
Gemshorn 4	Mixtur 3f 1
Quinte 2 2/3	Trompete 8

Klingenhegel, Friedrich (20.8.1901-1975)
aus Münster, baute 1954 Orgel in St. Immaculata (Do-Scharnhorst) als op. 29. War Werkführer bei Fleiter und arbeitete zwischen 1946 und 1948 in Niedersachsen.[186] Zwei Söhne Heinrich und Josef waren mit im Betrieb ange-

stellt. Klingenhegel baute u.a. in Münster Heilig Geist, Herz Jesu, Gottfried u. Antonius. Der Münstersche Betrieb wurde direkt nach dem 2. Weltkrieg nach der Meisterprüfung von Friedrich Klingenhegel in den Kasernen Weißemburger Str. 48 eingerichtet, soll in den ersten Jahren 15-20 Mitarbeiter gehabt haben und wurde Ende der 50er Jahre von Kreienbrink (Osnabrück) übernommen. Klingenhegel baute nur Kegelladen.
1955 UB kath. Kirche Füchtorf.

Korte, Inigo, geb. 1953 Essen
Lehre bei Stockmann (Werl),1983 Meisterprüfung, Bezirksvertreter von Walcker, 1985 eigener Betrieb mit Schwerpunkt Orgelpflege in Essen.[187]

Kreienbrink, Matthias, geb. 1924
lernte bei Rohlfing. Er wurde 1951 Teilhaber dieser Werkstatt und 1955 Alleininhaber. 1957 verlegte er den Betrieb von Natbergen nach Osnabrück-Hellern und gründete Filialen in Münster und Fulda. Die Werkstätten lieferten nach Rheinland-Westfalen, Hessen und Niedersachsen zahlreiche Orgeln. Sohn Michael (geb. 1953) trat 1978 in den Betrieb ein, sein Bruder Joachim (geb. 1956) 1984.[188]

Kremer, Theodor, vielleicht identisch mit **Theoderich von Bochum**
Theodor Kremer soll aus Unna gekommen und 1537 in Soest gestorben sein.[189] Vielleicht Lehrer von Johannes.
1507 Rep. Chororgel Propsteikirche.[190]

Link in Giengen, zwischen Heidenheim und Ulm. 1851 von den Zwillingen Paul und Peter Link gegründet. 1886 übernahmen die Brüder Eugen und Christian die Geschäftsführung. Hat bisher über 1000 Orgeln gebaut.

Lohmann, Ulrich, geb. 30.9.1958
Ausgebildet bei Stockmann (Werl), machte sich 1988 zusammen mit I. Korte selbständig. In Hamm unterhält er eine Werkstatt, die sich auf Orgelpflege spezialisiert hat.

Mellmann, Joh. Christoph
Soll das Orgelbauhandwerk beim Bau der Reinoldi-Orgel studiert haben, müsste demnach als Schüler von Trampeli angesehen werden. Erhielt erst 1825 die amtliche Zulassung.[191] In den Dokumenten ist zu lesen, dass er *als ein zuverlässiger Mann bekannt ist und durch die von ihm verfertigte Orgeln*

als ein geschickter Orgelbauer sich bewährt hat.[192]

1815 Pflege der Vorenweg-Orgel Stiftskirche Cappenberg.[193]
1816 Einbau der Orgel Kloster Rhynern in ev.Kirche Berge
1818/19 in Dortmund als Orgelbauer und Instrumentenmacher gemeldet.[194]
1834 Mellmann, Chr. Orgelbauer.[195]
1856 Mellmann, J.C, als Orgelbauer tätig in Klosterstr. 279.
1859 Mellmann, J.C. Rentner, Schwarze Brüderstr.
1860 Mellmann Rentner, 1868 keine Eintragung.
1822 Rep. Brackel ev. Kirche
1824 Erweiterung ev. luth. Kirche Wuppertal-Elberfeld.[196]
1825 Rep. und neues Pedal Werne.[197]
1825 KA ev. Kirche Arnsberg.[198]

Hauptmanual	Positiv	Pedal
Principal 8 Metall, tiefe Oktave Zink	Principal 4 Metall	Violone 16 Holz
Bordun 16 Holz	Rohrflöte 8 Metall	Octave 8 Holz
Gedackt 8 Holz	Flöte traver 8 Holz von c bis f'''	Posaune 16 tiefe Zink
Viol di gambe 8 Metall	Rohrflöte 4 Metall	Trompete 8 tiefe Zink
Salicional 4	Octav 2 Metall	
Flöt duce 4	Quinte 1 1/2 Metall	
Octav 4	Mixtur 3f Metall	
Quinte 3	Vox humana 8	
Octav 2	Zinn von c bis f'''	
Mixtur 4-5fach		
Fagott 16 tiefe Octav Holz, die übrigen von Metall		

Nach meiner überzeugung sind die vielen Windverführungen unnütz und verwerflich welche von dem Pedal zum Hauptmanual geleitet werden sollen und ist zu bewundern das es noch Menschen gibt die so etwas können erdenken. es ist daher ein beweiß das selbige vom Orgelbau zu wenig kennen. an stadt der Windführungen hat man die Coppel nach allen Wünschen zu gebrauchen. Die Mischung besteht aus 1/3 Englisch Zinn 2/3 Bley das gutes Eichen Holz der dauer und des beßern Tons wegen zum Orgelbau dienlicher ist hat seine Richtigkeit. Hartgezogener Messingdraht ist zum Orgelbau nicht überall verwendbar. Zu dieser Disposition sind vier (Bälge) erforderlich alle noch mehrere nothwendigkeiten be einen neubau der Orgel, wird von dem schluße des Contraks näher abgesprochen und bestimmt. Mellmann Orgelbauer (Dortmund 18.2.1825)

1826 NB in Dortmund[199]
1827 KA Herbede ev. Kirche für angebotene Orgel der Kleinen Kirche in Essen.[200]
1828 UB Rückpositiv der Petriorgel in Berchum ev. Kirche aufgestellt.[201]
1829 NB Petri
1829 Untersuchung der Orgel ev. Kirche Hattingen.[202]
Um 1830 Rep. Stadtkirche Unna
1832 KA Do-Lütgendortmund

Kostenanschlag für ev. Bartholomäuskirche Lütgendortmund 1832[203]
Principal groß 16 Fuß in der Fronte von 16lötigem reinen englischen Zinn und polirt die tiefe Octave wird von Holz und gedeckt
Octave 8 in der Fronte von dems.englischen Zinn und polirt
Viol di Gambe 8 die tiefe Octav von Metall die übrigen von Zinn
Salicional 8 von Metall, die tiefe Octav gibt die Flöte gemeinschaftlich mit an
Gedackt 8 von Holz
Octave 4 von Metall
Quinte 3 von Metall
Rohrflöte 4 von Metall
Mixtur 6fach von Metall
Octav 2 von Metall
Fagott 16 Fuß von Metall (Mundstücke und Zungen Messing)
Trompete 8 die tiefe Octav von Metall, die übrigen von Zinn (Mundstücke und Zungen Messing)
Pedal
Subbaß 16 von Holz
Octavenbaß 8 von Holz
Posaune 16 von Holz, (Mundstücke Metall und Zungen Messing)
ein neuer Blasebalg 7 lang 4 Fuß br. Drei noch vorhandene brauchbare Bälge neu zu beledern.
Ein Klavier von Ebenholz und Elfenbein mit messingenen Stellschrauben
Ein Pedalklavier zu zwei Octaven
Pedal Koppel

Zwey Sperrventile
Ein neues Gehäuse. Für Bildhauer Arbeit. Bälgenstuhl und Bekleidung..
Das Zinn enthält 8 zu 1, nämlich 8 pfd Zinn und 1 pfd. (Blei)
Das ganze Werk wird in Kammerton gestimmt und erhält einen Umfang der Töne ohne Ausbleiben des Tons eines tiefen Cs bis F dreigestrichen
Das Bley der noch vorhandenen alten Pfeifen kann nach Bezahlung per Anzahl Pfunde doch billiger, wie neues Bley mir überlassen werden.
Dortmund d. 7ten September 1832 Mellmann Orgelbauer

1834 Rep. Wattenscheid alte ev. Kirche.
1836 Wattenscheid
1844 Umsetzen der Orgel der kleinen Marienkirche Lippstadt von 1661 in die reformierte Kirche.[204]
KA Lippstadt Marienkirche
Kosten Anschlag über die nöthigsten Reparaturen der Orgel der Größeren Marien Kirche hieselbst
1 Die beyden Klaviatuen sind abgenutzt, so das ein Klavir dem anderen beim Spielen mit niederdrückt, oder zwischen den benachbarten hänken bleibt. Zweitens ist der Wagebalken bei den verfertigen derselben nicht gehörig abgemessen worden welches die zähe schwere Sielart (!) veranlasst, um gedachte Mängel zu verbessern müssen zwei neue Klaviaturen verfertigt werden, bei welche die Obertasten mit schwarzen Ebenholz die Untertasten mit Weissen Knochen belegt werden, und werden gedachte neue Klaviere so eingerichtet das dieselbe können gekoppelt werden.
2 dazu sind für die beide neue Sch. abstrackten erforderlich
3 Messingene Stellschrauben
4 der mangelhaften Abstracktenbeschlag wird von Messing wieder erneuert
5 Die Ventill Federn müssen sämtlich nachgesehen und mangelhafte verbessert oder in nöthigen erneuert werden
6 Die Spunde an den Windladen müssen wie auch die Kanähle und Conducten alle nachgesehen und alle Mängel ausgebessert werden
7 Die vier Bälge müssen Winddichte gemacht werden, bei welchen ein Falte von neuen mit doppelten Leinwand muß geflochten werden
8 Der Wind wird mit der Windwage abgemessen und bestimmt
9 die Pfeien der beiden Haupt Manualladen müssen sämtlich von den Windladen weggenommen werden und von Staub gereinigt und die Reparatur bedürftigen wieder verbessert werden
10 die Pfeifenstöcke nebst den Postamentbretter werden ebenfalls von Staub

gereinigt und von alle fehler befreit
11 die Trompete 8 Fuß fehlen folgende Pfeifen nebst Mundstücken welche neu gemacht werden müssen d#.g.g# B.
12 die Registerzüge der Pedal Windladen ziehen sich zu schwer so das sich dieselbe nicht gehörig öffnen und nicht zuschieben lassen, es müssen daher die Pfeifen desselben von den Windladen weggenommen werden um bei den Registerschleifen zu kommen, um dieselben zum erleichtern
13 die Mundstücke der Posaune müssen neu mit Lohgaren Schafleder neu beledert werden, um den Ton mehr Rundung zu verschaffen
14 für Intonieren und Stimmen
Von Seiten der Gemeinde werden die Reise und Transportkosten der beiden neue Klaviaturen und Werkzeuge hin und wieder zurück nebst freie Logie und Beköstigung und während dem Intonieren einen Calcanten besorgt und übernommen.
Lippstadt d.31ten Juli 1844 Mellmann Orgelbauer aus Dortmund

Rep. Lünen ev. Kirche.[205]
Rep. Wattenscheid ev. Kirche.[206]
Vor 1849 NB Mülheim Ruhr
1850 NB reformierte Kirche Heiligenhaus[207]. Das Instrument steht heute in der ev. Kirche Grossrossln-Karlsbrunn.

Kosten=Anschlag über eine neue zu erbauende Orgel für die ev. ref. Gemeinde Heiligenhaus.[208]
Principal 8 Fuß, vom kleinen c in der Fronte stehend von englischem Zinn und polirt mit erhabenen Labien. Die tiefe Octave wird gedeckt und von Kieferholz verfertigt 60 Thlr
Flöte Traver 8 Fuß, vom kleinen c bis f''' von Eichen= und Birnbaumholz 36 Thlr
Viol di Gambe 8 Fuß, vom kleinen c bis f''' von Metall. Beide letzteren Register erhalten gemeinschaftlich eine tiefe Octave gedeckt, 8 Fuß und von Kiefernholz 43 Thlr

Octave 4 Fuß von Metall	*28 Thlr*
Quinte 3 Fuß von Metall	*22 Thlr*
Rohrflöte 4 Fuß von Metall	*24 Thlr*
Octave 2 Fuß von Metall	*16 Thlr*
Burdun 16 Fuß, von Kiefernholz	*52 Thlr*
	Thlr 281

Das Metall besteht aus halb Zinn und aus halb Blei.
Mechanismus.
1.	*Ein neues Gehäuse von Tannenholz*	*60 Thlr*
2.	*Eine neue Windlade von gutem Eichenholz*	*50 Thlr*
3.	*Ein neues Klavier vom tiefen C bis f''', bei welchem die Untertasten von gebleichten Knochen, die Obertasten mit Ebenholz belegt werden.*	*14 Thlr*
4.	*Ein neues Regierwerk von Kiefernholz*	*18 Thlr*
5.	*Hebel und Registerzüge von Eichenholz*	*8 Thlr*
6.	*Anhangleisten von Tannenholz*	*4 Thlr*
7.	*Verzierungen über den Frontpfeifen*	*4 Thlr*
8.	*Registerknöpfe, schwarz, mit weißen porzellanen Einfassungen und schwarzer Einschrift*	*2 Thlr*
9.	*Ein Pedal-Klavier von Eichenholz vom tiefen C bis c eingestrichen, zu 25 Tönen*	*10 Thlr*
10.	*Ein Anhangeregierenwerk*	*6 Thlr*
11.	*Conducten zum Ableiten der Burdunpfeifen von Tannenholz*	*8 Thlr*
12.	*Zwei neue Bälge von Kiefernholz 1 ¾ Zoll dicke Bohlen per Stück 33 Thlr, 8 Fuß lang und 4 Fuß breit.*	*66 Thlr*
13.	*Die sämmtlichen Kanäle von Kiefernholz*	*10 Thlr*
14.	*Bälgenstuhl und Druckwerk*	*20 Thlr*
15.	*An Kostgeld während der Aufstellung*	*20 Thlr*
		Summa Thlr 581

Das Anstreichen der Bälge, der Burdunpfeifen und zwei Octaven, welche gedeckt werden, 1.die tiefe Octave des Principal 8 Fuß, 2. die tiefe Octave der Flöte traver 8 Fuß nebst Gambe, welches 5 Thlr ausmacht, übernehme ich auf meine Kosten.
Dortmund d. 11ten Januar 1849   Mellmann Orgelbauer

Mendel, Rudolf, geb. 1911 in Bayreuth, jetzt Rixen bei Brilon.[209]
Seit 1951 eigener Betrieb im Sauerland. Tochter Judith Barbara Mendel-Koch lernte beim Vater.

Meyer in Schwerte
1824 vom Landrat als Orgelbauer für Dortmund benannt.[210]

Meyer, Friedrich Bernhard, gest. 1898, Herford.[211]
Lernte 12 Jahre in Frankreich, Belgien, Holland und dem Rheinland. Zu-

nächst in Rinteln und Versmold ansässig. Seine Frau stammte aus Quernheim. 1861 hatten sie einen kleinen Sohn.[212] Zusammen mit seinem Bruder Wilhelm (gest. 1870) leitete er die Herforder Werkstatt Gebrüder Meyer. Die Firma lieferte ab 1857 Orgeln ins Weserbergland und Westfalen. Ab 1866 baute man Kegelladen mit mechanischer Traktur.

Mitschke aus Dortmund
Stimmte 1897 die Orgel der Stiftskirche Cappenberg.[213]

Noeske, Dieter (geb. 1936)
studierte bei Karl Gerbig (Eberswalde) und Karl Schuke (Berlin). 1960 übernahm er die Werkstatt Möller in Rotenburg a.d. Fulda. Er baute über 100 Orgel von hoher klanglicher und technischer Qualität in ganz Deutschland.

Neyhaus (Niggehaus), Johann
1723/24 Rep. Petri

Nohl, Franz Georg (ca. 1720-1798), **Dietrich** und **Johann Gerhard**[214] (siehe auch Kleine-Nohl-Roetzel).
Die Familie Nohl tritt seit ca. 1700 als Orgelbauer auf. Von Franz Georg sind nur wenige Arbeiten bekannt. Sein Bruder Dietrich (gest. ca. 1752) und sein Sohn Johann Gerhard (1765-1828) waren öfter in Dortmund tätig.

Ott, Paul (1903- 1991)
Gründete 1930 in Göttingen eine Werkstatt, nachdem er bei Steinmeyer in Oettingen ausgebildet worden war. Seine Verbindungen zur Singbewegung und Mahrenholz führten ihn schon sehr früh zur Orgelbewegung, dessen einflussreichster Orgelbauer er wurde. Von Anfang an baute Ott nach „historischen" Prinzipien: vollmechanische Schleifladen und Intonation mit offenen Pfeifenfüßen.

Randebrock, Paderborn
August R. (ca. 1820-1893) lernte bei Sonreck (Köln), stieg dann zum Werkmeister auf (1851-54). Machte sich dann in Paderborn selbständig, 1888 verkaufte er seinen Betrieb an Carl Tennstädt, er ging als Kaufmann nach Recklinghausen, wo er auch starb. August R. hatte 1874 etwa 90 Orgeln gebaut, darunter ca. 40 Werke, deren II. Manual Register des Hauptwerks transmittierte. August R. entwickelte eine Hanenlade mit hängenden Ventilen und doppelten Ventilen, die aber nicht sehr sicher arbeitete Den Orgelbau in Men-

gede übernahm 1877 Rudolph R.

Rath, Walther, Orgelbauer Dortmund, von der Thannstr. 24
1935 Bezirksvertreter von Walcker, Reinigung Orgel Aplerbeck
1947 Rep. Bodelschwingh, sollte auch Westerfilde rep.

Raupach
Hattingen, nach 1945 gefragter Orgelbauer im rheinisch-westfälischen Grenzgebiet.

Reinhardt, Carl
Wohnte 1904 in Witten. KA Aplerbeck

Rieger
Die Stammwerke in Jägerndorf (Sudetenschlesien) und Schwarzach (Vorarlberg, Österreich) wurden von Franz Rieger (1812-1885) errichtet. Unter seinen Söhnen Otto (1847-1903) und Gustav (1848-1905) kam das Zweigwerk Budapest hinzu. Enkel Otto (1880-1921) baute den Betrieb zur größten Werkstätte Österreichs aus. 1920 übernahm Josef Glatter-Götz (1880-1948) die Geschäftsleitung. 340 Mitarbeiter waren in den Betrieben 1939 beschäftigt, 4000 Orgeln hatte man verkauft. Im Kriegsjahr 1945 wurde das Zweigwerk Mocker (Oberschlesien) zerstört, die Werkstatt in Budapest verstaatlicht und das Stammwerk in Jägerndorf als Staatsbetrieb Rieger-Kloss weitergeführt. Josef II Glatter-Götz (1914-1989), kurze Zeit Betriebsführer bei Kemper (Lübeck), baute den Betrieb in Schwarzach wieder auf. Die Firma hat sich zu einer der angesehensten Werkstätten in Europa emporgearbeitet, exportiert in die ganze Welt ihre Instrumente und hat zahlreiche technische Erfindungen verwertet.

Sassendorf, Heinrich, Soest-Lünen
1832 Rep. Bönen[215]
1838 Angebot NB Hellinghausen kath.
1842 Rep. Lippstadt Jakobskirche

Sauer, Siegfried
Siegfried Sauer (geb. 1941) übernahm nach der Lehre bei Kreienbrink (Osnabrück) und Späth (Rapperswil) 1973 die Paderborner Firma Feith und verlegte den Betrieb nach Ottbergen bei Höxter. Die Paderborner Werkstatt wurde 1977 aufgegeben. Bis 1990 baute S. Sauer über 200 Orgeln.

Sauer, Wilhelm (1831-1916), Frankfurt/Oder
lernte bei Walcker und Cavaillé-Coll. Machte sich 1857 selbständig in Frankfurt/Oder. 1910 leitete sein ehemaliger Geselle Paul Walcker (1846-1928) den Betrieb, der 1916 von der Familie Walcker übernommen wurde. Sauer lieferte für Westfalen über 20 Orgeln. Die Orgel der ev. Kirche Dorstfeld gehört zu den größten original erhaltenen Instrumenten dieses renommierten Hauses.

Scheffler, Christian, geb. 1954
Ausgebildet bei der Firma Sauer (Frankfurt/Oder) und am Musikinstrumentenmuseum Leipzig, machte sich 1990 selbständig und hat sich seitdem als profunder Kenner des romantischen Orgelbaues einen weitgeschätzten Namen als gewissenhafter Restaurator gemacht. Für seine Werkstatt baute er die alte Gutshofbrennerei in Sieversdorf nach Richtlinien der Denkmalpflege um. Zahlreiche bedeutende historische Orgeln sind von ihm restauriert worden, u.a. die Sauer-Orgeln der Leipziger Thomaskirche und des Bremer Domes, die großen Instrumente des Merseburger Domes und der Dome von Tallin und Riga.

Schotte, H., Asseln
Kostenanschlag Hamm luth. OA
1873 UB luth. Kirche Kamen. Einmanualiges Instrument. Anstelle von Mixtur und Trompete: Viola di gamba und Traversflöte 8.[216]
1884 UB Kirchderne

Schneider, Andreas (17. Jh.)
soll in Dortmund geboren sein. Im Orgelvertrag von St. Pauli (Soest) unterschreibt er mit „Andreas Schneider von Dorttmundt gebürtig". Aumüller hat ihn in den Kirchenbüchern Dortmunds nicht nachweisen können und vermutet, dass er um 1646/67 in einem benachbarten Ort geboren wurde.[217] Er wurde am 2.3.1685 auf dem katholischen Friedhof St. Nicolaus in Höxter beerdigt. Schneider gehörte zu den gesuchtesten Orgelbauern des 17. Jahrhunderts in Westfalen. Der Domorganist und Gutachter aus Münster, Rhabanus Wernekinck, attestiert 1681, *daß Ehr Ein trefflicher KunstErfarener orgelmacher sey, undt weilen der alte Bader doet ist, so estimire ich ihm auch nach meinem gutdüncken, und Verstandt für den besten, der itzund in Westpalen ist.*[218]

Schuke, Potsdam
Die Firma gründete Karl Alexander Schuke, 1870 in Stepenitz als Pfarrers-

sohn geboren, 1933 in Potsdam gestorben. Er lernte bei der Potsdamer Firma Gesell und Sauer in Frankfurt/Oder. 1894 übernahm er den Potsdamer Betrieb seines Lehrherren und baute den Betrieb zu einer führenden Werkstatt des märkischen Raumes. Nach seinem Tode übernahmen die Söhne Karl Ludwig (1906-1987) und Hans-Joachim Georg (1908-1979) die Firma. 1952 trennten sich die Brüder. Karl Schuke gründete die Berliner Orgelwerkstatt in Westberlin.

Seifert, Romanus & Sohn, Kevelaer
Erster Orgelbauer der Familie war Ernst Hubert Seifert (9. Mai 1855 Sulzdorf/Thüringen – 27. April 1928 Köln). Er lernte bei Carl Eduard Schubert (1830-1900) in Adorf und Friedrich Nikolaus Jahn (1798-1875) in Dresden. 1881 geht er als Werkführer zu Franz Wilhelm Sonreck (1822-1900) nach Köln, entwickelt eine eigene rein pneumatische Membranlade und macht sich 1885 selbständig. Ab 1890 übernahmen die Dresdener Jehmlich sein Patent. 1914 übergab er die Geschäftsleitung an seine drei Söhne Romanus (1883-1960), Walter (gest. 1961) und Ernst jun., der eine eigene Werkstatt in Bergisch-Gladbach unterhielt. Romanus übernahm 1915 den Zweigbetrieb in Kevelaer und baute ihn nach dem 2. Weltkrieg zu einem großen erfolgreichen Unternehmen aus. 1945 wurde sein Sohn Ernst III (geb. 1910) Mitinhaber.[219]

Simon, Lothar, geb. 1932, Borgentreich-Muddenhagen[220]
lernte bei Stegerhoff (Paderborn) und Späth (Mengen), seit 1968 in Muddenhagen. Die Firma baute über 100 Orgeln. Lothars Sohn Bernd Simon (geb. 1962) ist ebenfalls Orgelbauer.

Söhl, Heinrich, geb. 1871
1894-1919 bei Seifert (Köln), dann ein Jahr in Dortmund selbständig. Ging 1920 nach Köln.[221] 1919 wohnhaft Dortmund, Friedhof 12[222], wohnte im März 1920 in Köln, Gabelsberger Str. 19.
1919 Kirchderne, Einbau neuer Prospektpfeifen.

Steffen, Georg Wilhelm, Bochum
1783/84 Rep. kath. Propsteikirche Wattenscheid[223]
1785 NB ev. Kirche Dellwig[224] (Aufzeichnung Carl Herbst 1858)
Die Orgel hat 5 (6 verbessert in 5) Register: Principal (4), Quinte (Quintaden durchgestrichen und korrigiert in Quinte), Octav (2), Bordun (8), Mixtur. Über seine für die Münsterkirche Essen gebaute Orgel fällte F.J. Epmann 1796 ein vernichtendes Urteil.[225] Steffen muss große finanzielle Schwierig-

keiten gehabt haben.
1790 Vertrag ev. Kirche Wickede. 1798-99 arbeitete er in Wickede zusammen mit seinem Sohn.

Steinmann, Gustav, Vlotho
Gustav I (1885-1953) lernte bei Klaßmeier in Lemgo-Kirchheide, ging anschließend zu Furtwängler u. Hammer, Faust und dann zu Ackermeier, dessen Teilhaber er in Lage wurde. Er machte sich selbständig, baute zunächst pneumatische und elektropneumatische Instrumente und ging schon 1935 zum Schleifladenbau über. 1938 bis 1945 übernahm er auch die Werkstatt Fleischer & Kindermann in Dessau. Gustav Steinmann II (1913–1998) führte nach dem letzten Krieg das Geschäft, sein Sohn Hans Heinrich (geb. 1938) trat 1978 an seine Stelle. Seit 2000 war Sohn Jan Steinmann (geb. 14.4.1972) Geschäftsleiter, der im väterlichen Betrieb gelernt hatte. Die Werkstatt Steinmann hat in Westfalen zahlreiche Orgeln gebaut, war eine der führenden Firmen im vollmechanischen Schleifladenbau und lieferte auch ins Ausland.[226]

Stockmann, Gebr., Werl Bilder Döhring Bernhard u. Theodor Abb. 50 u. 51
Bernhard (1856-1955) Stockmann war Bildhauer, sein Bruder Theodor (1861-1934) Kunsttischler. Beide führten ab 1889 in Werl eine Orgelwerkstatt, nachdem sie in Österreich und der Schweiz ihre Fachausbildung absolviert hatten. Der Betrieb entwickelte sich nach dem 1. Weltkrieg schnell zum führenden Lieferanten für katholische Gemeinden im Dortmunder Raum.

Stork, F.A., Inh. Aug. Stork, wohnte 1917 in Dortmund, Ardeystr. 102[227]
August St. war 1882 Mitarbeiter von Herbst in Dortmund.[228]

Trampel(i)(y), Gebrüder, Adorf an der Elster[229]
Johann Paul (16.1.1708–5.9.1764) führte die Orgelbauwerkstatt seines Lehrherren, des Stadtorganisten Adam Heinrich Gruber, in Adorf weiter. Von seinen Söhne Christian Wilhelm (16.3.1748–26.2.1803) und Johann Gottlob (22.11.1742–18.3.1812) übernahm 1812 der Neffe Friedrich Wilhelm Trampeli (23.2.1790–2.11.1832) das Geschäft.[230] Die Adorfer Orgelbauer lieferten über 100 größere Orgeln. Über das Instrument der Nicolaikirche in Leipzig (ca. 50 Stimmen auf 3 Manualen und Pedal) urteilte der einflussreiche Joh. Adam Hiller „nach Silbermannscher Art vortrefflich angelegt und ausgeführt". Dagegen war die Orgel der Stadtkirche Weimar, 1813 von Friedrich Wilhelm T. gebaut, nach Meinung des angesehenen Orgelbautheoretikers

Töpfer „gänzlich mißglückt"[231]. Die Werkstatt im Zenkerschen Haus in Adorf pachtete um 1860 Carl-Eduard Schubert.[232] Kurze Zeit lernte auch der oberbergische Christian Roetzel (1776–1867) bei Trampeli.[233] In Dortmund reparierte Trampeli während des Neubaues der Reinoldi-Orgel das Instrument der ev. Kirche Mengede und bildete Mellmann und Wild aus.
Einige erhaltene Arbeiten von Johann Gottlob Trampeli (1742–1812)[234]:

Oberböhmsdorf 1777
Oberlosa bei Plauen 1784-1803 I/10, II/9, P/4
Arnsgrün 1784
Hohndorf b. Elsterberg 1788 25/II
Stangengrün I/7, II/5, P/3
Bad Lausieck 1791 (Silbermann 1722)
Zitzschen bei Leipzig 1795
Rothenkirchen 1796 I/11, II/11,P/4
Strassberg b. Plauen 1802 (1799-1804) 17 Reg., 2 Man.
Gerichshain bei Leipzig 1802/03
Strassberg 1804
Gerichshain 1804
Markersbach St. Barbara 1806
Girkhausen 1807
Gefell 1807
Sornzig bei Mügeln 1808-10 13 Reg.
Seine größte Orgel: Leipzig St. Nicolai 1789-91 I/15, II/14, III/9, P/10

Thomas, Wilhelm und **Hans**
Orgelbauer in Dortmund nach 1945, wohnten in der Zimmerstraße.[234]
Wilhelm Thomas war 1935 war in Münster, Metzer Straße 10, gemeldet. 1939 Inhaber der „Münsterschen Orgelbauanstalt", Elsässer Straße 10. Verlegte dann seinen Betrieb nach Dortmund.[235] Arbeitete auch bei Fleiter.

1931 UB Ochtrup kath. Kirche (Wilhelm Thomas).
1935 UB Recklinghausen St. Marien.
1953 UB Altlünen St. Marien, Gehäuse, neues 3. Manual.
1960 Leithe-Wattenscheid kath. Kirche.

Thunich, Werner (1929–2005)
geb. 15.11.1929 in Hindenburg/Oberschlesien, lernte bei Raimond Thiel (Vertreter von Rieger) und arbeitete mit ihm zusammen in der Werkstatt Ho-

henlinde/Oberschlesien. Von 1973 bis 1988 Bezirksvertreter der Firma Walcker und lebte dann in Kamen.

Walcker, Ludwigsburg
Johann Eberhard Walcker (1756–1853) gründete in Cannstadt eine Werkstatt. Sein Sohn Eberhard Gottfried (1794-1872) zog mit der Firma nach Ludwigsburg um. Geschäftsnachfolger wurden Heinrich, Fritz, Paul, Karl und Eberhard. 1899 trat Oscar (1869–1948), der Sohn von Fritz Walcker, in die Geschäftsführung der Orgel-Fabrik ein und leitete den Betrieb ab 1916 allein. Die Firma Walcker, fast hundert Jahre die renommierteste deutsche Orgelbauwerkstatt mit internationaler Anerkennung, baute in Dortmund zahlreiche Orgeln. Sie hat mit zahlreichen technischen Erfindungen großen Erfolg gehabt.[237] Außerordentlichen Einfluss auf den internationalen Orgelbau hatte Walcker als Lehrbetrieb.

Walentowicz, Andrea
Orgelbauerin und selbständige Orgelsachverständige, Kirchenmusikerin an St. Clemens, Do-Hombruch, Ginsterstr. 14, 44225 Dortmund

Weigle, Friedrich (1882–1958)
Die Werkstatt in Stuttgart eröffnete Carl Gottlieb Weigle (1810–1880) im Jahre 1845 nach seinen Lehrjahren bei Walcker. Nachfolger wurde sein Sohn Friedrich (1850–1906) zusammen mit seinen Brüdern Gotthilf, Karl und Gottlob. 1888 zog die Werkstatt nach Echterdingen. Ab 1905 leiteten Friedrich und Karl Weigle (1884–1937) die Firma. In diesem Betrieb wurden die Membranwindlade und die Hochdruckregister entwickelt.[238] Weigle hatte 1908 nach Westfalen geliefert: Hamm 36 Reg. 3 Man, ev. Kirche Hüllen (Gelsenkirchen) 29 Reg. 2 Man. mit 2 Seraphonregistern u. Labialoboe, ev. Kirche Bismarck 30 Reg. 2 Man., ev. Kirche Hofstede-Riemke 24 Reg. 2 Man.[239]

Wellershausen, Wilhelm
aus Hattingen, arbeitete 1824 als Drehorgelbauer und wurde von der Regierung nicht als Kirchenorgelbauer empfohlen.

Wendt, Carl aus Aachen
Schüler von Korfmacher (Linnich). Gründete um 1865 in Aachen den Betrieb Wendt & Heinrichs. Zwischen 1830 und 1900 baute er meist pro Jahr 1–2 kleine Orgeln überwiegend mit Schleifladen.[240]

Wey, Johann aus Dortmund (um 1790?)
Baute für die Hauskapelle Dorneburg eine Orgel, die um 1790 in die lutherische Kirche Wattenscheid eingebaut wurde.[241]

Manual
Praestant 4	Quinte 3
Bordun 8	Octav 2
Viola di Gamba 8	Mixtur 3f
Flaute travers 4	Vox humana 8
angehängtes Pedal	

Wild, Adam (G.A.), Dortmund
nachweisbar zwischen 1806 und 1824.[242] Schüler von Trampeli.

16.1.1807: Westfälischer Anzeiger Sp. 80: *Unterzeichneter hat dem Publicum hiemit seine Dienste als Orgelbauer anzubieten; auch verfertigt er Fortepianos, und alle feinen Tischlerarbeiten überhaupt.*[243]
Auf Ihren Bericht vom 18ten dieses genehmige ich, daß die Kosten für die Anfertigung des Planes und Kosten Anschlags von der für die Kirche zu Kierspe anzuschaffenden neuen Orgel der Wittwe Wild zu Dortmund mit zehn Thaler Preußisch Kourent aus der Kirchen Kaße gezalt werden. Altena 25.August 1824. Der Landes-Direktor.
Unterm 4ten v.Mots. hat der Kirchenvorsand zu Kierspe darauf angetragen, daß der von dem verstorbenen Orgelbauer Wild aufgestellte Kostenanschlag über die in der Kirche zu Kierspe neu zu erbauende Orgel durch den Orgelbauer Ahmer zu Lethmathe vervollständigt werden möchte ... Altena den 13.Julyi 1825. Der Landes-Direktor.[244]

Kostenanschlag für ev. Kirche Kierspe.[245]
1808 St. Reinoldi, verkauft die Blasebälge der alten Orgel.
1820 Rep. und Verbesserung Orgel ev. Kirche Hemer. Preis 1292 Rthlr.[246] Wild war beim Umbau dieser Orgel krank. Die Arbeiten mussten Gehilfen ausführen. Seine Witwe bittet um eine Nachzahlung von 400 Rthlr., hatte drei unmündige Kinder.[247] Gesuch wurde am 15. Oktober von der Regierung abgelehnt.

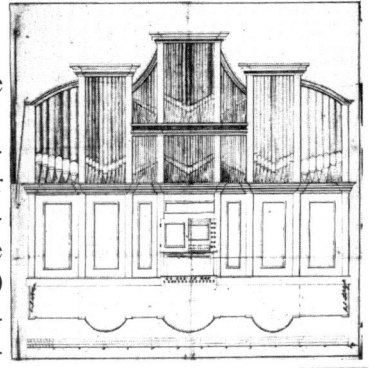

Entwurf Hemer

Ein **Theodor Wild** aus Radevormwald versetzte 1827 die von Schrey (Elberfeld-Mirke) 1726 gebaute Orgel aus der alten Rüggeberger Kirche in den Neubau.[248]

C. Orgelinventar

Aplerbeck

St. Georg, ev., erb. Mitte 12. Jh.
Seit 1888 Ruine, 1928-30 Gemeindesaal, 1960-63 restauriert als Kirche.
1967 NB Walcker. 6/6/P4

Geschichte:
Ca. 1700 Organistenstelle[249]
Barockorgel stand hinter dem Altar vor dem großen Chorfenster.
Um 1830(?) NB. Stiftung des Kammerherrn Frh. von Bodelschwingh-Plettenberg.[250]

Ev. Große Kirche an der Märtmannstr., Einweihung 15.12.1869
NB Schulze Söhne Paulinzella.
Their most important organs at Bremen, Düsseldorf, Soest and Applerbeck.[251]
1983 Rest. Steinmann (Vlotho):

I. Manual C-f'''	II. Manual OW C-f'''	Pedal C-d'
Bourdon 16 neu	Gedeckt 16 aus Bestand	Prinzipal 16
Prinzipal 8	Salicional 8	Subbaß 16 aus Bestand
Hohlflöte 8	Geigenprinzipal 8 aus Bestand	Violon 8 aus Bestand
Viola d.Gamba 8	Gedeckt 8	Choralbaß 4
Gedackt 8	Flöte 4	Mixtur 4f
Oktav 4	Fugara 4	Posaune 16
Blockflöte 4	Nasard 2 2/3	Trompete 8 neu
Flöte 2	Flautino 2	
Rauschquinte 2f	Cymbel 3f neu	
Mixtur 5f	Krummhorn 8	
Cornett 1-4f	Tremulant elektr. neu	
Trompete 8		

II/I, I/P, II/P, freistehender neuer Spieltisch aus Eiche, mechanische Spiel-, elektr. Registrierung.

Geschichte:
1868 J.F. Schulze & Sohn erhält Zuschlag. Mitbewerber waren Buchholz & Sohn (Berlin) und Rud. & Rich. Ibach (Barmen)
1870, 1. Okt. Abnahme durch Prof. Dr. Wilhelm Volckmar (Homberg).[252]

1904 Kostenanschlag Carl Reinhardt aus Witten
Reinigung HW 11 Reg., OW 10 Reg., Pedal 8 Reg. Prinzipalbaß, Posaune und Oktavbaß sämtlich aus Holz, Windladen haben 189 Ventile. Trakturen ausbessern (beledern usw.), ebenso Bälge, Intonieren und Stimmen.
1935 Kostenanschlag Orgelbauer Georg Brill, Do-Husen, Wickedestr.: Ersetzen der Pappattrappen durch Zinkpfeifen.
1935 Umbau der mechanischen in elektrische Trakturen. Neuer Spieltisch.
1935 Walcker liefert 41 blinde Prospektpfeifen
1939 UB Walcker op. 2682[253]

Ev. Kirche, Märtmannstraße

St. Ewaldi, kath., erb. 1968/71. Egbertstr.15, 44287 Do
1868 wurde eine Missionskirche erbaut.
1987 NB Sauer (Ottbergen): 10/11/P8 – 8 Register aus der Eggert-Orgel übernommen.

Geschichte:
1875 bieten Wendt (Aachen) und A. Randebrock (Paderborn) 5–6-registr. Positive an. Fleiter (Münster) stellt eines der beiden Gebrauchtinstrumente auf.
1890 wird neue Orgel bei Eggert in Auftrag gegeben. Der neue Pfarrer bestellt das Instrument wieder ab!
1895 NB Eggert-Paderborn

I. Manual C-f'''	II. Manual	Pedal C-d'
Bordun 16	Geig.Prinzipal 8	Subbass 16
Prinzipal 8	Liebl.Gedackt 8	Posaune 16
Gamba 8	Flauto amabile 8	Oktavbass 8
Doppelflöte 8	Salicional 8	
Trompete 8	Aeoline 8	
Oktave 4	Gemshorn 4	
Gedacktflöte 4		

Oktave 2
Mixtur 2 2/3 4f
Koppeln, Tutti, Mezzoforte, pneumatische Kegelladen

1917 Ablieferung der Prospektpfeifen: „Orgelpfeifen für Kanonen" 101,5 kg.
1924 Kostenanschlag Gebr. Stockmann (Werl), 65 Prospektpfeifen aus Zink mit Aluminiumbronze.
26. Juni 1924 Quittung für 65 Prospektpfeifen und 3 neue Gambapfeifen (C, Cs, D)
1971 Stockmann UB. Orgel wird aus der alten in die neue Kirche umgestellt und von 21 auf 26 Register erweitert. Elektrische Traktur.

Neuapostolische Kirche, Ruinenstr. 5, 44287 Do
1954 NB Steinmeyer Oettingen 3/2/P1

Asseln

Aufbau der Orgel St. Ewaldi

Luther Kirche, ev., Donnerstr.12, 44319 Do
1906 NB Furtwängler und Hammer[254]

Manual I C-g'''	Manual II	Pedal c-f'''
Bordun 16	Geig.Prinzipal 8	Violon 16
Principal 8	Concertflöte 8	Subbaß 16
Gamba 8	Salicional 8	Gedecktbaß 16
Harmonieflöte 8	Aeoline 8	Octavbaß 8
Gemshorn 8	Vox coelestis 8	Posaune 16
Octav 4	Flauto dolce 4	
Rohrflöte 4	Cornett 3f	
Octave 2	Liebl. Gedeckt 8	
Mixtur 2 2/3 4f	Oboe 8	
Trompete 8		

Nebenregister: Manualkoppel II an I, Manualkoppel I (Superoctavkoppel I),

Suboctavkoppel II, Grund- und Suboctavkoppel II an I, Pedalkoppel I, Pedalkoppel II, Rohrwerksausschalter, Kalkant, Tutti Forte Mezzoforte Piano Handregister Pianopedal als Druckknöpfe, Jalousieschweller für ganze Orgel mit Zeiger als Tritt (Generalschweller), pneumatische Kegelladen

1985 Rest. Hammer (Hannover)[256] Kalkantenruf und Tremulant des II. Manuals neu.

Chororgel:
1982 NB Hammer op. 1825: 6/3/P1

Geschichte:
1887(?) hatte die Barockorgel nach einem Kostenanschlag von H. Schotte

Prinzipal 8
Gedackt 8 tiefe Oktave Holz Rest Metall
Octav 4 C-G Holz
Hohlflöte 4
Quinte 3
Octav 2
Quinte 1 ½
Mixtur 2fach
Trompete 8
Schleiflade 3 Bälge Eichenholz

Schott wollte die Trompete durch Flauto travers ersetzen.
1887 Kostenanschlag von Carl Ebel, Orgelbauer Unna(?)
Orgel hatte 7(!) Register, darunter:
Prinzipal 8 Prospekt
Octav 4
Quinte 2 2/3
Octav 2

Luther Kirche Asseln
Furtwängler/Hammer-Orgel 1906

Luther-Kirche Asseln
Barockorgel

1925 Pflegevertrag mit Faust Schwelm, der noch 1928 bestand.[257]

St. Joseph, kath., erb. 1892, Asselner Hellweg 86b, 44319 Do
1897 Gebr. Stockmann(Werl). (Öfter umgebaut). Dispo. Nach UB 1977 durch Stockmann

1. Manual C-g'''	2. Manual	Pedal C-d'
Prinzipal 8	Gedackt 8**	Subbaß 16
Flötengedackt 8*	Weidenpfeife 8****	Oktavbaß 8
Oktav 4	Rohrflöte 4***	Choralbaß 4
Quintade 4	Praestant 4	Baßflöte 2
Quinte 2 2/3	Oktav 2	Fagott 16
Waldflöte 2	Quinte 1 1/3	
Oktävlein 1	Sesquialtera 2f	
Mixtur 4f 1 1/3	Cimbel 3f 1/2	
Trompete 8	Holzdulzian 16	
	Tremulant (1993)	

* C-H aus alter Hohlfl.,
** aus altem Gedackt,
*** aus alter Rohrflöte 8,
**** aus altem Salicional
Normalkoppeln, 2 freie Kombinationen, 1 freie Pedalkombination, Einzelabsteller Zungen, Mixturen, Tutti, elektropneumatische Kegellade
Geschichte:
Man benutzte zunächst ein Harmonium.

St. Joseph, Asseln

1897/98 NB Gebrüder Stockmann (Werl)[258]: 15 Register, 2 Manuale. Gestiftet von Frau W. Bruel, Dortmund. Pneumatik.
Dispositionsaufzeichnung 1952

I. Manual	II. Manual	Pedal
Bordun 16	Geigenprincipal 8	Subbass 16
Hohlflöte 8	Lieblich Gedackt 8	Octavbass 8
Principal 8	Salicional 8	Violoncello 8
Viola di Gamba 8	Flauto traverso 4	

Gemshorn 4
Octave 4
Octave 2
Mixtur 3-4f 2 2/3

1960 Erweiterung der Empore und UB Orgel, neues Gehäuse und Prospektpfeifen, „Barockisierung" und 3 Register neu
Bis 1993 immer wieder kleinere UB.

Barop

Ev. Kirche, erb. 1913, Stockumer Str. 275, 44225 Do
1913 NB Link (Giengen) op. 584[259], auf der Westempore. Nicht spielbar.

I. Manual C-g'''	II. Manual (Schwellwerk)	Pedal C-f'
Bourdon 16	Salicional 16	Kontrabass 16
Principal 8	Geigenprinzipal 8	Subbass 16
Gamba 8	Flöte 8	Posaune 16
Salicional 8	Aeoline 8	Salicetbass 16 Transm.
Gedeckt 8	Vox coelestis 8	Cello 8
Oktave 4	Fugara 4	
Mixtur 2 2/3 3-4f	Traversfl. 4	
Oktave 2 aus der Mixtur entlehnt	Harm.aeth. 2 2/3	
Trompete 8		

Koppeln II/I, I/P, II/P, Superoktavkoppel II/I bis g''' durchgeführt, Superoktavkoppel II bis g''', Mezzoforte, Tutti, Auslöser, Zungen ab, Koppel ab, Walze, 1 freie Kombination, Schwelltritt, automatische Pedalregistrierung.

1974 NB Führer (Wilhelmshaven), 5/6/P3 seitlich im Kirchenschiff

St. Margaretenkapelle, ev., Klein-Barop, erb. 13. Jh.
1956/57 NB Heinrich Rohlfing (Natbergen)[260] – Raupach (Hattingen) 3/3/P1

Geschichte:
1763 Die Balganlage wird hinter die Orgel verlegt. Deshalb wird die Orgel auf der Empore vorgezogen.[261]
1812 Rep. Nohl (Eckenhagen). (Ag 1824)
Ag 1824[262]: 8 Register mit 1 Trompete. Angeh. Pedal von 1 1/2 Oktave.

1829 abgebaut, da die Margarethenkapelle bis auf den Chor abgerissen wird. Der Umbau ist Ende desselben Jahres abgeschlossen.
1832 Rep. Mellmann[263]

St. Franziskus Xaverius, erb. 1931, wiederaufgeb. 1948/50, Am Bellstück 71, 44225 Do
1959 NB Seifert[264] in Teilabschnitten 1986 Simon: 8/7/P6

Geschichte:
1933 nach Fertigstellung der Kirche Leihorgel von Feith Paderborn.
1938 Antrag auf Genehmigung für NB Feith von zunächst 10 Reg. für 5.000,00 Mk. Sachverständiger Hebestreit (Paderborn) genehmigt den Bauantrag.[265]
1944 Kirche zerstört.

Benninghofen

Ev. Kirche, erb. 1960, Adresse: siehe Wellinghofen ev.
1960 NB Führer (Wilhelmshaven) 5/P1

St. Benno, kath., erb. 1970/72, Benninghofer Str.168, 44267 Do
1997 UB Sauer der Seifert-Orgel von 1920/30

HW	NW	Pedal
Rohrflöte 8	Zartgedeckt 8	Subbass 16
Oktave 4	Salicional 8	Oktavbass 8
Waldflöte 2	Quintatön 4	Gedacktbass 8 Ausz.
Rauschquinte 1-2f	Principal 2	Oktave 4 Ausz.
Mixtur 4f	Zimbel	

Geschichte:
1920/30 Romanus Seifert als elektropneumatische Membranlade.
1972 „Einbau und Erneuerung" in die neue Kirche[266], Geschenk des Josefshospitals.

Berghofen

Ev. Kirche, erb. 1929, Fasanenweg 22, 44267 Do
1937 NB Walcker op. 2587

C-f'''	SW	Pedal C-f'
Prinzipal 8	Grobgedackt 8	Subbaß 16
Flöte 8	Italienisch Prinzipal 4	Oktavbaß (Transm. HW)
Prinzipal 4	Salizional 8	Choralbaß 4 (Transm. HW)
Blockflöte 4	Krummhorn 8	Bauernflöte 2 (Transm. HW)
Quinte 2 2/3	Schwiegel 2	
Cymbel 3f	Terz 1 3/5	
Prinzipal 2	Quinte 1 1/3	
Mixtur 3f		

II/I, Sub II/I (nicht ausgebaut), Superkoppel (ausgebaut), I/P, II/P, 2 freie Kombinationen, Tutti, Walze ab, Handregister ab, Pianopedal, Schwellpedaltritt, elektropneumatische Kegellade mit Keilbälgchen

Geschichte:
1987, 1981 u. 1996 UB Walcker
2006 UB durch Kamphern & Steinecke (Verl).

St. Joseph, kath., erb. 1969/71, Busenbergstr. 4, 44269 Do
1972 NB Rudolf Speith (Rietberg)[267]: 8/7/P5

Geschichte:
Vorgängerkirche wurde 1904 erbaut.
1917 Alte Orgel als Interimsinstrument. Gebläse defekt. Die Prospektpfeifen Principal 8 und 16 mussten abgegeben werden. Neue Orgel kostet 13.500 Mk. Domvikar Cordes genehmigt Vertrag mit Stockmann[268].
1920 NB Gebr. Stockmann (Werl): 2 Man. 20 Reg. Pneumatisch.[269]

Bodelschwingh

Ev. Kirche, 1312 gestiftet, Weihe 1322, Zur Hunneboke 6, 44357 Do
1940 NB Walcker (Ludwigsburg) op. 2708. Übernahme einiger Register aus dem NB Meyer (Herford) 1890.
2000 rest. Christian Scheffler

I. Manual C-g'''	II. Manual SW C-g'''	Pedal C-f'
Bordun 16	Gedeckt 8	Subbaß 16
Principal 8 Zk	Quintade 8	Sanftbaß 16 Transm.
Salicional 8	It. Principal 8*	Octavbaß 8
Flöte 8	Blockflöte 4	Gedecktbaß 8 Transm.

Octave 4	Schwiegel 2	Choralbaß 4 Transm.
Flöte 4	Quinte 1 1/3	Trompete 8 Transm.
Quinte 2 2/3	Sifflöte 1	
Principal 2	Zimbel 3f	
Mixtur 5-6f**	Trompete 8	
	Tremulant	

* 1941 4'
** 1941 2-4f

II/I, I/P, II/P, 2 freie Kombinationen, Tutti, Crescendowalze, Schweller
Mixtur C: 1 1/3-1, c: 2-1 1/3-1, c': 2 2/3-2-1 1/3, c'': 4-2-2/3-2, c''': 8-4-2
Zimbel C: 2/3-1/2, c: 1-2/3, c': 1 1/3-1, c'': 2-1 1/3, c''': 2 2/3-2
Bordun hat eigene Kanzelle (Transmission).
Hinter dem Spieltisch Magazinbalg, zwei weitere Bälge im Turmraum. Neueres Laukhuffgebläse. Windtrennung für das II. Manual im Turm, um Rückschlag des Tremulanten auf andere Laden zu vermeiden. Gleichrichter 230 V/12 V im Turm von 1941.
Elektrische Ton- und Registersteuerung. Vor 1986 wurden Taschen und Bälgchen des II. Manuals erneuert
In den Bodenstücken der Taschenladen Holzwurmbefall.

2002 Rest. durch Christian Scheffler (Sieversdorf) zusammen mit der Rest. der Kirche.
Neue Verkabelung, auch des Spieltisches, neuer Gleichrichter, neue Trakturbälgchen und Tonventiltaschen. Neubelederung der beiden Magazinbälge. Ausbesserung von Metallpfeifen. Bronzieren des Prospektes. Überarbeitung aller Orgelteile.

Geschichte:
1694 NB Joh. Georg Alberti

1	*Praestant 4 fuß sprechend*		*48 pfeiffen*
2	*octava*	*2 fuß ,,*	*48 pfeiffen*
3	*Bardun*	*8 fuß sprechend*	*48 pfeiffen*
4	*Quinta*	*3 fuß ,,*	*48 pfeiffen*
5	*Sexquialter*		*56 pfeiffen starck*
6	*Mixtur*	*dreyfach*	*96 pfeiffen starck*
7	*quinta*	*1 1/2 fuß*	*48 pfeiffen*
8	*Flöta*	*2 fuß*	*48 pfeiffen*

(Sesqu. 2f Disc. nachträglich laut Akten)

9 *ein cornet im discant dreyfach   72 pfeiffen starck*
10 *eine tremulant*
11 *3 blaßbälge 6 fuß lang, 3 fuß breit*

1776 Rep.[270]
1890/91 NB Meyer (Herford)[271]: 12 Register[272]
1913 Über die Orgel soll zum Schutz gegen Verschmutzung „Gaze" gespannt werden.
1922 Angebot für neue Prospektpfeifen von Faust (Schwelm)[273]
1923 Reinigung für 3 Millionen Mark (Inflation)
1925 Angebot eines Pflegevertrag mit Walcker
1927 Walcker liefert neue Prospektpfeifen und das Orgelgebläse „Aeolus"
1932 Angebot Pflegevertrag Steinmann
1933 Angebot Pflegevertrag Faust
1940/41 UB Walcker[274]
1964 Ein- bzw. Umbau von Mixtur und Zimbel.

Mariä Heimsuchung, kath., erbaut 1976/77, Rohdesdiek 8, 44357 Do
1981 NB Fleiter (Nienberge): 10/11/P6

Geschichte:
1907 Beschluss, eine Orgelbühne einzubauen.
1908 Mietorgel von Speith (Rietberg). Gemeinde zahlte von 1920–24 keine Miete. Speith bietet den Kauf für 1.000 Mk an und will rückständige Mieten erlassen. Das pneumatische Instrument besaß 4 Register und angehängtes Pedal. Kauf wird durchs Generalvikariat genehmigt.[275]
1926 NB Gebr. Stockmann (Werl)[276]: 2 Man. 18 Reg. Pneumatisch.

Bövinghausen

Ev. Kirche, Provinzialstr. 410, 44388 Dortmund
Prospekt der Orgel aus den 20er Jahren erhalten. Alte Orgel hatte 2 Manuale und Pedal
Heute: Elektronenorgel

Herz Jesu, kath., erb.1963, ren. 1986/88, Provinzialstr. 373, 44388 Do
1995 NB Lothar Simon & Sohn (Muddenhagen): 7/11/P5

Geschichte:
1966 (6. März) Bericht von KMD Heinrich Graefenstein[277]:
Damals wurde ein Instrument benutzt, das 1908 von Walcker als Hausorgel gebaut und 1910 aus Privatbesitz von der Gemeinde angekauft wurde. Es besaß 10 Register (sechs 8, drei 4, einen 16 Fuß) auf zwei Manualen und Pedal mit pneumatischen Trakturen. Außerdem Normalkoppeln, Superoktavkoppel I, Suboktavkoppel II/I. Die Manuale hatten 56 Tasten, das Pedal 30 Tasten. Später baute Eggert (Paderborn) einen gebrauchten Spieltisch ein mit nur 54 Manual- und 27 Pedaltasten. Neue Disposition:

I. Manual	II. Manual	Pedal
Principal 8	Dulciana 8	Subbaß 16 Tannenholz
Gedackt 8	Praestant 4	Choralbass 4
Oktav 4	Rohrflöte 4	
Schwiegel 2	Prinzipal 2	

Normalkoppeln, Superoktavkoppel II/I
Pfeifenmaterial zum größten Teil aus alter Orgel.
Vorschlag von Graefenstein für eine Umdisponierung:
I. Manual: Einbau einer Quinte 2 2/3, Ausbau der Oktavkoppel I
II. Manual: Einbau neuer Register: Quinte 1 1/3, Sesquialter oder Rauschquinte, Krummhorn 8
Pedal: Neuer Oktavbass 8.

1979 Ren. Stockmann 2 Man. 10 Reg. Elektrisch.[278]
Bericht Prof. Dr. Schmitz (Paderborn)[279] vom 9. März 1993: Orgel soll aus einer Schlosskapelle stammen. Der Spieltisch passt nicht zum Registerbestand, hat mehr Registerschalter als Register und Tasten, wozu die Pfeifen fehlen.

Brackel

Ev. Kirche, erb. 1190–1200, Bauerstr. 1, 44309 Do
1960 NB Steinmann (Vlotho): 5/6/P4

Geschichte:
1676 Gemeinde kauft die Chororgel der Propsteikirche Dortmund.[280] 1758 nach Kirchderne verkauft.[281]
1758 NB Johann Henrich Kleine[282]. Orgel stand im Chorraum auf einer Empore hinter dem Altar.[283]

Zusammen mit seinen Söhnen Christian und Gerhard und einem Knecht.
Preis: 500 Thaler. Abnahme durch Stadtmusikus Brinkmann.
1771 Rep. durch die Werkstatt Kleine.
1783 Rep. Franz Georg Nohl[284]. Umsetzen der Orgel auf neue Westempore.[285]
1810 Disposition der alten Orgel nach Kostenanschlägen von Mellmann und Nohl:

Principal 8 Prospekt	Octav 4
Bourdon 16 ganz Metall	Octav 2
Quinta 6	Quinte 1 1/2
Cornett Diskant	Mixtur
Gedackt 8	Fagott 16
Flöte 4	Trompete 8

Anfang des 19. Jahrhunderts starke Schäden durch Zinnpest.
AEK Brackel Nr. 40
30.11.1810 KA von Mellmann
1810 und 1819 KA Gerhard Nohl-Ekkenhagen
1820 Rep. Mellmann (Dortmund). Orgel besaß angeblich eine Quinte 6.
1822, 30. Dez., Orgelabnahme durch J.T.Fr. Günther, Organist an St. Reinoldi. Sein Urteil über Mellmann: *Hat sich überhaupt als einen gewissenhaften und billigen Orgelbaumeister gezeiget. Ich kann denselben jeder Kirche bestens empfehlen.*

Ev. Kirche, Brackel
Meyer (Herford)

1891/95 NB Meyer (Herford)[286]: 16 Register
1890 Abbruch der Orgel[287]
Orgel von Meyer (1891) wurde 1958 durch Raupach (Hattingen) in die kath. Kirche „Zur schmerzhaften Mutter Maria" Essen-Werden-Hamm versetzt. Heutige Disposition:

HW I.Manual C-f'''	Unterwerk II.Manual C-f'	Pedal C-d'
Gedacktpommer 16	Liebl. Gedeckt 8	Subbass 16 Holz ged.
Prinzipal 8	Salicional 8	Oktavbass 8 Holz offen

Holzflöte 8   Flauto dolce 4   Choralbass 4 Holz offen
Traversflöte 4   Oberton 2-3f 2
Oktave 4
Waldflöte 2
Rauschquinte 2f
Mixtur 4f 1 1/3
I/P, II/I

Vollmechanische Schleifladen, seitlicher Spieltisch, stummer Prospekt nach Aussage des Pfarrers nicht von Meyer (?), soll vor ca. 20 Jahren eingebaut worden sein. Raupach hatte Stabgitter vorgesetzt. Firmenschild abgeschraubt. Metallpfeifen Expressionsschlitze, Füße eingekulpt.
Gedacktpommer = Bordun 16 Holz ged.
Principal 8 C-H Holz ged., c-h Holz offen, Rest Metall
Holzflöte C Aufschrift: Hoh(l)flöte. C-H Holz ged., c-h Holz offen, Rest Metall
Traversflöte Aufschrift C Harmonieflöte C-H Holz ged., c-h Holz offen, Rest Metall offen überblasend
Oktave Aufschrift C: O(ktav) Metall
Waldflöte Aufschrift C: Waldflöte, Metall
Rauschquinte Metall
Mixtur 4f neuere Raster, neue Bohrungen (?)
Liebl. Gedeckt 8 Holz ged.
Salizional C-h Holz ged.,c-h Holz offen, Rest Metall offen
Flauto dolce Aufschrift C: Flöte, Metall offen
Oberton Aufschrift C 1.Chor: Mixtur, Pfeifen aus alter Mixtur, umgearbeiteter Stimmstock

1960 NB Steinmann: 2 Man. 15 Reg.
1974 Rep. Steinmann Überarbeitung
1979 Angebot Steinmann Tremulanten RP und HW
RP Pommer 4 in Metallgedeckt 4 durch Vorsetzen von 7 tiefsten Pfeifen

Positiv
1964 NB Walcker op. 4604: 6 Reg. 1 Manual

St. Clemens, kath., erbaut 1912/13, Flughafenstr. 50, 44303 Do
1983/84 NB Siegfried Sauer (Höxter-Ottbergen): 9/9/P5[288]. Einige Register aus der Feith-Orgel von 1929.

Geschichte:
1820 Rep. Mellmann[289]
Um 1913 alte Orgel aus St. Antonius (Berlin) angekauft.
1929 NB Feith. Das Pfeifenwerk der Orgel stand auf dem Kirchboden.
Disposition nach dem KA vom 12.12.1928

I. Man. C-f'''	II. Man. SW	Pedal C-d'
Principal 8 C-H Holz, c-fs Zk, fs-f''' Zn	Quintatön 16 Holz/Metall	Subbass 16 Holz
Hohlflöte 8 Holz	Geigenprinzipal 8 Holz/Metall	Zartbass 16 Abschwächung Subb.
Gemshorn 8 wie Principal	Gamba 8 Zink/Zinn	Tuba 16 Holz
Fugara 4 Zink/Zinn	Aeoline 8 Zink/Zinn	
Flötenkornett 3f 4 Zink/Zinn	Vox coelstis 8 ab c Zink/Zinn	
Trompete 8 Zink-, ab fs Zinnbecher	Konzertflöte 4 Holz, Metall	
	Mixtur 3-4f 2 2/3	

Normalkoppeln, Super I, Super II/P, Sub I, Sub II/I, Sub II/P, p, mf, f, Tutti, 1 freie Kombination, General-Schweller, Pianopedal

Kommende
2002 Truhenorgel, wurde gegen ein einmanualiges Instrument eingetauscht, das von OBM Marcus Kaul aus Leonberg um ein 2. Manual mit einer Trompete vergrößert wurde. 5/1/P1

St. Nikolaus von Flüe, erbaut 1965/66
1972 NB (Teilbau) Sauer (Höxter): 4/4/P2 Gemeinde benutzte vorher ein Harmonium.

Brechten

Joh. Baptista, ev., erb. um 1250, Wickumer Str. 33, 44339 Do
2004 NB Wiggering (Schmallenberg): 9/6/P4

Geschichte:
1690 NB Heinrich Alberti[290] (rekonstruierte Disposition)

Gedackt 8   Flöte 1
Praestant 4   Mixtur
Flöte 4   Cornett Discant
Quinte 2 2/3   Sesquialter Diskant
Quinte 1 1/3

Bohlenlade (kurze Beschreibung im Bericht Breidenstein 21.3.1865, s.u.), gedeckte Pfeifen oben zugelötet, stark bleihaltig und dünnwandig.

Um 1824 Rep. Mellmann
1839 Pflege Sassendorf (Lünen)
1864 Kostenanschläge NB Ibach (Barmen) und Herbst (Dortmund).
1865 Bericht über die Alberti-Orgel von Breidenstein:
1866 NB Carl Herbst (Dortmund)
1894 Reinigung Meyer (Herford). Meyer bescheinigt, dass die Orgel gut und solide gebaut sei.
1905 Reparaturkostenanschlag Furtwängler& Hammer (Hannover).
1930 elektrisches Gebläse Walcker
1937 UB Plan Walcker
1960 NB Kemper (Lübeck): 4/4/P2
Das Instrument wurde 2003 verkauft an den polnischen Orgelbauer Jan Drozdowicz aus Posen.

Gemeindehaus, ev.
1968 NB Walcker op. 4804, 5/P1

St. Antonius von Padua, kath., erb. 1958/59, Im Dorfe 23, 44339 Do
1952 Friedrich Weigle (Echterdingen) op. 915, als Gebrauchtinstrument angekauft: 3/3/P1

Brünninghausen = Renninghausen

Ev. Gemeindehaus, Am Hombruchsfeld 77, 44225 Do[291]
1954 NB Walcker op. 3322: 3/4/P2

Kath. Heilige Familie, 1. Kirche 1921, 2. Kirche 1961/62, erweitert 1986/87. Hagener Str.21-27, 44225 Do
Elektronisches Instrument[292].

Deininghausen

Ev. Kirche, Hermann
1971 NB Willi Peter (Köln). Disposition Dr. Stüven, Plettenberg: 4/4/P1

Derne

Lutherhaus, ev., Altenderner Str. 62, 44329 Do
1967 Walcker op. 4736: 4/4/P3

Geschichte:
Landeskirchl. Archiv Bielefeld, Best.0 Nr. 0-40.
Nachweisung der aus der Zeit vor 1800 vorhandenen Orgeln.
Jahr der Erbauung 1680 Erbauer unbekannt. Orgel befindet sich noch in einem guten Zustande und reicht zur Begleitung des Kirchengesanges aus. Das Holz des Prospektes ist teilweise vom Wurmfraß befallen.
Ag 1824
Die Kirchenorgel der evangel. Landgemeinde Derne ist eine Orgel mittlerer Sorte, hat Eine Klaviatur und 12 (nicht 10) Register, ist vor ungefähr 10 Jahren vom Orgelbauer Nohl sen. aus Eckenhagen hierorts erbaut, ist zur Zeit noch in leidlichem Zustande, ward bisher von Nohl jun. dem Sohn des Ebengenannten in Stimmung u. Reparatur gehalten ... Derne d. 9. Febr. 1824 Stäps.
Liste: 1 Clav. 10 Reg. Rep. Nohl zu Eckenhagen

1830 Rep. durch Sassenhoff (Lünen), der seine Arbeiten nicht von Mellmann abnehmen lassen will, weil er *mit demselben brouillirt sey.* 1832 begutachtet Reinoldi-Organist Günther die Reparatur.[293]

St. Aloysius (seit 1898), kath., erb. 1977/78, Altenderner Str. 67
1902 NB Stockmann (Werl): 2 Man. 18 Reg. Pneumatisch.[294]
1978 NB Siegfried Sauer (Höxter/Ottbergen): 5/5/P4

Neuapostolische Kirche, Hostedder Str.31[295], 44329 Do
1993 NB Orgelbau Simon Mudenhagen und NAK-Orgelbau-NRW: 8/7/P4

St. Josef Krankenhaus, jetzt Caritas-Krankenhaus
Die Orgel wurde verkauft.

Deusen

Ev. Kirche, Adresse: ev. Kirchengemeinde Mengede
1955 NB Walcker[296]: 5/P1

St. Stephanus, kath., erb. 1926/27, aufgeb. 1946, Deusener Str. 169
1963 Harmonium
1970 Kauf der Walcker-Kleinorgel (erb. ca 1955) aus der ev. Petri-Kirche (Do-Mitte): 6/P1

Dorstfeld

Ev. Kirche, erb. 1904, Wittener Str. 10-14, 44149 Do
HO bis 1990 die größte erhaltene der damaligen Bundesrepublik.
Vor 1904 gab es in Dorstfeld eine ev. Kapelle.
1904 NB Wilhelm Sauer (Frankfurt/Oder) op 915[297]. Intonation 1. Man. Februar 1904 durch Granzin von der Firma Sauer[298].

I. Manual C-g'''	II. Manual	III. Manual SW	Pedal C-f'
Principal 16 C-F akust.	Bourdon 16	Lieblich Gedackt 16	Principal 16
Principal 8	Principal 8	Geigenprincipal 8	Subbaß 16
Gemshorn 8	Salicional 8	Aeoline 8	Violon 16
Gamba 8	Dolce 8	Voix céleste	Quinte 10 2/3
Flûte harmonique 8 überbl.	Concertflöte 8 überbl.	Soloflöte 8 überbl.	Oktave 8
Gedackt 8	Gedackt 8	Lieblich Gedackt 8	Cello 8
Oktave 4	Praestant 4	Fernflöte 4 überbl.	Baßflöte 8
Rohrflöte 4	Traversflöte 4		
Fugara 4	Oktave 4 überbl.		
Piccolo 2 überbl.	Mixtur 4f		
Flautino 2 überbl.	Posaune 16		
Rauschquinte 2 2/3-2 C-H ged.	Cor anglais 8		
Cornett 3-4f 2 2/3-2-1 3/5 C-H ged.			
Trompete 8 ab gs" 2f labial			

Kegelladen mit pneumatische

Ev. Kirche, Dorstfeld

Spiel- u. Registertraktur, 2 freie Kombinationen, Mezzoforte, Forte, Tutti, Walze, Zungen ab, Pianopedal, Normalkoppeln, Superoktavkoppel I u. III (ausgebaut).

1980 Rep. Steinmann (Löschwasserschäden im SW nach Brand)
1992 Reinigung und Überholung Walcker
1999 Restauration Christian Scheffler (Sieversdorf)
3. Manual SW neue Membrane.

Neuapostolische Kirche, Trippestr. 23, 44149 Do[299]
1964 NB Walcker op. 4615: 5/P1

Ev. Gemeindehaus Oberdorstfeld, Fine Frau 8, 44149 Do
1989 NB Walcker op. 5869[300]: 7/8/P4

St. Barbara Unterdorstfeld, kath., erb. 1895/96, wiederaufgebaut 1948/49, Arminiusstr. 12, 44149 Do
1905 NB Stockmann (Werl): 2 Man. 25 Reg. Pneumatisch.[301]
1951 UB Stockmann: 2 Manuale 30 Register[302]
1999 UB Stockmann[303]

HW C-f'''	SW	Pedal C-f'
Bordun 16 neu, C-h' Kiefer, Rest 25 % Zinn	Gedackt 16 C-H Kiefer R. Zinn	Violonbaß 16 Tanne
Prinzipal 8 Zinn teils Prosp.	Offenflöte 8 (1954)	Subbaß 16 Kiefer
Quintade 8 (1954)	Liebl.Gedackt 8 C-H Holz R. Zinn	Oktavbaß 8 Kiefer
Hohlflöte 8 C-H Kiefer ged. Rest Zinn	Salicional 8 C-H Zink R. Zinn	Gedacktbaß 8 (1954)
Dolce 8 C-H Zink Rest Zinn	Schwebung 8 ab g, aus Vox c.	Choralbaß 4 (1954)
Oktave 4 Zinn	Geigenprinzipal 4 aus 8' Zinn	Trompete 8 früher I. Man.
Rohrflöte 4 Zinn	Traversflöte 4 aus 8' Zinn	Posaune 16 (1975) Zinn
Blockflöte 2 (1954)	Oktave 2 Zinn	
Rauschquinte 2f (1954)	Waldflöte 2 Zinn	
Mixtur 4f 1 1/3 (1975) Zinn	Gemshornquinte 1 1/3 Zinn	
Trompete 8 (1999) 50%	Cornett 3f 8 (1986 aus alten	

Zinn (Giesecke)

Reg., stand auf I. Man.)
Scharff 4f 1 (1954) Zinn
Haubois 8 (1999)
50% Zinn (Giesecke)
Tremulant

Geschichte:
1896 KA Stockmann[304]

I. Manual	II. Manual	Pedal
Principal 8	Geigenprincipal 8	Subbass 16
Bordun 16	Gedeckt 16	Violon 16
Hohlflöte 8	Salicional 8	Posaune 16
Viola da Gamba 8	Traversflöte 8	Oktavbass 8
Dolce 8	Aeoline 8	Violoncello 8
Trompete 8	Vox coelestis 8	
Oktave 4	Liebl. Gedackt 8	
Rohrflöte 4	Gemshorn 4	
Oktave 2	Waldflöte 4	
Cornett 8 3-5f	Progressio 2 2/3 2f	
Mixtur 2 2/3		

Pneumatische Kegelladen.

1947 wurde die im Kriege beschädigte Orgel bei Stockmann eingelagert.
1952–54 Wiederaufstellung und UB mit Elektrifizierung. Beratung: KMD Graefenstein, Soest.
1974 UB u. Erweiterung Stockmann
1986 Umdisp. Stockmann

St. Karl-Borromäus, kath., erb. 1928/29, Weihe 14.7.1929, Fine Frau 47, 44149 Do
1947 NB Gebr. Stockmann (Werl) nach der Disposition von 1939: 11/13/P9

Geschichte:
1929 Leihorgel von Stockmann, 12 Register.
1939 NB-Plan. Disposition Vikar Vedder (St. Barbara). Bau wurde wegen des Krieges verschoben.

DASA Deutsche Arbeitsschutzausstellung[305]
1993 Ankauf (1997 spielfertig) einer Kinoorgel von Link Piano Company, Binghampton, New York, die 1928 für Temple Theatre, New York gebaut wurde. Um 1935 in die benachbarte Methodistenkirche umgesetzt und bis etwa 1960 hier benutzt.

Accompagniment I. Man. C-c""	Solo I. Man. C-c""	Pedal C-g'	Percussion etc.
Flute 8 *	Open Diapason 8 *	Bourdon 16 *	Triangle
Viol d'orchestre 8 *	Flute 8	Bass Flute 8	Siren
Vox humana 8 *	Viol d'orchestre 8	Violon Cello 8'	Whistle (comedy/song)
Flute d'amour 4	Vox humana 8	Bass Drum	Bell (Türklingel)
Octav Viol 4	Flute d'amour 4	Cymbal	Train (Pfiff)
Snare Drum	Octave Viole 4	Tympani	Surf
Tamburine	Piccolo 2	Bird	Auto (Hupe)
Castanets			Chimes D,Fs,A,D
Orchestra Bells			
Fire (Glocke)			
Tom Tom			
Sand Block (shuffle)			
Wood Block	Generaltremolo		
Sleigh Bells	Generalschweller		

* = 5 ranks, Multiplexsystem, Elektropneumatische Traktur. Orgelwerk hinter Glastüren.

Eichlinghofen

Ev. Kirche. Zweijochige Hallenkirche, erb. 1. Hälfte 13. Jh., Eichlinghofer Str. 6, 44227 Do   HO

Geschichte:
Um 1700 NB Johann Georg Alberti[306]. Aufstellung über Kanzel und Altar. 1751 Rep.

Disposition um 1824 (Ag 1824)

Manual C, D-c'''
(Gedeckt 8)   Cornet

Praestant 4   Terz
Flöte 4   Mixtur
Oktave 2   Dulzian 8[307]

Um 1820 Rep. Mellmann (Dortmund).
Ag 1824: *Beim Antritt des jetzigen Predigers wurde diese Orgel, welche der mit kleinen Fenstern versehenen Kirche das Licht benahm, aus dem dunklen Winkel, von der Gemeinde bewilliget, auf den Chor über dem Altar versetzt.*
1873 UB J.H. Derdack-Eichlinghofen 16 Reg. (!)
1899 Auf eine niedrige, kleine Westempore umgestellt und zu einem zweimanualigen Instrument erweitert.[308]
1957 UB Kemper (Lübeck)[309]

HW	NW	Pedal
Prinzipal 8	Gambe 8	Subbaß 16
Gedackt 8	Traversflöte 4	Oktavbaß 8
Oktave 4		Oktavbaß 4
Flöte 4		
Cimbel 2f		
Oktave 2		

1959 UB Kemper (Lübeck)[310]

HW[311]	RP	Pedal
Prinzipal 4	Holzquintade 8	Subbaß 16
Gedackt 8	Salicet 4	Octavbaß 8
Flöte 4	Waldflöte 2	Oktavbaß 4
Octav 2	Cimbel 2f	
Mixtur 4f 1 1/3	Tremulant	
Sesquialter 2f		

1974 Rep. durch Kemper (Lübeck)
Neues Krummhorn 8 RP
Neue Tremulanten für I. und II. Manual

Mariä Königin, kath., erb. 1961, ren. 1977, Baroper Str. 378, 48227 Do HO
2001 Auf Westempore Aufstellung einer Leihorgel nach Marcussen-Disposition Boren 1871 durch Andrea Walentowicz, Dortmund. Pfeifen, Ladenkanäle und Trakturen aus Marcussen-Orgel Boren 1871 (Werkliste Nr. 86),

einige Pfeifen aus Marcussen-Orgel Kropp 1872 (Werkliste Nr. 89). Freier Pfeifenprospekt. Unterbau und Prospektstock Boren.[312]

I. Manual C-f''''	II. Manual	Pedal C-c'
Principal 8	Gedackt 8	Subbaß 16
Rohrflöte 8	Gambe 4	Oktavbaß 8 Transm. I
Oktave 4	Flöte 4	Gedackt 8 Transm. II
Oktave 2		Choralbaß 4 Transm. I
Mixtur 2-3f		Viola da Gamba 4 Transm. II
Trompete 8 (aus Kropp)		Posaune 8 Transm. I

Mariä Königin, Eichlinghofen

Eving

Ev. Kirche, Preußische Str. 6, 44339 Do
1967 NB Bosch, Kassel in Zusammenarbeit mit Raupach-Hattingen[313]:
7/5/P6

Geschichte:
1899 NB Furtwängler & Hammer[314]

I. Manual	II. Manual	Pedal
Bordun 16	Geigenprincipal 8	Subbass 16
Prinzipal 8	Harmonieflöte 8	Violoncello 16
Gamba 8	Aeoline 8	Oktavbass 8

Hohlflöte 8   Liebl.Gedeckt 8   Cello 8
Oktav 4   Posaune 16
Rohrflöte 4
Mixtur 2-4f
Trompete 8
II/I, I/P, Melodiekoppel I koppelt c an C, cs an Cs etc.

1899 Gutachten von Königl. Musikdirektor und Seminarlehrer A. Knabe aus Soest mit folgenden Empfehlungen[315]:
Im I. Manual Trompete durch Dolce 8 ersetzen. Im II. Manual anstelle Dolce 4 eine Flöte 4. Im Pedal: Posaune bleibt, anstelle Cello 8 ein Gedecktbass 8.
„Die Melodiekoppel ist für das Choralspielen wichtig."
Das Gehäuse wurde von der Gemeinde gestellt.

St. Barbara, erb. 1890, erweitert 1908 und 1926, Friesenstr. 1, 44339 Do
Zustand 2006 nach UB Simon (Muddenhagen)

I. Man HW C-g'''	II. Man. SW	III. Man. Pos.	Pedal C-f'''
Prinzipal 8	Gedackt 16	Holzgedackt 8	Prinzipal 16
Holzflöte 8	Praestant 8	Salicional 8	Subbass 16
Oktave 4	Spitzflöte 8	Koppelflöte 4	Quinte 10 2/3 neu
Rohrflöte 4	Gamba 8	Waldflöte 2	Oktavbass 8
Prinzipalquinte 2 2/3 neu	Prinzipal 4	Nasat 2 2/3 aus Quinte 2 2/3	Gedecktbass 8
Prinzipal 2	Spillpfeife 4	Terz 1 3/5 neu	Choralbass 4
Sesquialter 3f	Flageolet 2	Zimbel 3f	Nachthorn 2
Mixtur 3f	Schwebung 8	Rohrschalmey 8	Rauschpfeife 3f neu
Dulzian 16	Oktävlein 1	Tremolo	Posaune 16
Trompete 8	Scharff 4f		Trompete 8 neu
	Oboe 8		Clarine 4
	Tremolo		

Geschichte:
1891 Bau der Kirche mit Orgel
1921 Orgel nach dem Kirchumbau auf die heutige Empore versetzt.[316]
1941 Fernwerk Karl Brill OB (Dortmund-Husen)
1944 Ausbau des III. Manuals durch Ludwig Rath (Dortmund)
1965 Gutachten Heinrich
1972 Rest. Simon (Muddenhagen)

1976 Auf- und Abbau der Orgel wegen Kirchenrenovierung, Orgel hat 40 klingende Register
1977 UB/NB Lothar Simon & Sohn (Borgentreich-Muddenhagen) mit alten Teilen der Orgel von ca. 1900.

Neuapostolische Gemeinde, Evinger Str. 247
1992 NB Orgelbau Simon (Muddenhagen)[317]: 5/4/P2

Hangeney

Ev. Kirche, erb. 1962, gehört zu Kirchlinde
NB Walcker Serieninstrument Modell E8: 6/4/P3

Höchsten, Auf dem

Ev. Kirche, Adresse ev. Gemeinde Syburg
1958 NB Walcker Serieninstrument: 4/4/P2

St. Kaiser Heinrich, kath., erb. 1955 u. 1967, Turm von 1892, Höchstener Str. 71, 44267 Do
1988 NB Gebr. Stockmann (Werl): 6/7/P4

Geschichte:
1897 Antrag auf NB Eggert (Paderborn). Gutachter Repetent Müller genehmigt 9 Register.
1934 Inventar: 1 Orgel mit Tretgebläse.[318]
1967 Leihorgel von Stockmann, pneumatisch

Kapelle (Anbau an der Kirche) Ahlborn Orgeln 1999

Hoerde

Advent, ev., erb. 1953, Steinkühlerweg 80, 44263 Do
1995 Ankauf eines Gebrauchtpositives. Überarbeitet von Werner Thunich: 5/1/P1

Luth. Kirche, ev., 1889 erb., 1945 schwer beschädigt. 1954 wiederaufgebaut. Wellinghofer Str. 21, 44263 Do
1964 NB Emmanuel Kemper (Lübeck): 9/8/P7
1982 Truhenorgel W. Thunich

Geschichte:
1668 NB Albert Alberti (Dortmund)
Ag 1824
Die Orgel gehört zu den mittleren. Dieselbe hat 4 Octaven von C bis C und 10 Register, nämlich

Praestant	*Quinte*
Gedackt	*Gemshorn*
Octave	*Mixtur*
Sechsquialter	*Krummhorn*
Flöte	*Tremulant*

1770 Ref. Gemeinde
Im März 1770 wird Conrad Vohwinkel aus Lünen Organist und Vorsänger.[319]
1897 NB Walcker op. 785[320]

I. Manual C-f'''	II. Manual	Pedal C-f'
Principal 8	Geigenprincipal 8	Subbaß 16
Bourdon 16	Liebl.Gedeckt 8	Violonbaß 16
Viola di Gamba 8	Hohlflöte 8	Posaunenbaß 16
Doppelflöte 8	Salicional 8	Octavbaß 8
Gemshorn 8	Aeoline 8	Violoncello 8
Gedeckt 8	Voix celeste 8	
Trompete 8	Flauto dolce 4	
Octav 4	Geigenprincipal 4	
Rohrflöte 4		
Mixtur 2 2/3 5f		
Cornett 8 3-5f		

II/I, I/P, Super II, Super P, Tutti, Forte, Mezzoforte, Piano, Registerschweller, Schwelltritt II, pneumatische Kegelladen eigener Konstruktion.

1949 NB Kemper in der Notkirche: 6/5/P5

St. Georg, erb. 1951/52, Steinkühlerweg 221, 44263 Do
1963 NB Gebr. Stockmann (Werl)[321]: 9/6/P6

Geschichte:
Um 1952 Schuldschein für Anschaffung der neuen Orgel.[322]

Herz Jesu, erb. 1914/15, aufgeb. 1948, Am Richterbusch 6, 44263 Do
1966 NB Gebr. Stockmann (Werl)[323]: 10/10/7/P6
1998 Elektronenorgel der Firma Content

Geschichte:
Das Pfarrarchiv wurde im letzten Krieg zerstört.
1919 NB Stockmann 47 Reg. 3 Man. Pneumatisch[324]
1921 Beschluss NB Stockmann 48.894 Mk dem Generalvikariat gemeldet. Gutachter Domvikar Cordes[325].
1938 Einbau einer Orgelbühne

Humbold Gymnasium, siehe Gesamtschule, Gartenstraße, Do-Mitte

Stiftskirche St. Clara, kath., neugotische Basilika 1862-65, Am Stift 8, 44263 Do
1965 NB Gebr. Stockmann (Werl)[326]: 9/10/7/P9
1995 UB Gebr. Stockmann (Werl): 13/14/P9

Geschichte:[327]
Um 1550 Organistenstelle[328]
1816 Rep. durch G.A. Wild für 6 Taler.[329] Orgel wurde zurückgesetzt.
1866 NB Randebrock (Paderborn) auf einer neu erbauten Empore im südlichen Querschiff.
Vermutete Disposition:

I. Man.	II. Man.	III. Man.	Pedal
Bordun 16	Gedecktbass 16	Hohlflöte 8 Trans. I	Prinzipalbass 16
Principal 8	Geigenprinzipal 8	Gambe 8 Trans. I	Subbass 16
Hohlflöte 8	Lieblich Gedackt 8	Gemshorn 8 Trans. I	Violonbaß 16
Viola da Gamba 8	Principal 4	Gedackt 4 Trans. I	Oktavbass 8
Gemshorn 8	Traversflöte 4		Cello 8
Oktave 4	Flageolett 2		Posaune 16
Gedackt 4	Cimbel		Trompete 8
Sesquialter			
Quinte 1 1/3			
Mixtur			
Trompete 8			

Schiebekoppeln, Pedaloktavkoppel, Schleifladen mit vollmechanischer Traktur

1866, 8. Mai, Abnahme durch Domorganist Hüls (Münster).
1905 Gutachten Stockmann: 28 klingende Register, 3 Manuale und Pedal, 1 Manualkoppel, 1 Pedalkoppel, 1 Oktavpedalkoppel. Vier Register des 3. Manuals waren aus dem 1. Manual transmittiert. Schleifladen. Faltenmagazingebläse.
1906 UB auf pneumatische Kegelladen durch Stockmann (Werl). Abnahme Oktober 1906 durch Joseph Freising (Soest) und Dr. August Freising (Münster). 32 Register. Pneumatisch.[330] Altes neugotische Gehäuse. Freistehender Spieltisch. Preis 7095 Mark.
1917 Abgabe von 12 Prospektpfeifen
1928 Orgel verkauft an kath. Gemeinde Wuppertal-Elberfeld
1928 NB Ant. Feith (Paderborn). Preis 45.000,00 Mark

I. Manual C-g'''	II. Manual	III. Manual	Pedal C-f'
Principal 8	Fagott 16	Stillgedeckt 16	Violon 16
Bordun 16	Principal 8	Geigenprinz. 8	Subbaß 16
Fugara 8	Liebl.Ged.8	Aeoline 8	Harmonikabaß 16[331]
Dulciana 8	Salicional 8	Vox coelestis 8	Gedecktbaß 16**
Flaut major 8	Gamba 8	Soloflöte 8	Posaune 16
Trompete 8	Labial Clarinette 8[332]	Oboe 8	Quintbaß 10 2/3
Octav 4	Gemshorn 4	Quintatön 8	Cello 8
Rohrflöte 4	Tibia 4[333]	Tuba mirabilis 8	Flötbaß 8
Quinte 5 1/3	Terzian 3 1/5, 2 2/3	Clairon 4	
Cornett 4 3f	Rauschquinte 2 2/3	Konzertflöte 4	
Mixtur 2/3 3-4f		Quintflöte 2 2/3	
Octav 2		Flageolet 2	
Cymbel 1		Flötencornett 4*	
		Terzflöte 1 3/5	
		Mixtur 2 2/3 3-4f	

*aus Konzertflöte, Quintflöte, Terzflöte
**Transm. Stillgedeckt 16 mit eigener Rohr
Koppeln III/I, II/I, III/II, P/I, P/II, P/III, Superoctavkoppel III/I ausgebaut, II/I, im I., Suboctavkoppel III/I, Melodiekoppel II/I, freie Kombination mit 57 Zügen, Tutti, Fortissimo, Forte, Mezzoforte, Piano, Trompetenchor, Auslöser, Registerwalze, Walze ab, Rohrwerke ab, Schwelljalousien, automatische Pedal Ein- und Ausschaltung
Kegelladen mit einschlagenden Ventilen

Abnahme durch Heinrich Graefenstein (Berlin) am 5. Juli 1928.

1944 Am 4. September wird die Orgel durch einen Bombenangriff zerstört.
1945 Firma „Münsterscher Orgelbau" bietet Harmonium an.
Bis 1965 benutzte die Gemeinde eine Leihorgel mit 8 Registern, wahrscheinlich von der Firma Stockmann (Werl).

Neuapostolische Gemeinde, Franz Hitze Str. 19, 44263 Do
NB Walcker op. 3511[334]: 4/4/P1

Synagoge, am 9.11.1938 zerstört[335].
1899 NB Walcker[336]

Opus 889 Hörde b.Dortmund – Synagoge
Lt Bestellung vom 2. Aug.1899 nach us. Disposition vom 13. Juni & us. Gehäuse-Offerte vom 8. Juli lieferbar bis 30. November 1899; für jeden Tag der späteren Ablieferung werden uns Mk 30.- in Abzug gebracht.
I.Manual: C-f''' 54 Noten
1.) *Bourdon 16' von Holz gedeckt*
2.) *Principal 8' (D.Mens.) C-E Holz, Forts. Von 14 löth.Zinn in den Prospect gestellt & mit Stimmschlitzen versehen*
3.) *Concertflöte 8' von Holz offen (untere Octav gewöhnliche Flöte, Forts. als Flauto dolce)*
4.) *Viola di Gamba 8' ½ untere Octave von Holz, Forts. Von Naturgußmetall & Probzinn mit Stimmschlitzen*
5.) *Salicional 8' ½ untere Octave von Holz, Forts. Von Naturgussmetall & Probzinn mit Stimmschlitzen*
6.) *Octav 4' von Probzinn mit Stimmschlitzen*
7.) *Mixtur 2 2/3' 4fach von Probzinn mit Stimmschlitzen*
II.Manual C-f''' 54 Noten
8.) *Gemshorn 8' untere Octave von Holz gedeckt, Forts. von Probzinn mit Stimmschlitzen*
9.) *Liebl. Gedeckt 8' von Holz mit doppelten Labien*
10.) *Aeoline 8' ½ untere Octave von Holz, Forts. Von Naturgussmetall & Probzinn mit Stimmschlitzen (untere Octave gedeckt)*
11.) *Voix celeste 8' von 4' an von Probzinn mit Stimmschlitzen & mit Aeoline 8' in Schwebung gestimmt.*
12.) *Flauto dolce 4' von Holz offen*
Pedal C-d' 27 Noten

13.) Violonbaß 16' C-G mit Quinte, Fortsetzung offen, von Holz
14.) Gedecktbaß 16' von Holz, ganz schwach intoniert
15.) Octavbaß 8' von Holz offen
Nebenzüge
16.) Coppel II. Manual zum I.Manual
17.) Do   I   "   " Pedal
18.) do   II   "   " do
19.) Superoctavcoppel II z.I Manual
20.) Collectivpedal für > Tutti & Coppeln
21.) Do   "   Forte
22.) Do   "   Piano   20.—23.) sich gegenseitig auslösend
23.) Auslöser der Collectivpedale
Uebrige Teile
1.) Windladen mit Kegelventilen nach der von uns erfundenen Construction pneumatisch
2.) Regierwerk mittelst Röhrentractur äußerst präzis & zuverlässig in seiner Wirkung & widerstandsfähiger gegen Temperatureinflüsse als ein mechanisches Regierwerk
3.) Clavierkasten vor der Orgel angebracht & zum vorwärtsspielen gerichtet mit polierten Registerstaffeleien & verschieden-farbigen Registertasten mit Aufschriften & verschließbar
2 Manualclaviaturen C-f''' je 54 Tasten mit Celluloid & Ebenholz belegt.
1 Pedalklaviatur C-d' 27 Tasten aus Eichenholz
1 Sitzbank & 1 Notenpult
4.) Geblaese mit Compensationsfaltenreservoir & Schöpfern, zum Treten gerichtet.
5.) Windkanäle fürs ganze Werk
6.) Einrastrieren sämtlicher Pfeifen
7.) Intonation & Stimmung des ganzen Pfeifenwerkes
8.) Schwellkasten aus 4 cm starkem Holz gefertigt, die Register des II.Manuals einschließend & mit aufrechtstehenden dichtschließenden Jalousien versehen (weil 8' Reg. des II.Man. gedeckt, halb so groß als gewöhnlich)
9.) Gehäuse im Schönsten amerikan. Carolina-Pine nach us. Zeichnung No.1316 vom 8.Juli 1899 ausgeführt
10.) Verpackung & Transport des Werkes bis in die Synagoge zu Hörde
11.) Reise der Monteure hin und her sowie Aufstellung an Ort & Stelle.

Alberti-Orgeln

Blankenstein, ev. Kirche

Blankenstein, ev. Kirche

Eichlinghofen, ev. Kirche

Eichlinghofen, Mittelturm

Holzwickede-Opherdicke, ev. Kirche

III
IV

Holzwickede-Opherdicke, Mittelturm

Holzwickede-Opherdicke,
Engel, Mittelkonsole unten

Rhynern, Mittelturm oben

VI

Rhynern, ev. Kirche

VII

Rhynern

Wellinghofen, Alte Kirche

Berchum, Nohl-Orgel (früher in DO Petri)

Hohensyburg, siehe Syburg

Holzen

Ev. Kirche
1980 Gebrauchtes Steinmeyer-Positiv von der Gemeinde Bad Kissingen gekauft: 4 Register

Hombruch

Ev. Kirche, erb. 1898, Harkortstr. 53, 44225 Do
NB Alfred Raupach (Hattingen), Teile lieferte Bosch: 9/9/P

Geschichte:
1899 Ankauf und Einbau einer Orgel, die 1724 von Mönchen eines Kloster in Neuss gebaut sein soll[337], später in die reformierte Kirche Krefeld kam. In Hombruch stand sie über dem Altar.

I. Manual	II. Manual	Pedal
Principal 8	Viola da Gamba 8	Violon-Baß 16
discant	discant	Subbaß 16
Hohlflöte 8	Octav 2	Prinzipalbaß 8
Viola da Gamba 8	Terz 1 3/5	Gedacktbaß 8
Octav 4	Quinte 2 2/3	Posaune 16
Superoctav 2	Flauto dolce 4	
Flauto dolce 4	Prinzipal (4)	
Quinte Baß 2 2/3	(Gedackt 8)	
Cornett 4f 4		
Quinte Discant 2 2/3		
Mixtur 3f 1 1/3		
Clairon-Baß 8		
Trompete 8		

Manualkoppel, Pedalkoppel, Calcant

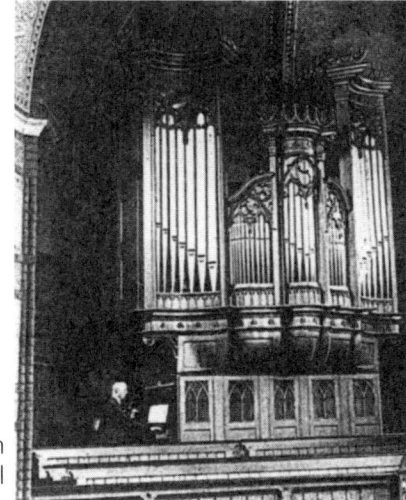

Ev. Kirche, Hombruch
Barock-Orgel

1935 NB Walcker 31 Reg.[338] nach Umbau des Kircheninneren.

I. Man. C-g'''	II. Man.	III. Man.	Pedal C-f'
Prinzipal 8	Grobgedackt 8	Gedeckt 16	Subbass 16
Rohrflöte 8	Quintatön 8	Geigenprinzipal 8	Gedecktbass 16 Transm. III
Gemshorn 4	Ital. Prinzipal 4	Nachthorn 8	Oktavbass 8
Quinte 2 2/3	Blockflöte 4	Salicional 8	Flötenbass 8 Transm. III
Oktave 2	Quinte 2 2/3	Unda maris 8	Choralbass 4
Mixtur 4f	Cymbel 3f	Rohrflöte 4	Feldflöte 2 Transm. III
	Oboe 8	Schwiegel 2	Dulzian 16 Transm. III
		Terzian 1 1/3 u. 1 3/5	Posaune 16
		Dulzian 16	
		Tremolo	

Normalkoppeln, Super II/P, 3 freie Kombinationen, Tutti, Pianopedal, Crescendowalze, das alte Gebläse wird wiederverwendet, vollpneumatische Windladen, gebr. Spieltisch, Gehäuse Fichte
Einweihung Pfingsten 1936 durch Gerard Bunk.

Ev. Schule
1873 NB Derdack-Eichlinghofen 6 Reg.

St. Clemens, erb. 1864, wiederaufgeb. 1945/47, Deutsch-Luxemburger Str. 40, 44225 Do
1951 NB Fertigstellung 1965 Stockmann (Werl)[339]: 9/13/P8
Chororgel (Leihgabe, Meisterarbeit von Frau Walentowicz): 4/2

Geschichte:
1897 sehr kleine Orgel. Deshalb NB Eggert für 8.252 M vorgesehen. Gutachter Repetent Müller empfiehlt, bei den vorgesehenen 18 Reg. solle man im Pedal Cello 8 hinzufügen. Bei 19 Registern müsse das Pedal zwei 8 und zwei 16 Füße haben.[340]
1939, 10.7., Orgel war über 40 Jahre alt, besaß 19 Reg. Und sollte jetzt 26 durch Feith für 12.2150 RM bekommen.
1924 Erweiterung der Orgelbühne

Hausorgel
Dr. Kaspar NB Klais op. 951. Das Instrument wurde im letzten Kriege nach Bad Tölz ausgelagert.[341]

Kath. Krankenhaus Marienhospital, erb. 1913/14, Behringstr. 36, 44225 Do
1996 NB Klais (Bonn) op. 1736[342]: 6/P2
Auf der Empore Positiv von Andrea Walentowicz, 2003 als Meisterstück gebaut: 3/1

Neuapostolische Gemeinde, Am Hombruchsfeld 25, 44225 Do
1993 NB Orgelbau Simon[343]: 5/6/P1

Hostedde

Ev. Kirche
Walcker: 6/P1 Positiv

Huckarde

Ev. Kirche, Oskarweg 14, 44369 Do
1966 NB Führer (Wilhelmshaven): 4 Reg.
1973 Elektronenorgel

Geschichte:
1898 Orgel erwähnt.[344]
1950 (1953?) NB Walcker op. 3183: 4/3/P2
1975 nach Freckenhorst ev. Gemeinde verkauft

St. Christophorus, erb. 1956, Basenachstr. 5, 44369 Do
1966 NB Kreienbrink (Osnabrück): 9/9/P7

Geschichte:
Um 1885 Rep.[345]
1902 Organistenstelle[346]

St. Urbanus, 13. Jh. (Besitz Stift Essen), erweitert 1897/99, Marienstr. 9, 44369 Do
1967 NB Breil (Dorsten): 10/9/9/P8

Geschichte:
Um 1740 einmanualiges Positiv angeschafft, das altes Pfeifenmaterial (von ca. 1700) besaß.
1802 Gutachten u. Rep. von Orgelbauer F.J. Epmann (Essen).[347]

Kapelle St. Antonius, Altersheim
1988 NB Breil (Dorsten), Orgel abgebrochen und zum Verkauf eingelagert in Oberkirchen bei Wiggering

Husen

Ev. Kirche, zusammen mit Kurl, Flerskamp 112, 44319 Do
1908 NB Gebrüder Link (Giengen) op. 498

I. HW (C–f''')	II. SW im Untergehäuse	Pedal (C–d')
Principal 8	Geigenprincipal 8	Subbass 16
Gemshorn 8	Lieblich Gedeckt 8	Lieblich Gedeckt 16 Windabschw. Subbass
Quintatön 8	Salicional 8	Octavbass 8
Octav 4	Voix céleste 8	Choralbass 4 Transm.
Rohrflöte 4	Flöte 4	
Praestant 4	Principal 2	
Mixtur 2 2/3	Tremulant	
Tremulant		

II/I, I/P; II/P, Super I, Sub II/I, Schweller, 3 feste Kombinationen (p, f, Tutti), Auslöser, Kalkantenglocke

Geschichte:
1985 Überholung durch Walcker. Neue Kegelmembrane

St. Petrus Casinius, erb. 1925, Kühlkamp 11, 44319 Do
Telef. Auskunft 14.11.02: keine Unterlagen zur Orgelgeschichte
Elektronische Orgel
NB Kreienbrink: 2 Manuale, 17 Register

Kemminghausen

Ev. Kirche, Gretelweg 1, 44339 Do
60er Jahre NB Walcker: 5/P1

Kirchderne

St. Dionysius, ev. Hallenkirche 13. Jh., zusammen mit Derne.
1972 NB Hammer (Arnum)[348]: 7/P1

Geschichte:
1676 reist Kirchmeister Harbrink nach Münster, um eine Orgel anzuschauen. Harbrink spendet 4 Thaler, dasselbe Freiherr von Ketteler auf Haus Heringen.[349]
1676 werden die Orgelpfeifen von den Franzosen als Kriegskontribution beschlagnahmt (Französisch-holländischer Krieg).
1680 liefert Orgelbauer Caspar Haver (Wesel) ein Instrument.[350] Fertigstellung am 30. Juli 1681.[351]
1758 kauft man die alte Orgel von Brakel für 30 Rthlr.[352]
Disposition nach KA H. Schotte 1884

St. Dionysius, Kirchderne
Barockorgel

Principal 8
Quinte 2 2/3
Viola di Gamba 8
Hohlflöte 4
Gedackt 8   Oktav 2
Cornet 3f halbiert (Pfeifen fehlen)   Mixtur 3f
Quintatön 8   Trompete 8
Oktav 4
Angehängtes Pedal

1885 UB-Plan Herbst (Dortmund)

I. HW	II. Positiv	Pedal
Principal 8	Salicional 8 neu	Subbass 16 neu
Bordun 16	Lieblich Gedackt 8	Octavbass 8 neu
Geigenprinzipal 8	Flöte 4 neu	Gedact 8 neu
Hohlflöte 8 neu		
Octav 4		

Quinte 3
Flöte 4
Octav 2
Mixtur 1 1/3 2-3f

1888 UB Meyer (Herford).
1919 Einbau neuer Prospektpfeifen durch Heinrich Söhl (Dortmund)

Vermutliche Disposition bis 1935

Principal 8	Flauto dolce 4
Gedackt 8	Octav 2
Gambe 8	Mixtur
Geigenprinzipal 4	Trompete 8

1935 UB/NB Walcker op. 2498[353]

I. Manual C-f'''	II. Manual	Pedal C-f'
Principal 8	Gambe 8	Subbaß 16
Gedackt 8	Gedackt 8 Transm.	Octavbaß 8
Octav 4	Prinzipal 4	
Flöte 4	Waldflöte 2	
Octav 2		
Mixtur 3f		

II/I, I/P, II/P, Super II/I, Sub II/I, Tutti
Alte Schleifladen pneumatisch umgebaut.

1940 Einbau 2 neuer Register II. Manual: Salicional und Cimbel 2f 1 1/3
Am 11.11.1944 wurde die Orgel durch Bomben zerstört.
1951 Positiv von Förster & Nicolaus (Lich/Hessen) 5-6 Register.
1966 Walcker-Positiv

St. Bonifatius, kath., Dernerstr. 393A, 44329 Do
1969 NB Breil (Dorsten): 5/P1

Kirchhörde

Ev. Kirche, erb. um 1200, Peter-Hille Str. 11, 44229 Do
Tochterkirche von St. Reinoldi, Saalbau 1789-1807
1972 NB Führer (Wilhelmshaven): 5/3/P2

Geschichte:
1795 Gebrauchtorgel(?) von Nohl (Alpe) aufgestellt.
Disposition nach Ag 1824 (Lehrerorganist Overhoff)

Praestant 4 Fuß   *Sexquialter 2f*
Bordun 8 Fuß   *Mixtur 3 Fuß*
Quinta 3 Fuß   *Quinta 3 Fuß*
Octav 2 Fuß   *Trompete neu von Nohl*
Flöte 1 Fuß   *Tremulant*

1972 waren noch Pfeifen aus der 1. Hälfte des 19. Jahrhunderts(?) vorhanden.
1935 NB Walcker op. 2498[354]: 12 Reg.

St. Patrokli, kath., erb. 1952, eingeweiht 1954, Am Truxhof 9, 44229 Do
1955 NB Feith (Paderborn): 6/8/P5

St. Norbert, kath., Löttringhausen Gemeindezentrum, erb. 1972, Hugo Sickmann Str. 36, 44229 Do
Elektroneninstrument

Neuapostolische Kirche, Kirchhörderstr. 217, 44229 Do
1994 NB NAK-Orgelbau-NRW[355]: 4/6/P1

Kirchlinde

Ev. Kirche, erb. 1948
NB Walcker: 7/6/P5

St. Josef, kath., Dasselstr. 3, 44379 Do
(gehörte zum Katharinenkloster Do-Mitte) Zweijochige Hallenkirche 13. Jahrhundert, erw. 1906
1965 Walcker op. 4819, später UB: 12/10/P3

Geschichte:
1906 NB Walcker op. 1287[356]

I. Manual C-g'''	II. Manual	Pedal C-f'
Bordun 16	Geigenprinzipal 8	Violonbass 16
Prinzipal 8	Liebl. Gedackt 8	Subbass 16

Viola di Gamba 8   Concertflöte 8   Octavbass 8
Hohlflöte 8   Aeoline 8   Gedecktbass 16 Transm.
Salicional 8   Voix Celeste 8   Violoncell 8 Transm.
Trompete 8   Fugara 4
Oktav 4   Flauto dolce 4
Rohrflöte 4
Rauschquinte 2 2/3 u.2
Mixtur 2 3-4f
Manual- u. Pedalkoppeln, Superkoppel II, Superkoppel II/I, Pianopedal, Rollschweller, pneumatische Kegellade.

1972 UB Balganlage, Versetzung des Spieltisches mit elektrischer Traktur, Umdisponierung
1981 Walcker: Abbau wegen Innenrenovierung der Kirche, Reinigung und Überarbeitung, geschlossenes Gehäuse, über dem Spieltisch Jalousien eingebaut (Handbetrieb).
1994 Reinigung und Umbau des Gehäuses, drei Gehäuseteile mit Handschieber versehen, um besser vom Spieltisch aus zu hören.

Kirchlinde-Rahm

Ev. Kirche
1964 NB Walcker op. 4698: 6 Reg.
1969 NB Walcker op. 5255: 7/6/P5.

Ev. Kirche Jungferntal
1981 NB Franz Heissler (Bad Mergentheim-Markelsheim, Jungferntal): 5/5/P2

Heilig Kreuz, kath., siehe Rahm

Kley

Ev. Kirche, zusammen mit Oespel, Ewald-Görshop Str. 43, 44149 Do
1964 NB Walcker op. 4700: 6 Reg.

Geschichte:
Hier soll eine Ibach-Orgel gestanden haben, die aus Marten kam und heute im Ausland erhalten ist.

Christus unser Frieden, kath., siehe Oespel-Kley

Körne

St. Liborius, kath., erbaut 1904, renoviert 1965, 77/78 und 84
1915 NB Stockmann (Werl) 2 Manuale, 30 Reg. Pneumatisch[357]. Preis: 11.000 Mark. Kegelladen.
Dispositionsaufzeichnung Stockmann 1965

I. Manual HW	II. Manual SW	Pedal
Bordun 16	Quintade 16	Stillgedackt 16
Prinzipal 8	Geigenprinzipal 8	Subbaß 16
Hohlflöte 8	Gedackt 8	Violon 16
Gamba 8	Fugara 8	Salizet 16
Dulziana 8	Salizional 8	Gedacktbaß 8
Rohrflöte 4	Aeoline 8	Cello 8
Oktave 4	Vox coelestis 8	Trompete 8
Oktave 2	Violine 4	Posaune 16
Mixtur 4f 2 2/3	Harmonieflöte 4[358]	
Trompete 8	Flautino 2	
	Mixtur 3-4f	
	Clarinette 8	

1964 Stockmann wird aufgefordert, einen Kostenanschlag für die Modernisierung der Orgel vorzulegen. Kirchenchor brauchte mehr Platz auf der Orgelbühne.
1966 Ren. und UB Stockmann (Werl): 2 Man. 28 Reg. (Kirchenrenovierung). Elektrische Trakturen. Neuplatzierung der Orgel. Sachberater Heinrich Gräfenstein (Soest).

I. Manual HW	II. Manual SW	Pedal
Bordun 16	Gedackt 8	Subbaß 16
Prinzipal 8	Salizional 8	Prinzipal 8
Gamba 8	Prinzipal 4 aus Geigenpr. 8	Gedacktbaß 8
Dulziana 8	Fugara 4 aus Fugara 8	Choralbaß 4 aus Cello 8
Oktave 4	Flautino 2	Quintade 4 neu
Hohlflöte 4 aus Holhlfl. 8	Waldflöte 2 neu	Bauernflöte 2 neu
Quinte 2 2/3 neu	Quinte 1 1/3	Pedalmixtur 3f 2 2/3
		aus Mixtur HW

Oktave 2	Scharff 4f 1 neu	Stillposaune 16 neu Zink
Mixtur 4f 1 1/3 neu	Rohrschalmey 8 neu	
Trompete 8	Tremolo	

1 Freie Kombination, Tutti, Auslöser, Schwelltritt, Einzelabsteller Zungen, Mixturen und Bordun 16, 1 freie Pedalkombination (Pistontritt), II/I, I/P, II/P. 1242 neue Membrane auf verstärkte Rohrleisten, 189 neue elektrische Wippmagnete und 1242 neue Kegelventile, 3 neue Blasebälge für HW, SW u. P, neue Gebläsemaschine. Neue Holzgerüste für SW u. P, neues Stahlgerüst für HW, neuer freistehender Eichenspieltisch nach patentiertem Selenzellensystem, außen gebeizt, innen Nussbaum poliert, Pedalklaviatur Hartholzbelag, doppelt geschweift, Gleichrichter für Traktur. Neuer Prospekt (Architekt Heinz Apelhaus, Do), im Prospekt: Prinzipal 8 8'-Pfeifen Zink, 4' 75% Zinn, Oktav 4 75% Zinn, aus Pedal: Prinzipal 8 8' Zink, 4' 75% Zinn, Choralbaß 4 75% Zinn.
Während der Renovierung Leihharmonium.
Am 12.12.65 feierte der Kirchenchor 40-jähriges Jubiläum. Die Orgel weihte am Palmsonntag 1966 Hans Knäbel, Beauftragter für Orgelmusik beim WDR Köln, ein.
1978 UB Stockmann

I. Manual: Statt Dulziana 8 jetzt Flötgedackt 8 neu aus Mahagoni
II: Manual: Statt Fugara 4 jetzt Blockflöte 4 neu 35% Zinn
Statt Flautino 2 jetzt Terzflöte 1 3/5 Pfeifen aus Flautino 2
Statt Scharff jetzt Quintzimbel 3f 1/2, Pfeifen aus Scharff

Kurl

St. Johannes der Täufer, kath., Saalbau 1733, ren. 1972, Werimboldstr. 4, 44319 Do
1909 NB Stockmann (Werl): 2 Man. 20 Reg. Pneumatisch[359].
Findbuch: Disposition, Gehäusezeichnung etc. im AKK Kurl Ib, 3 (Akten unauffindbar).
1922 Orgel zurückgesetzt, neuer Motor.
1972 Stockmann UB: Neuer Spieltisch, Elektrifizierung und Umdisponierung.[360]

I. Manual	II. Manual	Pedal
Pommer 16	Gedeckt 8	Subbaß 16
Prinzipal 8	Salicional 8	Prinzipalbaß 8
Gamba 8	Rohrflöte 4	Choralbaß 4
Dolce 8	Oktave 2	Bauernflöte 2
Oktave 4	Zimbel 3f ½	Piffaro 3f
Flöte 4	Rohrschalmey 8	
Waldflöte 2		
Mixtur 2-3f 1 1/3		
Trompete 8		

Normalkoppeln, Tutti, 2 freie Kombinationen, Einzelabsteller Mixturen, 16' Man. und Zungen, Gehäuse und viele Orgelteile erhalten!

Geschichte:
1785 Rep. durch Franz Georg Nohl, Vater von Gerhard.[361]
August 1798 kauft man Altar, Kanzel und Orgel von ev. Kirche Bergneustadt, 1653 von Albertus Alberti gebaut.[362] Aufgestellt von Gerhard Nohl.
1805 Pliesterwerk über der Orgel ist abgefallen.[363]
1848 Gutachten Sassenhoff, Erschütterungen durch die Eisenbahn schaden der Orgel. AKK IIa, 4.
1865 UB Adam Fischer Herdecke AKK Kurl IIb, 1
1866 Gutachten von Domorganist Völlmer, Neuer KA Fischer.

Lanstrop

Friedenskirche, ev., Färberstr. 5-7, 44329 Do
1981 NB Bosch (Niestatal/Sandershausen): 5/4/P3

St. Michael, kath., erb. 1912, Michaelstr. 2, 44329 Do
1992 NB Fleiter: 8/9/5

Geschichte:
1913 NB Stockmann (Werl): 1 Man. 7 Reg. Pneumatisch.[364]
Pfarrchronik: *Eine kleine Orgel wurde dem Orgelbauer Stockmann, Werl, zur Ausführung übertragen.*
1978 elektron. Instrument Johannus op. 60

Lichtendorf-Sölderholz

St. Bonifatius, kath., erb. 1963/64, Lambergstr. 33, 44289 Do
1980 UB/NB Lothar Simon (Muddenhagen): 7/7/P4

Geschichte:
Um 1904 Neubau einer Kapelle. Harmonium
1949 Stockmann (Werl): 8 Register, 2 Manuale, Pedal, pneumatisches, wahrscheinlich älteres Werk mit Tretbalganlage.

Lindenhorst

Ev. Kirche St. Johannes Baptista, zusammen mit Eving, Turm 13. Jh., Langhaus 1911
1967 NB Führer (Wilhelmshaven)[365]: 5/5/P3

Geschichte:
1824 besaß die Kapelle ein Positiv mit 4 Registern. Rep. Mellmann
1829 Rep. durch Sassendorf (Lünen) nach Plan von Mellmann.
1964 Kirche besitzt eine ca. 55 Jahre alte pneumatische Orgel von Rohlfing[366].

Ev. Kirche, Lindenhorst
Zustand 19. Jh.

Löttringhausen

Ev. Kirche, Kruckeler Str. 16, 44229 Do
1968 NB Ott (Göttingen): 6/6/P4

Geschichte:
1937 NB eines unbekannten Orgelbauers, war 1968 nicht mehr brauchbar.

Hausorgel
Hatto Ständer, Heunerstr.20
1972 NB Hillebrand[367]: 5/6/P4

Lütgendortmund

Alte ev. Kirche
„Orgel ist ziemlich"[368]

Um 1811/12[369] sollen Orgel und Kanzel versetzt werden. Orgel stand wahrscheinlich im Chorraum.
1835 wird alte Orgel verkauft.

Bartholomäuskirche, ev. Neue Kirche, erbaut 1834, Westricher Str. 15, 44388 Do
1976 NB VEB Potsdamer Schuke-Orgelbau[370]: 12/10/9/P10

Geschichte:
1832–38 ausführliche Korrespondenz zum Orgelneubau im AEK erhalten. Die alte Orgel wird in der Zeitung zum Verkauf angeboten, es erscheinen aber nur zwei Interessenten zum Termin. Pfeifenmaterial wird vom Spritzenmeister Wencker gekauft. Gemeinde holt Kostenanschlag von Mellmann ein, nachdem die angebotene alte Bader-Orgel der Stiftskirche Lippstadt von Fachleuten als ungeeignet beurteilt[371] und Mellmann als zu teuer abgelehnt wurde. Vertragsabschluss mit dem Orgelbauer Buchholz, der von dem Berliner Orgelrevisor A.W. Bach empfohlen wird.
1832 KA Mellmann Dortmund (Unvollständig!!).
Dispositionsplan 1833[372]

Hauptmanual	Obermanual	Pedal
Principal 8	Salicional 8	Principal 8
Bordun 16	Flauto traverso 8	Violon 16
(Viola di Gamba 8)*	Octav 4	Subbaß 16
Rohrflöte 8	Liebl. Gedackt 4	Octav 4
Octave 4	Flageolet 2	Posaune 16
Spitzflöte 4		
Quinte 2 2/3		
Superoctav 2		
Cornett (5f) 3f		
Mixtur 6f		

*Vorschlag von W.A. Bach.
Sperrventile für Manual und Pedal, Manualkoppel, Pedalkoppel, Tremulant, Kalkantenglocke, Stimmung Kammerton, (4) 3 Blasebälge.
Ende 1837 Abnahme durch Reinoldi-Organisten Günther und Haffenberg.

1907 NB Weigle.

Manual I C-g'''	Manual III Echo	Manual II	Pedal C-f'
Bordun 16	Seraphon-Flöte 8*	Lieblich Gedeckt 16	Principalbaß 16
Prinzipal 8	Viola 8	Geigenprinzipal 8	Violonbaß 16
Seraphon-Gedeckt 8*	Lieblich Gedeckt 8	Doppelflöte 8	Subbaß 16
Seraphon-Gambe 8*	Salicional 8	Seraphon-Fugara 8*	Gedecktbaß 16
Flûte octaviante 8	Quintatön 8	Gemshorn 8	Oktavbaß 8
Dulciana 8	Aeoline 8	Flauto amabile 4	Cello 8
Oktav 4	Voix céleste 8	Fugara 4	Posaune 16
Rohrflöte 4	Traversflöte 4	Piccolo 2	
Oktav 2	Labial-Oboe 8*	Cornett 3-5f	
Mixtur 4-5f 4			
Trompete 8			

*= Hochdruckregister
Druckknöpfe: Prinzipalchor, Flötenchor, Gambenchor, 6 Normalkoppeln, Superoktav III/I, II/I , Handregister an und ab, 2 freie Kombinationen, 5 feste Kombinationen, Registerschweller, Echoschwellkasten, Crescendo-Decrescendo als Tritt mit 16 Stellungen.[373]

Aus dem Revisionsbericht von A. Knabe (Soest) und Rektor und Organisten A. Grosse-Weischede (Bochum)[374]:
Die drei tiefsten Töne der offenen 16' mußten wegen mangelnder Höhe kombiniert werden. Pneumatische Membranladen eigener Erfindung.
Im 2. Weltkrieg zerstört.
1951 NB Faust (Schwelm): elektropneumatisch Taschenlade. Aufstellung und Intonation C. Bürkle[375].
Disposition Prof. Dr. Kelletat

I. Manual	II. Manual SW	Pedal
Pommer 16	Gedeckt 8	Contrabass 16
Prinzipal 8	Weidenpfeife 8	Subbass 16
Rohrflöte 8	Prinzipal 4	Oktavbass 8
Oktave 4	Blockflöte 4	Gedackt 8
Gemshorn 4	Waldflöte 2	Choralbass 4
Quinte 2 2/3	Quinte 1 1/3	Rauschpfeife 3f.:
2, 1 1/3 u. 1 3f		
Oktave 2	Zimbel 3f 1	Posaune 16
Oktave 1	Krummhorn 8	

Mixtur 1 1/3 4f   Tremolo
Trompete 8
Man II/I, I/P, II/P, Tuttitritt, 2 freie Kombinationen, Hdrg. ab, Rollschweller mit Skala.

Die Orgel kam in die Erlöserkirche Wuppertal-Barmen (Wichlinghausen).[376]

Ev. Krankenhaus, Volksgartenstr. 40, 44388 Do
NB Paul Ott (Göttingen)[377]: 4 Reg

Martin Luther King Haus, ev., Holte Str. 77
1964 NB Raupach in Zusammenarbeit mit Bosch (Kassel)[378]: 3/3/P1

Alte Kath. Kirche
1867 OB Herbst aus Dortmund reicht Kostenanschlag ein: Fagott durch Flauto traversa(!) ersetzen. 35 Rthlr.
1869 Bälge schadhaft.[379]

St. Maria Magdalena, kath., neuromanische Basilika 1891/92, Limbecker Str. 35, 44388 Do
1970 NB Breil (Dorsten)[380]: 10/8/10/P9 angeschlossen
1988 NB Chororgel Breil: 4/5/P3

Geschichte:
1894 NB Eggert 25 Reg.[381]

Neuapostolische Gemeinde, Flaspoete 3[382]
1954 NB Steinmeyer (Oettingen)
1999 UB Simon: 4/5/P2

Marten

Immanuelkirche, ev., erb. 1905, Haumannstr. 5, 44379 Do
Erhalten haben sich von der Orgel der Jahrhundertwende das Gehäuse, Windanlage mit Schöpfbalg und Ladenteile.
1907/08 NB Walcker (Ludwigsburg) (Kostenanschlag vom 27.5.1907)

I. Manual C-g'''
Bourdon 16   *Holz gedeckt*
Soloflöte 8   *Holz offen*

Viola di gamba 8	Zink u. Probzinn mit Stimmschlitzen
Dulciana 8	von Holz, Zink u. Probzinn mit Stimmringen
Gedackt 8	von Holz u. Probzinn
Quintatoen 8	von Zink u. Probzinn
Octav 4	von Zink u. Probzinn
Rohrfloete 4	von Metall
Octav 2	aus Mixtur
Mixtur 3f	von Probzinn mit Stimmschlitzen
Cornett 8 3-5f	von Probzinn mit Stimmschlitzen
Trompete 8	aufschlagend, Zungen Messing, Stiefel u. Becher Zink u. Probzinn mit Expressionsschlitzen

<u>II. Manual SW</u>

Lieblich Gedeckt 16	von Holz gedeckt
Geigenprinzipal 8	von Holz, Zink u. Probzinn mit Stimmschlitzen
Salicional 8	,, ,, ,, ,,
Concertflöte 8	von Holz offen
Aeoline 8	Zink u. Probzinn mit Stimmschlitzen
Voix celeste 8	von 4' Probzinn mit Stimmschlitzen mit Aeoline in Schwebung
Flauto dolce 4	von Holz u. Probzinn
Fugara 4	von Probzinn
Piccolo 2	Probzinn mit Stimmschlitzen
Sexquialtera 2 2/3 u 1 3/5	von Probzinn mit Stimmschlitzen
Oboe 8	aufschlagend, Zungen Messing, Stiefel und Schallbecher Zink u. Probzinn mit Expressionsschlitzen

<u>Pedal C-f'</u>

Contrabass 16	Holz offen
Subbass 16	Holz gedeckt
Octavbass 8	alumin. Zink u. Probzinn mit Stimmschlitzen teilw. Prospekt
Cello 8	Zink u .Probzinn mit Stimmschlitzen
Posaune 16	aufschlagend, Zungen Messing, Stiefel u. Schallbecher Holz u. Zink mit Expressionsschlitzen
Gedecktbass 16	Trans.
Floetenbass 8	Transm.
Bassfloete 4	Transm.

Jugendstil-Prospekt mit Pfeifenüberlängen und mittlerem dreiteiligen Glasfenster.
Pfeifenmaterial und Kondukten wurden ohne Wissen des Sachverständigen (Blindow) in den 80er Jahren als Altmaterial verkauft und eine Elektronenorgel hinter dem Walcker-Prospekt installiert.

Geschichte:
1881/85 NB Ibach (Schwelm)[383]: 17 Reg., kam nach Kley, wurde dann ins Ausland verkauft und ist erhalten.

Immanuelkirche, Marten

Kath. Kirche Heilige Familie, erb. 1898/99, Sadelhof 16, 44379 Do
1962 NB Gebr. Stockmann (Werl)[384]: 8/7/P5

Geschichte:
1903 NB Stockmann (Werl): 2 Man. 27 Reg. Pneumatisch.[385]

St. Laurentius, kath., erb. 1954, Lina Schäfer Str. 10, 44379 Do
1962 Kreienbrink: 5/4/P3. Später UB Stockmann.

Neuapostolische Kirche, Altenrathstr. 8, 44379 Do
1953 NB Walcker op. 3123: 9 Reg.
1997 NB Orgelbau Simon (Muddenhagen) und NAK-Orgelbau-NRW[386]: 6/9/P4

Stephanus, ev., erb. 1956
ca. 1956 NB Kemper (Lübeck): 4/P1

Mengede

Ev. St. Remigius, einjochige Halle 13. Jh., Wiedenhof 2, 44359 Do
Heutige Disposition[387]
Umgebaute Faustorgel

I. Manual C-g'''	II. Manual SW	Ped. C-f'
Prinzipal 8	Bordun 16	Prinzipalbass 16
Soloflöte 8	Gedeckt 8	Subbass 16
Gamba 8	Quintatön 8	Oktavbass 8
Oktave 4	Praestant 4	Posaune 16
Rohrflöte 4	Prinzipal 2	
Sesquialter 2f	Quinte 1 1/3	
Mixtur 3-5f	Zimbel 3f	
Trompete 8	Rohrschalmey 8	
	Tremulant einstellbar	

Normalkoppeln, Super II/I ausgebaut, Super I nicht ausgebaut, 2 freie Kombinationen
Orgel steht im Turmgewölbe (wirkt als Gehäuse). Jalousien erweitert.

1915 NB Faust (Disposition nach Walcker-Gutachten)

I. Manual HW C-g'''	II. Manual SW	Pedal C-f'
Prinzipal 8 ab f'' Zinn	Bordon 16 C-h' Holz, Rest Zinn	Prinzipalbaß 16 Holz
Soloflöte 8 Holz	Prestant 4 ab d Zinn	Subbaß 16 Holz
Gamba ab c' Zinn Streichbärte	Großgedackt 8 C-e' Holz, Rest Zinn-Naturguss, doppelt labiert	Stillgedeckt 16 Transm. II. Man Bourdon
Dulziana 8 ab c' Zinn	Gemshorn 8 ab c' Zinn	Violoncello 8 Transmission HW Gambe
Oktave 4 ab fs Zinn	Quintatön 8 ab c Zinn	Posaune 16 C-H Holz, Rest Zinn
Rohrflöte 4 ab c Zinn-Naturguss	Quinta 1 1/3 Zinn	
Quinte 2 2/3 Zinn	Zimbel 3f Zinn, neu	

Oktave 2 konisch, Zinn   Prinzipal 2 Zinn
Cornett-Mixtur 8 3-5f   Flauto amabile Transmission
gemischte Pf. Zinn   aus 13 Trompete 8 Zinkbecher
Pneumatische Kegelladen.

Geschichte:
1687 NB Joh. Georg Alberti[388]: 11 (8) Reg.
Zwischen 1790 und 1824 Rep. Steffen (Haus Wischelingen, Ahmer-Letmathe), Trampeli (Dortmund), Mellmann (Dortmund).
1840/41 NB Johann und Melchior Kersting (Münster)[389].
2 Manuale und Pedal. Im HW u.a. Bourdon 16, Prinzipal 8, Hohlflöte 8, Oktav 4, Oktav 2, Mixtur 4f
1975 Reinigung Walcker[390]
1983 UB Walcker: Neue elektr. Spiel- u. Registertraktur, Schwelltritt mechanisch
I. Man: Anstelle der ausgebauten Dulziana Trompete aus II. Man. Quinte 2 2/3 zu Sesquialter erweitert.
II. Man: Anstelle der Trompete neue Rohrschalmey.

Kath. St. Remigius, Siegenstr. 12, 44359 Do
Heutige Disposition:

1. Man. HW	2. Man. SW	3. Man. RP	Pedal
Bordun 16	Sing. Gedackt 8	Rohrflöte 8	Violonbaß 16 (von 1995)
Prinzipal 8	Weidenpfeife 8	Quintade 8	Subbaß 16
Hohlflöte 8	Schwebung 8	Praestant 4	Echobaß 16
Weitprinzipal 4	Prinzipal 4	Spitzgedackt 8	Flötenbaß 8
Quintadena 4	Flöte 4	Nachthorn 2	Oktavbaß 8
Nasat 2 2/3	Spitzquinte 2 2/3	Quinte 1 1/3	Choralbaß 8
Oktav 2	Prinzipal 2	Scharff 4-5f	Wienerflöte 2
Waldflöte 2	Kleinflöte 2	Vox humana 8	Hintersatz 5f
Kornett 5f	Nachthornterz 1 3/5	Tremolo	Ped. Trompete 8
Mixtur 4-5f	Kling. Zimbel 3f		Posaune 16
Trompete 8	Krummhorn 8		
	Tremulant (von 1995)		

II/I, III/I, III/II, Superoktavkoppel II/I, P/I, P/II, P/III, Superoktavkoppel I, 2 freie Kombinationen, 2 Pedalkombinationen, Piano, Tutti, Absteller Zungen,

16', Mixturen, HW, SW und Pedal Kegelladen, RP Schleiflade, elektr. Spiel- und Registertraktur.

Geschichte:
1649 wird der kath. Pfarrer Kämmerling aus Kirche und Pfarrhaus vertrieben. Der ev. Pfarrer Beurhaus übernimmt die Kirche, die bisher von beiden Konfessionen benutzt wurde. Die Katholiken werden vom Hausgeistlichen des Hauses Mengede betreut. 1672 Religionsvergleich nach langen Auseinandersetzungen: Kirche und Kirchengüter werden den Protestanten zugesprochen. Katholiken erhalten das Recht auf freie Religionsausübung und 5000 Rthlr. Abfindung. 1676 Neubau einer kleinen Kirche (ohne Turm, 35 Fuß lang, 25 Fuß breit) an der Freihofstraße. Seit 1700 hat die kath. Gemeinde wieder einen eigenen Pfarrer. 1766 Umbau des Inneren mit neuem Gewölbe Turm und neuer Orgel.[391] Die Kapelle wird durch Neubau 1875 ersetzt, erweitert 1900.
1766 NB In der kleinen Fachwerkkirche an der Freihofstraße, wahrscheinlich ein Manual ohne Pedalregister

Gedakt 8	Flöte 4
Hohlflöte 8	Oktave 2
Oktave 4 (wurde von Randebrock erneuert)	Mixtur

1810 Rep. vom Haus Mengede bezahlt.
1818 Rep. Mellmann. Das Pfeifenwerk ist lange nicht gespielt und auch nicht brauchbar.
1820 Abnahme durch Günther (Organist der ev. Reinoldi-Kirche!)
1823 Mellmann schickt Rechnung über 160 Rthlr 28 Stbr für Arbeiten laut Kontrakt vom 20.8.1818.
Brief der Gemeinde an Regierung in Arnsberg: Orgel wurde vor 30 Jahren(!) erbaut.
1876 Einsegnung der neuen Kirche an der Siegenstraße
NB Randebrock (Paderborn). 1877 von G. Funke, (Scharfenberg, Kreis Brilon) abgenommen.

I. Manual HW C-f'''	II. Manual	Pedal
(einige Register der alten Orgel übernommen)		
Principal 8	Salicional 8	Subbass 16

Bordun 16	Hohlflöte 8 Transm.	Violonbass 8
Hohlflöte 8	Gamba 8 Transm.	Oktavbass 8 (1949 nicht vorhanden)
Viola di Gamba 8	Prinzipal 4 Transm.	Oktave 4
Oktave 4	Flöte 4 Transm.	Posaune 16
Flöte (travers) 4		
Quinte 2 2/3 u. Oktave 2		
Mixtur 3f		
Kornett (war 1949 vorhanden)		

Koppeln, mechanische Schleifladen

1900 wird Glockenturm und Orgelbühne angebaut.
1917 Abgabe der Prospektpfeifen
1926 Fleiter (Münster) liefert elektrisches Gebläse
2. Weltkrieg. Westseite des Turms wird zerstört. In die Orgel dringt Nässe.
1949 Zustandsbericht Stockmann (Werl)
1950-52 2. Bauabschnitt. 24.2.1952 Einweihung durch Domorganist Heinrich Gräfenstein und Studienrat Wilhelm Veuhoff.[392]

1. Manual[393]	2. Manual	3. Manual	Pedal
Bordun 16	Sing. Gedackt 8	Harfenprinz. 8	Prinzipalbaß 16
Prinzipal 8	Weidenpfeife 8	Gamba 8	Subbaß 16
Hohlflöte 8	Schwebung 8	Gedacktpommer 8	Echobaß 16 (Windabschw.)
Weitprinzipal 4	Prinzipal 4	Geigend Prinz. 4	Flötenbaß 8
Quintadena 4	Flöte 4	Rohrflöte 4	Oktavbaß 8
Oktav 2	Spitzquinte 2 2/3	Schwiegelpfeife 2	Choralbaß 4
Waldflöte 2	Prinzipal 2	Rauschpfeife 2 2/3-2	Wienerflöte 2[394]
Kornett 5f	Kleinflöte 2	Terzian 1 3/5-1 1/3	Hintersatz 5f
Mixtur 4-5f	Nachthornterz 1 3/5	Fagott 16	Kontrafagott 32
Trompete 8	Kling. Zimbel 3f		Posaune 16
	Krummhorn 8		Trompete 8
	Tremulant		

Freistehender Spieltisch, elektropneumatische Laden, 2 freie Kombinationen, freistehender Pfeifenprospekt
Die offene Stellung im Turm brachte nachteilige Witterungseinflüsse.

1961 schon erste Überholung.

1971 wird die Fensterrose geschlossen und ein Vollgehäuse für das neue Rückpositiv (8 Reg. II. Man.) gebaut. Spieltisch nach rechts in die Mittelachse verlegt.

1981 waren noch Reste einer Balgtretanlage vorhanden. Möglich, dass 1952 Teile der alten Orgel verwandt wurden.[395] Hauptwerk und Pedal erhalten geschlossenes Gehäuse.

1994/95 Abbau und Wiederaufbau wegen Kirchenrenovierung. Neues Pedalregister Violon 16 und Tremulant im SW

Neuapostolische Gemeinde
1958 NB Mendel: 2 Man. 11 Reg.

Menglinghausen

Ev. Kirche (gehört zu Eichlinghofen).
NB Walcker Serieninstrument: 7/P2

Dortmund Mitte

St. Albertus Magnus, erbaut 1933/34, heute kroatische Gemeinde, Enscheder Str. 21, 44145 Do
1938 Übernahme der alten einmanualigen Orgel St. Gertrudis, die heute noch vorhanden ist, von der kroatischen Gemeinde, aber nicht benutzt wird.[396]
NB um 1930 für St. Gertrudis.

St. Albertus Magnus, Dortmund-Mitte

Man. C-f‴[397]   Ped. C-d'
Prinzipal 8 C-h Zink im Prospekt   Subbass 16
Gedackt 8 Holz rund
aufgeschnittene Oberlabien
Salicional 8
Fernflöte 4
Fugara 4

Tutti, Oktavkoppel, Pedalkoppel, Registerzüge, seitlicher Spieltisch, Blasebalgtretanlage

Auf der Metallpfeife c' eingeritzt: Fortsetzung Principal Dortmund St. Anna Vielleicht Vorgängerin der Feith-Orgel von 1927 (Dachbodenorgel) in Anna, die dann nach Gertrudis kam.

Altkatholische Kirche St. Martin, Weißenburger Str. 21, 44135 Do
1912 NB Walcker op. 1671[398]

I. Manual C-g‴	II. Manual	Pedal C-f'
Prinzipal 8 Holz, n Zink, Zin	Salicional 8 Transm.	Subbaß 16 Holz gedeckt
Gedacktflöte 8 Holz, Metall	Gedackt 8 Transm.	Salicetbaß 8 Transm.
Quintade 8 Zink, Zinn	Voix céleste 8 von c, Zinn, mit Sal. in Schwebung	
Oktav 4 Zink, Zinn	Gemshorn 8 Holz, Zink, Zinn	
Mixtur 3f Zinn		

II/I, I/P, II/P, Sub II/I, Super II/I ausgebaut, Mezzoforte, Tutti, ganzes Werk im Schweller, Pneumatische Laden eigener Konstruktion

Geänderte Disposition

I. Manual	II. Manual	Pedal
Prinzipal 4	Grobgedackt 8 Transm.	Subbaß 16
Gedacktflöte 8	Quintade 8 Transm.	Quintade 8 Transm.
Quintade 8	Nachthorn 4	
Waldflöte 2	It. Prinzipal 2	
Mixtur 3f		

Altenheime

St. Antonius (Huckarde), Rahmer Str. 47, 44369 Do
Heim abgerissen. Im Jan. 2003 Orgel ausgelagert nach Derne St. Urbanus

Christinenstift, Eisenmarkt 4, 44137 Do, siehe Christinenstift

Josefinenstift, Ostwall 8, 44135 Do, siehe Josefinenstift

St. Anna, kath., erbaut 1912/13, Rheinische Str. 170, 44132 Do
1927 NB Anton Feith (Paderborn) auf Kirchenboden
1957 Versetzung auf Empore, elektrische Taschenladen

I. Manual	II. Manual	Pedal
Bordun 16	Prinzipal 8	Subbaß 16
Prinzipal 8	Quintade 8	Zartbaß 16
Gedackt 8	Zartgeige 8	Quintbaß 10 2/3
Dulzflöte 8	Prinzipal 4	Oktavbaß 8
Oktav 4	Blockflöte 4	Pommer 8
Rohrflöte 4	Waldflöte 2	Piffaro 4 u. 2
Nasard 2 2/3	Superquinte 1 1/3	Posaune 16
Schwiegel 2	Terzian 1 1/3 u. 1 3/5	
Mixtur 4f	Oboe 8	
Terzzymbel 3f	Tremulant	
Trompete 8		
Klarine 4		

II/I, Suboktavkoppel II/I, I/P, II/P, Pedal Umschaltung, Tutti, Schweller I, Walze

Kath. St. Antonius von Padua, erb. 1907/08, Holsteiner Str. 21, 44145 Do
NB Feith. Alte Orgel wurde im Krieg teilzerstört. 1962 Erweiterung auf 28 Reg. 1977 Generalüberholung mit Einbau Schwebung (zum Ital. Prinzipal)[399]. Einige Reg. der Feith-Orgel von 1915 erhalten.

1. Manual C-g'''	2. Manual	Pedal C-f'
Prinzipal 8	Quintade 16	Prinzipalbaß 16
Holzflöte 8	Ital. Prinzipal 8	Subbaß 16
Gemshorn 8	Gedackt 8	Zartbaß 16
		Abschwäcn. Subbaß

Oktave 4	Schwebung 8 (früher Dulzfl.)	Oktavbaß 8
Blockflöte 4	Prästant 4	Choralbaß 4
Quinte 2 2/3	Rohrflöte 4	Bauernflöte 2
Oktave 2	Nachthorn 2	Hintersatz 4f
Sesquialter 1 3/5 u. 4/5(?)	Sup.Quinte 1 1/3	Posaune 16
Scharff 5-6f	Mixtur 3-4f	
Trompete 8	Terzzimbel 3f	
	Krummhorn 8	
	Tremulant	

Normalkoppeln, 2 freie Komb.,1 freie Pedalkombination, Tutti, Walze, Einzelabsteller: Zungen u. Quintade, elektropneumatische Kegelladen

Geschichte:
1923 NB Anton Feith (Paderborn): 2 Manuale une Pedal, 29 Reg. elektr. Kegelladen
1908 Interims-Orgel von Eggert-Feith (Paderborn)
1914/15 NB Eggert-Feith Paderborn (mit Roll- und Jalousieschweller)
1938 Renovierung

St. Aposteln, kath., erb. 1899/1900, Lessingstr. 100, 44147 Do
1973 NB Gebr. Stockmann (Werl)[400]: 7/6/P5

Geschichte:
1903 NB durch Fr. Eggert, Preis 11.000,00 Mark[401].
1952 Leihorgel. Kirche wurde im Kriege zerstört.

St. Bonifatius, kath., erb. 1909/1910, neu aufgebaut 1953/54, Bonifatiusstr. 3, 44139 Do
1955 NB Emmanuel Kemper & Sohn (Lübeck)[402]: 6/7/6/P6
1972 UB, neues Gehäuse

Geschichte:
Bei Erbauung der Kirche 1910 Notorgel.[403]
1915 Angebote für NB von Klais (Bonn) und Feith (Paderborn). Feith war 199 Mark billiger und erhielt den Auftrag.
Am 6.4.1915 Gutachten (kurze Randnotiz) von Domvikar Cordes (Paderborn): Hochdruckregister im I. Manual Tuba mirabilis 8, im III. Manual Geigenprinzipal 8 und Soloflöte 8. Im I. Man. Fagott 16 gegen Dolce 8 austauschen. Im II. Man. statt Dolce 8 Salicional 8 und anstatt Geigenprinzipal

Principal minor 8. Zusätzlich im I. Man. Quinte 5 1/3, im II. Man. Terz 3 1/5 und 2 2/3. Superoktavkoppel im II. Man. durchführen. Cornett 3-4f. (I.) C: 2-1 1/3-1, (II.) C: 2 2/3-2-1 3/5. Im III. Manual Harmonika aetheria C: 2 2/3-2-1 1/3. Tutti ohne Oktavkoppeln.
3. März 1915 Kirchenvorstandsbeschluss: NB Feith Paderborn 50 Reg. 29.000 Mk. Polychromierung (Vergoldung) durch die Firma Scuto (Bingen) für 1350 Mk.
1916 NB Franz Eggert (Inh. Ant. Feith jr, Paderborn)[404]

I. Manual C-g''''	_II. Manual_	_III. Manual_	_Pedal C-f'_
Prinzipal 16'	Bordun 16'	Stillgedackt 16' (Starkton)	Prinzipalbaß 16'
Prinzipal 8'	Prinzipal minor 8'	Geigenprinzipal 8'	Violonbaß 16'
Fugara 8'	Trompete 8'	Soloflöte 8' Starkt.	Salicetbaß 16'
Tuba mirabilis 8' (Starkton)	Viola di Gamba 8'	Konzertflöte 8'	Posaune 16'
Doppelflöte 8'	Lieblich Gedackt 8'	Äoline 8'	Subbaß 16'
Gemshorn 8'	Oboe 8'	Vox coelestis 8'	Gedecktbaß 16'
Dolce 8'	Salicional 8'	Quintatön 8'	Quintbaß 10 2/3'
Quinte 5 1/3'	Geigenprinzipal 4'	Horn 8'	Dolcebaß 8'
Clairon 4'	Rohrflöte 4'	Soloflöte 4'	Violoncello 8'
Oktave 4'	Flageolet 2'	Violine 4'	Oktavbaß 8'
Flöte 4'	Mixtur 2' 4fach	Flötenkornett 2'	Bratsche 4'
Kornett 4' 3-4fach	Terzian 3 1/5' u. 2 2/3'	Harmonia aetheria	
Mixtur 2 1/3' 2-5fach		Piccolo 2'	
Oktave 2'			

Nebenzüge, Druckknöpfe korrespondierend mit Tritte
3 Manualkoppeln, Tutti, I. Manual ab, 3 Pedalkoppeln, Fortissimo, II. Manual ab
Superoktavkoppel im I. Manual bis g'''' durchgeführt, Forte, Zungenregister ab
Suboktavkoppel vom II. zum I. Manual, Mezzoforte, Walze ab
Melodiekoppel vom III. zum II. Manual, Auslöser, Pianopedal I
Handregister ab, Pianopedal II
Pedalumschaltung (automatisch), Ad libitum
Jalousieschweller für das III. Manual, Auslöser, Rollschweller

Christengemeinschaft, Hainallee 40, 44139 Do

1932/33 NB Walcker Kammerorgel op. 2385: 7 Reg.[405] Gebetsaal Heiliger Weg.
Das Instrument wurde im 2. Weltkrieg zerstört. Die Gemeinde besitzt heute keine Orgel.

Christuskirche, Baptistengemeinde, Feldherrnstr. 11, 44147 Do
1989 NB VEB Jehmlich Orgelbau Dresden. Sachberatung Prof. Dr. Blindow: 9/8/P5

Geschichte:
1951 Ein- und Umbau einer pneumatischen Taschenladen-Orgel der Gemeinde Bremen-Hastedt von 1926 (Furtwängler und Hammer) durch Paul Ott (Göttingen).

I. HW	II. SW	Pedal
Quintadena 16	Fernflöte	Prinzipal 16
Prinzipal 8	Gedackt 8	Subbaß 16
Rohrflöte 8	Blockflöte 4	Quintadena 16 (Transm.)
Oktave 4	Prinzipal 2	Prinzipalbaß 8
Kleingedackt 4	Quinte 1 1/3	Oktave 4
Nassat 2 2/3	Sesquialter 2f	Rauschpfeife 3f
Waldflöte 2	Scharff 4f	Posaune 16
Trompete 8 (fehlt)	Terzzimbel 3f	Krummhorn 8
	Mixtur 4f	

1 freie Kombination, Tutti, Mezzoforte, pneumat. Taschenlade

Christus unsere Hoffnung, kath., erb. 1896/97, aufgebaut 1947/48, UB 1976, Arndtstr. 22, 44135 Do
Nur eine Notorgel[406]

Christinenstift, Eisenmarkt 4, 44137 Do
1997 NB Siegfried Sauer (Höxter-Ottbergen): 2/5/P1

Dominikanerkirche
1737 kaufen die Dominikaner Blei vom abgebrochenen kleinen Reinolditurm für ihre neue Orgel.[407]
1738 NB der großen Orgel.[408]

Heilige Dreifaltigkeit, kath., erb. 1898/1900, aufgebaut 1953/54, UB 1973/74, Flurstr. 10, 44145 Do
1959/60 NB Gebr. Stockmann (Werl)[409]: 9/7/9/P8
Längere Zeit veranstaltete hier die kath. Kirchenmusikabteilung des Konservatoriums ihre Konzerte.

Geschichte:
1902 Organistenstelle.
1903 NB Franz Breil (Dorsten)[410]: 27 Register auf 2 Manualen und im Pedal. 4700 Mark.[411]
1912 besaß die Orgel ein elektrisches Gebläse.

Emelkapalast (Kino) im Westfalenhaus, Hansastr.
1929 Christie Modell C2 G. Tootell, F.P. Webber: 2 Manuale[412]

St. Franziskus und Antonius von Padua, erb. 1901/02, Franziskanerstraße 1, 44143 Do
Franziskaner kamen 1895 wieder nach Dortmund. Siehe auch Minoriten.
1968 NB Breil[413]: 10/10/10
In der Franziskanerkirche soll auch Speith eine neue Orgel gebaut haben.[414]

Fredebaumsaal, Dortmund-Mitte

Fredebaumsaal, Münsterstr. 272
Augenblicklich ist H. Franz Eggert mit Aufstellung einer Konzertorgel für den riesigen Fredenbaum-Saal in Dortmund beschäftigt, in welchem, am 11. Mai beginnend, das grosse deutsche Tonkünstlerfest stattfindet, wobei die neue Orgel in mehreren Nummern mitwirkt. Nämlich 11. Mai: a) Variationen über den Choral „Wer nur den lieben Gott lässt alten" für großes Orchester und Orgel von Georg Schumann[415] *b) Drei Sätze aus der deutschen Messe für Soli, Orchester und Orgel von Otto Taubmann*[416]*. – 12. Mai: in der Fuge solemnis für Orchester und Orgel von Max Puchat*[417]
Georg Schumann dirigierte seine Komposition selbst, ebenso wie Puchat. Am 13. Mai spielte Karl Holtschneider innerhalb dieses Festes in der St. Johanniskirche Praeludium und Fuge h-Moll von J.S. Bach. Beim Tonkünstlerfest 1933 wurde die Orgel nur beim Oratorium „Der grosse Kalender" von Hermann Reuter eingesetzt.[418]
1911 fand hier das Westfälische Sängerfest statt mit 108 Vereinen.

Friedenskirche, ev. methodistische Gemeinde, ehemalige Kirche, Holzhoffstraße[419]
um 1930 NB Faust (Schwelm)[420]

I. Manual C-g'''	II. Manual SW	Pedal C-f'
Prinzipal 8	Gemshorn 8	Subbaß 16
Jubelflöte 8[421]	Lieblich Bordun 8	Stillgedackt 16
		(Windabschwächung)
Dulciana 8	Aeoline 8	
Praestant 4	Vox coelestis 8	
	Bachflöte 4	

II/I, I/P, II/P, Oberoktavkoppel II/I, Unteroktavkoppel II/I, Tuttitritt, 1 freie Kombination, Rollschweller mit Skala, Pianopedaltritt, Schwelltritt für II

Die heutige Kirche am Schwanenwall benutzt eine Elektronenorgel.

Gefängnisse

Lübecker Straße
Walcker-Instrument, Rep. Kaltenhauser

Untersuchungshaftanstalt
1963 NB Führer (Wilhelmshaven): 5/P1

St. Gertrudiskirche, kath., erb.1927/28, aufgeb. 1953, ren.1972/73 u. 1986, Hackländer Platz/Rückertstr. 2, 44147 Do
1958 NB Emmanuel Kemper & Sohn (Lübeck): 8/8/P9

Geschichte:
1928 Notorgel
1938 Am 24. September berichtete der Pfarrer nach Paderborn, dass er die große Orgel der Synagoge (55 Reg. 4 Manuale) für 8.000,00 M kaufen könne. Die Synagoge wurde am 6. Oktober abgebrochen. Gertrudis hatte nur eine Notorgel. Man wollte sofort kaufen und erbat die Genehmigung im voraus. Die Demontage musste am 6. Oktober durchgeführt werden. Der Kirchenvorstand beschloss den Kauf am 20. Oktober.[422] Der Pfarrer hatte schon am 20. September spontan bei der Stadt Dortmund die Übernahme zugesagt und holte sich nachträglich die Genehmigung seines Kirchenvorstandes.[423] Die Orgel wurde ohne Fernwerk aufgebaut, im letzten Kriege durch Bombenangriffe stark beschädigt und stand dann ungeschützt auf der Empore. Kemper nahm die Walckerorgel in den fünfziger Jahren in Zahlung (Spieltisch und Pfeifenmaterial). Den Auftrag erhielt er, weil er als einziger Bewerber das alte Pfeifenmaterial ankaufte. Bis zum Einbau der neuen Orgel wurde ein Harmonium benutzt.

Heilig Geist, kath., erb. 1933, erweitert 1963, Neuer Graben 162, 44137 Do
1967 NB Franz Breil (Dorsten)[424]: 8/9/8/P8
1982 NB Walcker-Positiv op. 5797: 4 Reg.

Geschichte:
1933 Interimsorgel Breil (Dorsten), 8 Register

Gesamtschule Gartenstadt, früher Humboldt-Gymnasium, Hueckstr. 25/26, 44141 Do
1955 NB Walcker: 8/7/P6, Initiative des damaligen Musiklehrer Oberstudienrat Max Lorf.
Nach 1996 Rest. durch Klimke unter Mithilfe von Schülern. Finanziert durch Spenden.

Hauptfriedhof Dortmund[425], Am Gottesacker 25, 44143 Dortmund
1923 NB Feith(Paderborn)
2000 Rest. Markus Kaltenhauser. Finanziert von der Stadtsparkasse Dortmund.

Heutige Disposition

I. Manual C–f'''	II. Manual	Pedal C–d'
Geigenprinzipal 8	Gamba 8	Subbaß 16
Lieblich Gedeckt 8	Hohlflöte 8	Pedaloctave 4
Fugara 4	Aeoline 8	
Cornett 2f. (später eingebaut)	Vox coelestis 8	
	Soloflöte 4	
	Rauschquinte 2 2/3'	

II/I, I/P, II/P, Super II/I (ausgebaut, Stöcke vorhanden, Pfeifen fehlen), Sub II/I, 1 freie Kombination; 3 feste Kombinationen (p, f, Tutti); Generalschweller, pneumatische Kegelladen

Hausorgeln

Paul Gerhard Lämmerhirt, Fürstenbergweg 9, 44141 Do
Serieninstrument Kemper Lübeck: 5/P1

Prof. Dr. Hans Gerd Wenzel, Kühnstr. 8, 44225 Do[426]
1933 NB Walcker (Multiplexorgel)

I. Man. C-g'''	II. Man.	Pedal
Gedackt 8 Grundstimme	Flöte 8 von Ged.	Subbass 16 von Ged.
Gemshorn 8 von Gedackt u. Prinz. 4	Vox coelestis 8 Grundstimme	Bourdon von Ged.
Prinzipal 4 Grundstimme	Prästant 4 von Prinz.4	Choralbass 4 von Prinz.
Flöte 4 von Ged.	Traversflöte 4 von Ged.	Bauernflöte 2 von Ged.
Nasat 2 2/3 von Ged.	Piccolo 2 von Ged.	
Nachthorn 2 von Prinz. 4	Larigot 1 von Prinz. 4	
Quinte 1 1/3 von Prinz. 4		

Tutti, Schweller (ganze Orgel)

Das Instrument wurde 1933 als op. 2400 vom Vater des jetzigen Besitzers, Zahnarzt Dr. Hans Wenzel, gekauft. Sein Sohn fügte eine freie Kombination hinzu. Elektrische Trakturen. Etwas erweiterte Disposition der Kleinserienorgel, die Walcker in den 30er Jahren zusammen mit Hans Henny Jahnn entwickelte.

Nach dem Walcker-Werkverzeichnis (WW S. 32) lieferte die Ludwigsburger

Firma noch folgende Privatorgeln:

C. Holtschneider (im Verzeichnis Holterschneid)
NB Walcker 1906: 8 Reg.

Firma Hunekuhl, Zuckergroßhandlung:
1956 NB Walcker op. 3411[427]: 5/P1
Das Positiv wurde von der „Schlaraffia" für Konzerte im Versammlungsraum des Firmengebäudes Karl Marx Str. 32 (heute Industrie- und Handelskammer) benutzt. Es steht augenblicklich im Verwaltungsgebäude der Kronenbrauerei und soll Ende 2004 in der „Burg der Schlaraffia Truymannia", Dortmund, Wiggerstr. 5, aufgestellt werden.

Dr. Overbeck
NB Walcker 1906: 7 Reg.

Justizrat Pork
NB Walcker op. 1528 (1910): 7 Reg.

Wemhöner
NB Walcker op. 1067 (1902): 10 Reg.

L.
NB Walcker 1905: 12 Reg.

P.
NB Walcker 1910: 7 Reg.

Silva
Ott-Orgel aus den 80er Jahren, vorher im Diakonissenkrankenhaus Witten:
5/5/P4

Heliandkirche, ev., Westfalendamm/Jägerstr.5, 44145 Do
1963 NB E.F.Walcker op. 4483: 9/7/P7

Geschichte:
1933 NB Walcker op. 2391[428]

I. Manual C-g'''	II. Manual SW	Pedal C-g'
Prinzipal 8, 12 H, 12 Zk, 32 75% Zn	Gedackt 8, 36 Holz, 12 40% Zn, 8 75% Zn	Zimbel 3f, 168 75% Zn
Viola di Gamba 8, 18 Zk, 38 75% Zn	Salicional 4, 6 Zk, 50 75% Zn	Subbaß 16 Holz
Rohrflöte 4, 12 Zk, 24 40% Zn, 20 75% Zn	Prinzipal 4, 12 Zk, 44 75% Zn	Trompete 8, 18 Zk, 38 75% Zn
Nasat 2 2/3, 6 Zk, 36 40% Zn, 14 75% Zn	Gedacktquinte 2 2/3, 6 Zk, 36 40% Zn, 14 75% Zn	Quintadena 8, 18 Zk, 14 75% Zn
Oktav 2, 56 75% Zn	Waldflöte 2, 24 40% Zn, 32 75% Zn	Gemshorn 4, 12 Zk, 20 75% Zn
Mixtur 4f 1 1/3, 224 75% Zn	Gemshornterz 1 3/5, 56 Zn	Rauschpfeife 2 2/3 u. 2, 6 Zk, 26 40% Zn, 32 75% Zn
	Spitzquinte 1 1/3, 5 6 75% Zn	Dulzian 16, 32 Zk
	Tremulant	Trompete 8 Transm. II Klarine 4, 6 Zk, 26 40% Zn

Auler (Lüneburg) war wahrscheinlich Sachberater.
Normalk., 2 freie Komb., Tutti, Schwelltritt, elektr. pneumat. Schleifladen, Schweller mit senkrecht steh. 6 cm dicken Jalousien, Gehäuse Kiefer u. Sperrholz.

Gemeindehaus Heliand West
1967 Walcker NB op. 5151: 6/P1

Gemeindehaus Arche
1968(?) NB Hillebrand: 5 Reg.

Fritz Heuner Heim, gegr. 1928, benannt nach dem Superintendenten und Pfarrer Heuner von Eichlinghofen, in Barop, Stockumer Str. 274, 44225 Do
ca. 1960 NB Walcker op. 5155: 6/P1

Johannes, ev., Jägerstr. erb. 1893, Bornstr.61, 44145 Do
1978 NB Detlef Kleuker (Brackwede): 6/6/P4

Geschichte:
1895 NB Walcker[429] op. 714

I. Manual C-f'''
Principal 8	14-löth. Zinn, Front
Viola di Gamba 8	12-löth. Zinn
Bourdon 16	Holz u. Zinn u. Metall, Stimmschl.
Gedeckt 8	Holz, Zinn
Flöte 8	Holz, offen
	= Stentorflöte (Hochdruck), auf besonderer Lade vom I. oder II. Man. spielbar.
Dolce 8	C-H Holz, Rest 12-löth. Zinn, Stimmschl.
Gemshorn 8	C-H Holz, Rest 12-löth. Zinn, Stimmschl.
Trompete 8	aufschl., Zungen Messing, Stief. u. Bech.12-löth. Zinn, Expschl.
Octav 4	12-löth. Zinn, Stimmschl.
Rohrflöte 4	Metall
Octav 2	12-löth. Zinn, Stimmschl.
Mixtur 2 1/3 4f	12-löth. Zinn, Stimmschl.

II. Manual SW
Geigenprincipal 8	12-löth. Zinn
Salicional 8	C-H Holz, Rest 12-löth. Zinn, Stimmschl.
Liebl.Gedeckt 8	Holz u. Zinn
Aeoline 8	C-H Holz, Rest 12-löth. Zinn, Stimmschl.
Oboe 8	aufschl., Zungen u. Platten Messing, Stiefel Holz, Becher Zinn
Flöte 4	Holz, offen
Fugara 4	12-löth. Zinn, Stimmschl.
Cornett 8 3-5f	

Pedal C
Subbaß 16	Holz gedeckt
Violonbaß 16	Holz offen
Posaunenbaß 16	aufschl. Zungen Messing, Stiefel u. Becher Holz, Expr.schl.
Octavbaß 8	Holz offen Front
Violoncello 8	C-H Sp. Metall, Rest 12-löth. Zinn, Stimmschl.

Normalkoppeln, Octavk. I, Oktavk. P, Tutti, Tutti[430] ohne Zungen u. Koppeln, Forte, Piano, Schwelltritt, pneumatische Laden mit Kegelventilen ohne Federdruck eigener Erfindung, Röhrentrakturen, Spieltisch vorw.

Registernamen verschiedene farbige Prozellanpl., Tasten Celluloid u. Ebenholz, Ped. kl. Eiche,

Gebläse Compensationsfaltenreservoir, Tretschöpfer, Schwellk. 4 cm dicke aufrechtstehende Jalousien

Gehäuseentwurf Prof. Vollmer (Berlin), Front u. Seiten Eiche, gotische

Hauptornamente Bildhauer Riegel (Berlin), Schmiedearbeiten (Bänder, Rosetten, Nägel) in Berlin angefertigt.

1928/29 UB Walcker op. 2232[431]: 44 Reg.
1954 NB Walcker op. 3301: 5 Reg.

St. Johannes Hospital, Johannesstr.9-17, 44137 Do
2002 NB Gebr. Stockmann (Werl): 5/P1
Alte Orgel ging nach Heilig Geist Schwerte Ost.[432]

St. Josef, kath., Münsterstr., erb. 1954/55, Turm von 1884/90, Heroldstr. 13
1969 NB Franz Breil (Dorsten)[433]: 8/7/11/P9

Geschichte:
1892 NB Eggert 30 Reg.[434]. Unterlagen zu dieser Orgel sind im Kriege verloren gegangen.
1955 Notorgel 6 Hochdruckregister, um den großen Raum zu füllen.

St. Josefinenstift, Ostwall 8, 44135 Do
1994 NB Siegfried Sauer (Höxter-Ottbergen): 2/5/P1

St. Katharinenkloster
Um 1800 kam die Orgel in die ev. Kirche Rüddinghausen.

Kleinkinderschule
1901 NB Walcker: 5 Reg.[435]

Klinikum Nord
Positiv von Karl Schuke (Berlin)

Konservatorium (früher städtisch, dann staatliche Musikhochschule)

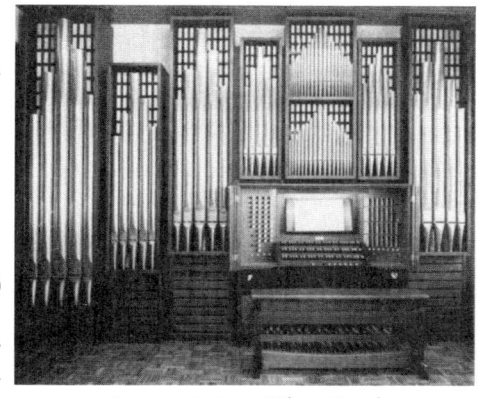

Konservatorium, Führer-Orgel

Die Hochschule besaß mehrere Instrumente und Übungsorgeln. Sie wurden nach Schließung der Kirchenmusikabteilung versteigert.
I.   1961 NB Stockmann 2 Man. 14 Reg. Vollmechanik.
II. 1968 NB Speith (Rietberg)[436]: 3/3/P2
III. 1971 NB Führer: 8/10/6/P7. Heutiger Besitzer: Filar, Westeresch 2, Bad Bentheim.

Geschichte:
1936 NB Walcker op. 2535[437] (Multiplexorgel)

I. Manual C-g'''	II. Manual	Pedal C-f'
Bourdon 16 c an Ged.8 I	Flöte 8 von Ged. I	Subbaß 16 von Ged. I mit Quinte
Gedackt 8 Grundstimme	Praestant 4 Grundstimme	Bourdon 8 von Ged. I
Gemshorn 8 C-H von Ged. Rest von Praest.II	Traversflöte 4 von Ged. I	Choralbaß 4 von Praest. II
	Piccolo 2 von Ged. I	Bauerflöte 2 von Praest. II
Flöte 4 von Ged.I	Quinte 1 1/3 von Praest. II	
Nasat 2 2/3 von Ged. I		
Nachthorn 2 von Praest. II		

Tutti, Schwelltritt, gebeiztes Eichengehäuse, Winddruck 90 mm

Vor der Zerstörung 1945 besaß das Konservatorium 4 Orgeln.[438]
1956 NB Stockmann: 2 Man. 20 Reg. Elektr. Traktur. Kegellade. Wurde von Silva 1978 aufgekauft und kam in die Neuapostolische Kirche Bochum-Weitmar (a.d. Landwehr)

Konzerthaus, erb. 2001, Brückstr. 21, 44135 Do
2002 NB Klais (Bonn): 13/11/12/P13

Krankenhäuser

Städtische Kliniken Kapelle
Elektronenorgel

St. Josef Hospital Kapelle, Wilhelm Schmidt Str. 4
Elektronenorgel

Elisabeth Krankenhaus Kapelle, Kurler Str. 130, 44319 Do
Elektroneninstrument

Klinikum Nord, siehe Klinikum

Hüttenhospital, Am Marksbach 28
Keybord

Kath. Krankenhaus Do-West, Zollernstr. 40
Elektronenorgel

Marienhospital, Behrungstr. 36
Klais-Orgel, siehe Hombruch kath. Marienhospital

Marienhospital Kirchhörde, Klöcknerstr. 14
Elektronenorgel

St. Johannis Hospital, Johannis Str. 9-13, siehe St. Johannis Hospital Do-Mitte
2001 NB Gebr. Stockmann (Werl): Positiv 1 Man. 7 Reg.

Heilig Kreuz, erb. 1914/16, Kreuzstr. 61
1961 NB Anton Feith (Paderborn): 8/6/8/P8

Geschichte:
Aus Teilen der im Kriege schwer beschädigten Orgel wurde ein kleineres Instrument gebaut und einer Diasporagemeinde geschenkt.[439]

Liebfrauen (Mariä Himmelfahrt), kath., erb. 1881/83, ren. 1946/49, Amalienstr. 20, 44137 Do
1948 NB Kemper (Lübeck), Rückpositiv und Ausbau HW 1950[440]: 9/11/10/P12

Geschichte:
1886 NB Eggert (Paderborn): 30 Reg.[441]
1918-20 UB/NB Feith: 4 Man. 62 Reg. Elektropneumatisch.[442]
1933, 11.5., Beschluss Rep. durch Feith (Paderborn) für 6.495 Mark[443], Pfarrarchivunterlagen sind nicht vorhanden[444].

Lichtspielhaus Assauer, Borsigplatz 5[445]
Kinoorgel Standart. Hier spielte eine Zeitlang Gerard Bunk.

Loge zur alten Linde
1905 NB Walcker op. 1237: 11 Reg.

Lukaskirche, ev., siehe Wichernhaus

Lutherkirche, ev., Hirtenstr., erb. um 1906, Adresse: Flurstr. 39, 44145 Do
1906 NB Walcker op. 1326[446]

I. Manual C-g'''	II. Manual SW	III. Manual	Pedal C-f'
Bourdon 16, Holz, gedeckt	Geigenprincipal 8	Floetenprincipal 8, Holz, Zink, Probzinn	Contrabaß 16, C-ds Prospekt
Prinzipal 8, alumn. Zink Prosp., Rest Probzinn, Stimmschlitze	Liebl. Gedeckt 8, Holz	Concertfloete 8, Holz, offen	Subbaß 16, Holz, gedeckt
Hohlflöte 8, Holz, offen	Aeoline 8, Zink, Probzinn, Stimmschl.	Salicional 8, Zink, Probzinn, Stimmschl.	Posaunenbaß 16, aufschlagend, Zungen Messing
Viola d. G. 8, Zink, dann Probzinn, Stimmschl.	Voix coeleste 8, von c an, Probzinn, Stimmschl.	Flauto dolce 4, Holz, Probzinn	Octavbaß 8, Holz, Zink, Stimmschl.
Dolce 8, Zink, dann Probzinn, Stimmschl.	Oboe 8 aufschl., Zungen Messing, Stiefel u. Becher Zink u. Probzinn, Stimms.	Rauschquinte 2 2/3 u. 2, Probzinn, Stimmschl.	Cello 8 Transm.
Trompete 8, aufschl., Zungen Messing, Stiefel u. Becher Zink & Probzinn mit Expressionsschlitzen	Traversfloete 4, Holz und Probzinn		Gedecktbaß 16 Transm.
Octav 4, Zink, dann Probzinn mit Stimmschl.			
Rohrflöte 4, Probzinn mit Stimmschl.			
Octav 2, Probzinn mit Stimmschl.			
Mixtur 2 2/3 4f			

II/I, III/II, III/I, I/P, II/P, III/P, Superkoppel III, Suboctavkoppel III/II, Tutti, Cresc.-Decrescendo-Tritt, Schwelljalousien 4 cm dick, aufrechtstehend, pneumatische Kegelladen eigener Konstruktion, Spieltisch vorwärtsspielend, Tasten Celluloid u. Ebenholz, Compensationsfaltenreservoire, Tretschöpfer.
2002 verkauft.

Gemeindehaus (ev. Friedensgemeinde)
1957 NB Walcker op. 3583: 8/7/P6
1963 in neue Kirche umgesetzt

Lutherzentrum, siehe Wichernhaus

Lyzeum
1914 NB Rohlfing: 11 Reg.[447]

Mariä Himmelfahrt, siehe Liebfrauen
erbaut 1881-83

Marienkirche, ev., Ostenhellweg, erb. 1170-1180, Adresse: Kleppingstr. 5, 44135 Do
1967 NB Steinmann (Vlotho): 10/7/7/P9
NB Steinmann Positiv

Geschichte:[448]
1520 NB
1522/23 Rep. Johann von Schwerte, war 1520 Bürger von Dortmund.[449]
1535 Ren. Meister Johannes[450]
um 1780 Rep. Nohl[451]
1824 2 Manuale, Ped. angehängt, HW 7 Reg., II. Man. 8 Reg.
Abb. G.A. Hill bei Kaufmann, Orgelprospekt S. 31 an der Nordwand des Mittelschiffes.
1856 UB Gehäuse und Lade der alten einmanualigen Orgel werden übernommen.
1886/90 UB Meyer (Herford) 28 Register[452]
Vor 1891-95 Pflege Meyer (Herford)
1891 Zustandsbericht des Organisten:

1. *Bordun 32'*
2. *Prinzipal 16'*
3. *Prinzipal 8'*
4. *Viola di Gambe 8'*
5. *Octave 4'*
6. *Gambetta 4'*
7. *Flauto maggiore 8'*

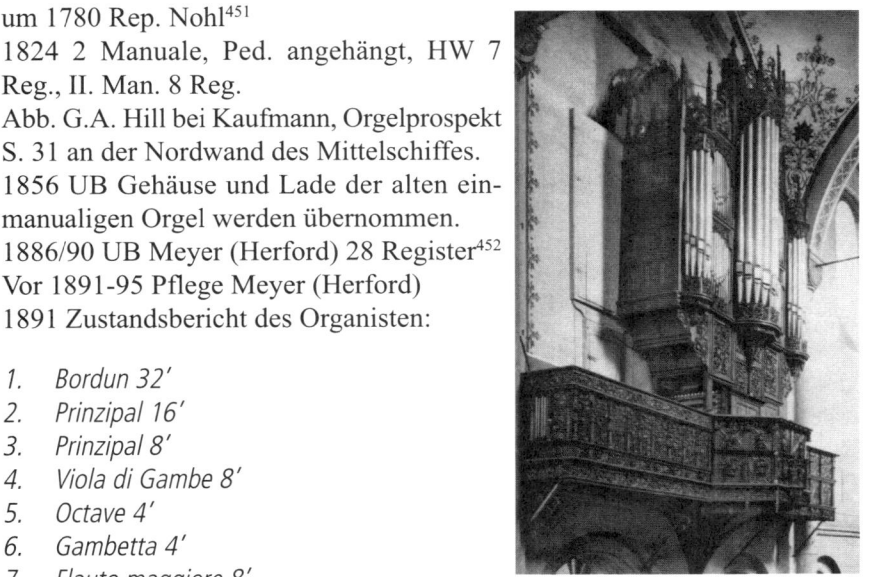

Marienkirche, Dortmund-Mitte

8. *Harmoniflöte 4'*[453]
9. *Quinte 3'*
10. *Gedackt 8'*
11. *Octave 2'*
12. *Quint-Terz 2f*
13. *Mixtur 2' 4f*
14. *Scharf 3f*
15. *Trompete 8'*

Die 8 Stimmen des Nebenmanuals sind:
1. *Lieblich Gedackt 16'*
2. *Geigenprinzipal 8'*
3. *Viola d'amour 8'*
4. *Salicional 8'*
5. *Flauto traverso 8'*
6. *Octave 4'*
7. *Flauto dolce 4'*
8. *Oboe 8'*

Marienkirche, Dortmund-Mitte
Orgelempore

Das Pedal hat 5 Register, jedoch nur 3 freie Register, da 2 derselben mit dem Hauptmanual verbunden sind:
1. *Subbaß 16'*
2. *Octavbaß 8' (Man)*
3. *Gedacktbaß 8' (Man)*
4. *Posaune 16'*
5. *Violonbaß 16'*

1899 Reinigung Klassmeyer (Kirchheide)
1906 Kostenanschläge F.Klassmeyer (Kirchheide)
1. Neue Belederung der drei großen Spanbälge 2. Neues Magazingebläse und Regulator
1907 Zustandsbericht Organist Schroeder
Orgel hat 2 Manuale und 28 klingende Stimmen, 1. Man. C-c'" 15 Reg., darunter vier 8', 2. Man. später eingebaut, 8 Reg., Pedal C-h: 5 Reg. Genannte Register:
Quinte 3   Pedal: Posaune 16
Quint-Terz 2f
Trompete 8
Oboe 8

Manual- und Pedalkoppel I/II, wahrscheinlich Schiebekoppel.

1908 NB Walcker op. 1443

I. Manual C-g'''	II. Manual C- g''' SW	III. Manual C-g'''*	Pedal C-f'
Quintatön 16'	Bourdon 16'	Lieblich Gedeckt 16'	Kontrabass 16'
Prinzipal 8'	Flötenprinzipal 8'	Geigenprinzipal 8'	Subbass 16'
Traversflöte 8'	Quintatön 8'	Lieblich Gedeckt 8'**	Violon 16'
Viola di Gamba 8	Concertfloete 8'[454]	Aeoline 8'	Gedacktbass 16' Transm.
Gedackt 8'	Viola 8'	Vox coelestis 8'	Octavbass 8'
Dulziana 8'	Salicional 8'	Fugara 4'	Cello 8' Transm.
Octav 4'	Prinzipal 4'	Flauto traverso 4'	Bassflöte 8' Transm.
Rohrflöte 4'	Flauto dolce 4'	Flautino 2'	Posaune 16'
Octav 2'	Rauschquinte 2 2/3' u. 2'	Sesquialtera 2 2/3' u. 1 3/5'	Trompete 8' Transm.
Mixtur 2 2/3' 4f	Clarinette 8'		
Trompette harmonique 8'			
Cornett 8' 3-5f			
Oboe 8'***			
Trompete			

Fernwerk vom II. Manual aus spielbar, in einem eigenen mit Jalousiewand versehenem Schwellkasten: Rohrflöte 8' und Vox humana 8'

* Das III. Manual (Schwellwerk), ist in dem schönen, alten gotischen Gehäuse an der Längsseite untergebracht und auf elektrischem Wege mit der Hauptorgel verbunden.
** *(fehlt im Abnahmebericht von Holtschneider).*
*** *(fehlt im Abnahmebericht von Holtschneider).*

Marienkirche
Walcker-Orgel

Koppeln und Nebenzüge:
Koppel II. Man. zum I. Man.
Koppel III. Man. zum II. Man.
Koppel III. Man. zum I. Man.
Koppel I. Man. zum Pedal
Koppel II. Man. zum Pedal
Koppel III. Man. zum Pedal
Suboktavkoppel III. zum II.Manual
Superoktavkoppel III. zum II.Manual
Superoktavkoppel III. zum I. Manual
Kollektivzug für Tutti und Koppeln
Kollektivzug für Mezzoforte
6 Drücker, um die Koppeln beliebig aus der Walze auszuschalten
Automatisches Pianopedal im II. Manual
Automatisches Pianopedal im III. Manual
2 freie Kombinationen für alle Register
Generalcrescendo- und Decrescendo-Vorrichtung für das ganze Werk mittelst Rollschweller samt Zeiger, die jeweils gezogenen Registerzahl andeutend
Handregistrierung „ab"
Generalcrescendo „ab"
Zungenstimmen „ab"
Tremolo für das III. Manual
Schwelltritt zum Schwellkasten des III. Manuals aus 3 cm starkem Holz mit aufrecht stehenden, dicht schließenden Jalousien mit elektropneumatischer Betätigung
Schwelltritt zum Schwellkasten des II. Manuals aus 3 cm starkem Holz mit aufrecht stehenden Jalousien
Schwelltritt zum Schwellkasten der Register Rohrflöte und Vox humana aus 3 cm starkem Holz gefertigt mit einer aufrechtstehenden, dichtschließenden Jalousiewand versehen, mit elektropneumatischer Betätigung
Kalkantenruf

Zweiteiliger neuer Prospekt auf der Westempore mit Spieltisch, der die Fensterrosette freihält, zwei Manualwerke und Pedal. Gotisches Gehäuse mit Schwellwerk. Fernwerk vom II. Manual zu spielen nur mit Rohrflöte 8 und Vox humana 8. Foto und Disposition im Werkkatalog 1914 anläßlich der Einweihung der Michaelisorgel Hamburg.

1917 wurden die 75 Prospektpfeifen des historischen Gehäuses von der Abgabe befreit. Im September 1918 aber doch enteignet, da es sich um stumme Pfeifen handele, sie ohne Beschädigung des wertvollen Gehäuses ausgebaut werden könnten und man sie nach dem Kriege ohne Schwierigkeiten zu ersetzen seien. Die Pfeifen hatten ein Gewicht von 185-190 kg.

1944, 6.10., durch Bomben zerstört.

Marienhospital, Behringstr.36, siehe Krankenhäuser

Markuskirche, ev., erb. 1960, Gut-Heil-Str. 12, 44145 Do
1961 NB E.F. Walcker: 8/6/P5

St. Martin Altkatholisch, Am Zitter 15, 44149 Do
Nach einem Bild im Internet elektron.Orgel

St. Martin, kath., erb. 1959/60, ren. 1984/86 (liegt in Körne), Gabelsbergerstr. 32
1967(?) NB der Kirche durch Architekten Gerhard und Dieter Langmaarck (Hamburg).
1969/70 NB Hermann Hillebrand (Altwarmbüchen): 10/10/8/P8

Martin, ev., 1966, wo früher die Martinskapelle stand. Sternstraße 23, 44137 Do
1964 NB Emil Hammer (Arnum)[455]: 8/8/P6
1952 NB Peter (Köln): 7/6/P5

Martinskapelle, ev., (Gemeinde Petri-Nicolai) sehr altes Gebäude. Im letzten Kriege zerstört.
1942 NB W. Sauer, Inh. Dr. O. Walcker (Frankfurt/Oder)[456]

1. Manual	2. Manual SW	Pedal
Rohrflöte 8	Singend Gedackt 8	Subbaß 16
Ital. Prinzipal 4	Nachthorn 4	Gedacktflöte 8
Flachflöte 2	Engprinzipal 2	Quintadena 4
Scharf 4f 1	Jauchzend Pfeife 1	Koppelflöte 2
Helltrompete 8	Terzian 2f	
Tremulant	Schalmei 8	
	Tremulant	

Vollmechanische Schleifladen, Normalkoppeln als Züge und Tritte.
Intonation: OBM Willy Peter, Disposition: M.G. Förstemann, Magdeburg
Abnahmebericht von S. Gerdes vom 26. Okt. 1942: Ursprünglich 12 Register geplant (Disposition: Förstemann). Gerdes empfahl 3 Register zuzusetzen: II. Manual: Hellprinzipal 2, I. Manual: Schalmey 8, Pedal: Blockflöte 2.
Abnahmebericht und Dispositionsangabe in „Musik und Kirche" stimmen nicht überein in der Verteilung der Register auf die Werke.

Matthäuskirche, ev. (Körne), erb. 1963, Hallesche Str., Ende der 90er Jahre abgerissen.
1971 NB Karl Lötzerich (Ippinghausen): 9/6/P6

Feierkapelle Matthäuskirche
1979 Elektronenorgel Kienle TH/Pedal

Melanchthonkirche, ev., erb. 1963, Melanchthonstr. 2, 44143 Do
1963 NB Walcker op. 4273[457]: 9/6/8/P10

Gemeindehaus
1935 NB Walcker op. 2465[458].

I. Manual C-f'''	II. Manual SW	Pedal C-d'
Prinzipal 8, 12 Holz, 12 Zink, 30 Zinn	Gedeckt 8, 24 Holz 30 Zinn	Subbaß 16
Oktav 4, 18 Zink 36 Zinn	Quintatön 8, 18 Zink 36 Zinn	Gedacktbaß 8 Transm.
Flöte 4, 12 Zink 36 Zinn	Rohrflöte 4, 12 Zink 42 Zinn	Choralbaß 4 Transm.
Schwiegel 2	Oktav 2	Horn 8 Transm.
Mixtur 3f Zinn	Terz 1 3/5 Zinn	Oktavbaß 8
	Horn-Oboe Zinn	Nachthorn 2
	Tremolo	

II/I, I/P, II/P, Sub II/I, Super II/I, Tutti, Freie Komb., pneumatische Trakturen

1949 Erweiterung HW: Salicional 8 u. Quinte 2 2/3
SW: Praestant 4, Quinte 1 1/3 und Zimbel 3f
1971/72 (1976?) UB der Orgel: elektrische Kegelladen.
Der Umbau der Orgel wurde finanziert von Oberstudienrat Max Lorf.

Ev. Methodistische Gemeinde am Schwanenwall
Siehe Friedenskirche
komb. Elektronen- u. Pfeifenorgel (im Prospekt)

St. Michael, kath., erb. 1913/14, ren. 1984, Westerbleichstr. 42, 44147 Do
1952 NB Anton Feith (Paderborn): 7/7/P7
1987 UB Simon (Muddenhagen)

Minoriten = Franziskaner, stand im Brüderweg
1650 Rep. Albert Alberti[459]
1753-1786 war Laienbruder Cornelius Bickerat Organist.[460]
1808 Orgel geht nach Bochum.[461]

Neuapostolische Gemeinde, Braunschweiger Str. 31-33, 44145 Do
1971 und 1989 UB Opitz und NAK-Orgelbau NRW[462]: 12/10/P6
1948 NB Walcker[463]: 6/9/P1 + 3 Transmissionen

Neuapostolische Kirche Dortmund West,
Tremoniastr. 80, 44137 Do[464]
1964 NB Orgelbau Euler (Hofgeismar): 4/5/P3

Nicolai alte Kirche, nicht erhalten. Gehörte zu Petri. Erb. um 1200, UB 1436-1460. Abgebrochen unter den Franzosen um 1800.
1537 UB oder NB[465]
1689 „Orgel gemacht"[466].
1780, 14. Sept., Genehmigung einer Hauskollekte für die Orgel durch Stadtrat.[467]

Nicolai alte Kirche

Nikolai neue Kirche, erb. 1930, Lindemannstr. 70, 44137 Do
1965 und 1980 NB Walcker & Cie (Ludwigsburg) op. 4009: 8/11/6/P8
1981 NB Kronwerk 11 Reg.
1979 NB Truhenorgel Führer

Geschichte:
1930 NB Faust (Schwelm)[468]

I. Manual C-g'''	II. Manual SW	III. Manual SW	Pedal C-f'
Prinzipal 8	Gedeckt 16	Gemshorn 8	Contrabasss 16
Rohrflöte 8	Flötenprinzipal 8	Lieblich Bordun 8	Subbass 16
Viola alta 8	Jubelflöte 8	Aeoline 8	Zartgedeckt 16
Salicional 8	Quintadena 8	Vox coelestis 8	Dulcianbass 8
Prestant 4	Dulziana 8	Fugara 4	Octavbass 8
Nachthorn 2	Gemshorn 4	Flauto dolce 4	Choralbass 4
Mixtur 4f	Bachflöte 4	Waldflöte 2	Posaune 16
Trompete 8	Gemshorn quinte 2 2/3		Sifflöte 1
	Kleinoktav 2	Oboe 8	
	Terzflöte 1 3/5	Tremolo	
	Cornett 8		
	Waldhorn 8		
	Tremolo		

II/I, III/I, III/II, I/P, II/P, III/P, Oberoctavk. II/I, Oberokavk. III/I, Unteroktavk. II/I, 2 freie Kombinationen, Rollschweller, Schwelltritte für II. u. III. Orgel wurde abgenommen von Wilhelm Börger, 1. Organist Petrikirche, und Otto Heinermann, 1. Organist Pauluskirche, am 27. Dez. 1930.[469]

Oberrealschulen
1905 NB Walcker: 10 Reg.[470]
1917 NB Walcker op. 1891[471]

I. Manual C-g'''	II. Manual	Pedal C-f'
Prinzipal 8 Holz, Zink, Zinn	Gedackt 8 Transm.	Subbaß 16 Holz
Bourdon 8 Holz, Metall	Dulziana 8 Transm. Saliz.	
Salicional 8 Zink, Zinn	Rohrflöte 4 Zink, Metall	
Oktav 4 Zink, Zinn		
Mixtur 2-3f Zinn		

Normalkop., Sub II/I, Tutti, Mezzoforte. Gehäuse: Föhrenholz

Pädagogische Akademie (Heute Universität)
1974 NB Stockmann (Werl): 2 Man. 5 Reg.[472]
1975 NB Peter (Köln)[473]: 4/5/P2

Geschichte:
Vor dem Kriege im Festsaal.
? NB Faust (Schwelm)[474]

I. Manual C-a'''	II. Manual C-a'''	III. Manual	Pedal C-f'
Prinzipal 8 C-H Holz, Rest Metall	Flötenprinzipal 8	Gemshorn 8	Contrabass 16
Jubalflöte 8	Grossgedackt 16	Liebl. Gedackt 8	Violonbass 16
Duciana 8	Rohrflöte 8	Viola alta 8	Subbass 16
Prestant 4	Salicional 8	Quintadena 8	Stillgedackt 16
Waldflöte 2	Vox coelestis 8	Rohrflöte 4	Octavbass 8
Mixtur 5fach	Oktav 4	Blockflöte 2	Choralbass 4
Trompete 8	Bachflöte 4	Terz 1 3/5	Rankett 16
	Gemshornquinte 2 2/3	Cymbel 3f	Trompete 8
	Prinzipal 2	Rankett 16	Sing. Regal 8
	Sifflöte 1		Stille Posaune 16
	Cornett 8 3-5f		
	Singend Regal 8		

Elektrische Taschenlade

Wahrscheinlich standen noch weitere Übeorgeln der Firma vor 1945 in der PH.

Paul Gerhardt Kirche, ev., erb. 1950 (Markgrafenstr.), Adresse: Ruhrallee 85, 44139 Do
1950 NB Gustav Steinmann (Vlotho): 6/6/P6

Ev. Pauluskirche, erb. 1892-94, Kirchenstr. 25, 44147 Do
1993/94 NB Rieger (Schwarzach): 9/12/P7

Geschichte:
1894 NB Walcker op. 652

Manual I	Manual II	Pedal
Bordun 16	Geigenprinzipal 8	Subbaß 16
Prinzipal 8	Lieblich Gedackt 8	Violone 16
Flöte 8	Salizional 8	Oktave 8
Gedeckt 8	Aeoline 8	Violoncello 8
Gemshorn 8	Vox coelestis 8	Posaune 16
Dolce 8	Flöte 4	
Viola di gamba 8	Fugara 4	
Oktav 4	Kornett 8	

Rohrflöte 4
Quinte 2 2/3
Superoktav 2
Mixtr 2 2/3
Trompete 8

1905 Walcker 6 Reg. (Interimsinstrument)
1905 Erweiterung Walcker[475]

I. Manual	II. Manual	III. Manual SW	Pedal
Bordun 16	Aeoline 8	Dulciana 8	Gedecktbaß 16 Transm. HW
Dolce 8	Liebl.Gedeckt 8	Voix céleste 8	Subbaß 16
Gedeckt 8	Salicional 8	Clarabella 8	Violonbaß 16
Flöte 8	Geigenprinzipal 8	Clarinette 8	Posaune 16
Gamba 8	Flöte 4	Viola 4	Oktavbaß 8
Prinzipal 8	Fugara 4		Violoncello 8
Gemshorn 8	Cornett 5f		
Trompete 8			
Rohrflöte 4			
Oktave 4			
Quinte 2 2/3			
Oktave 2			
Mixtur 4f			

Ausgebaute Superoktavkoppel III, Suboktavk. III/II u. II/I, 2 freie Kombinationen, Cresc.-Decresc., automatisches Pianopedal (die bloße Berührung einer Taste des betr. Manuales stellt die entsprechende Tonstärke für das Pedal automatisch ein)
Die Orgel wurde beim Kirchenbrand 1914 zerstört.

1914 NB Walcker op. 1808[476]

I. Manual C-a'''	II. Manual
Bourdon 16 4 Holz, 34 Metall	Quintatön 16 Holz, Zink, Zinn
Principal 8 12 Holz, 8 Zink, 38 Zinn	Geigenprincipal 8 12 Holz, 8 Zink, 38 Zinn
Gedackt 8 24 Holz, 34 Metall	Konzertflöte 8 58 Holz[477]
Gamba 8 18 Zink, 40 Zinn	Gemshorn 8 12 Holz, 8 Zink, 38 Zinn
Salicional 8 12 Zink, 46 Zinn	Dulciana 8 18 Zink, 40 Zinn

Hohlflöte 8 58 Holz
Oktave 4 8 Zink, 50 Zinn
Rohrflöte 4 58 Metall
Oktave 2 58 Zinn
Cornett Mixtur 4-5f 278 Zinn
Trompete 8 aufschl. 18 Zink, 40 Zinn
III. Manual, Schwellwerk ausgebaut
Liebl.Gedackt 16 24 Holz, 46 Metall
Flötenprincipal 8 12 Holz, 8 Zink, 50 Zinn
Cello 8 18 Zink, 52 Zinn
Quintatön 8 12 Zink, 58 Zinn
Flauto amabile 8 70 Holz
Aeoline 8 12 Zink, 58 Zinn
Voix céleste 8 von c an,

Geigenprincipal 4 8 Zink, 62 Zinn
Flauto dolce 4 36 Holz, 34 Metall
Piccolo 2 58 Zinn
Progressio Harmonika 4f 232 Zinn[478]
Oboe 8 aufschl., 12 Zink, 58 Zinn
Trompette Harmonique 8 aufschl. 18 Zink, 52 Zinn
Tremulant

Viola 4 6 Zink, 52 Zinn
Flautino 2 58 Zinn
Sesquialtera 2 2/3 u.1 3/5 116 Zinn
Clarinette 8 einschl. 12 Zink, 46 Zinn

Pedal C-f'
Principal 16 30 Holz
Violonbaß 16 6 Holz, 24 Zink

Subbaß 16 30 Holz
Gedacktbaß 16 Transm. III
Violoncello 8 Transm. III
Quintbaß 10 2/3 Transm. Subb.
Oktavbaß 8 12 Holz, 18 Zink 58 Zinn, Schwebung mit Aeol.
Choralbaß 4 12 Holz, 18 Zink
Posaune 16 12 Holz, 18 Zink
Trompete 8 Transm.

Normalkop., Sub II/I, Super III/I, Super P, Super III, 2 freie Kombinationen, Handhebel für Generalcrescendo und Decrescendo, Tutti, Mezzoforte, Schwelltritt III, Melodiekoppel I/II, Vollpneumatische Laden Spieltisch an der Seite oberhalb der Kanzel in der Längsachse der Kirche, also rechtwinklig, so dass der ganze Raum vor der Orgel für ein kleines Orchester oder Sologesang im Angesicht des Organisten frei bleibt.

1944 Zerstörung der Orgel durch Bomben.
1955/56 NB Kemper (Lübeck): 6/9/8/P7

Petri, ev., erb. 1350-90, Luisenstr. 19, 44137 Do
RP der Nohl-Orgel 1732 nach Berchum
1968 NB Walcker op. 4996: 5/5/P3

178

Geschichte:
1447 Orgel vorhanden
1519 Ren.[479]
1723/24 Rep. Johann Neyhaus (Niggehaus). Im RP 8 Register[480]
1731 NB Christian Nohl[481]. RP heute in Berchum.

Manual
RP
Praestant 8
Praestant 4
Quintadena 16
Bordun 8
Hohlfleute 8
Gedackt Fleute 4
Octav 4
Quinte 3
Quinte 3
Spitzfleute 2
Floeta 4
Mixtur 3f
Sexquialter 2f
Cornet 3f halbiret als von C 2
Mixtur 4f 2
Quinta Dene 8
Trompette 8 halbirt
Vox humana 8

Waldfleute 2
Cimbel Scharff 2f 1

Petrikirche, Nohl-Orgel 1732,
heute in Berchum

Dabey vor manual und Rückpositive Lade Sperventilen
Tremulante durchs gantze orgel
zwey cimbel sternen vorn rückpositiv
eine nachtigalle
Die Orgel stand auf vier Eichenholzpfeilern.[482]

1806 Pedal mit 3 Registern neu G.A. Wild. Man wollte zunächst die Brüder Trampeli, die 1805 die Reinoldiorgel fertiggestellt hatten, beauftragen, gab ihnen aber wegen zu hoher Kosten den Auftrag nicht.[483]
AEK Petri Spez. 15, Nr. 50
1823, 2. März, Gutachten von Günther, Organist Reinoldi, C.H. Pottgießer, J.W. Doerts, Organist St. Petri Kirche, Mellmann Orgelbauer.

Orgel fast nicht mehr spielbar.Windladen schlecht. Bälge zu klein. Fehlerhafte Konstruktion der Trakturen, Pfeifenwerk zu dünn, von Bleizucker zerfressen, spricht nicht mehr an. Deshalb neue Orgel. Beiliegender Kostenvoranschlag von Mellmann wird empfohlen. Alte Pfeifen von Bley.
1848 Gutachten und Umbauplan von Sassenhoff, „Erschütterungen durch die Eisenbahn schaden der Orgel"

Ober Klavier
Principal 8 im Gesicht Englisch Zinn
Octave 4 von Metall
Octave 2 Metall
Quinte 1 ½ Metall
Rohrflöte 8 Metall
Rohrflöte 4 Metall
Flöte Traver 8 von Holz von C eingestrichen
Mixtur 4fach Metall
Cornet 3fach Metall   1063 (Thl)

AEK Petri Spez. 15, Nr. 50
1826, 27. April, Genehmigungsantrag für Kontrakt mit Mellmann bei der Königl. preuß. Regierung Arnsberg.
Bildhauer wohnte in Münster, Bildhauerarbeiten aus Lindenholz, Registerknöpfe gedrechselt mit Porzellanschildern, Musikdirektor Bach in Berlin befürwortete die Planung.
1826, 23. Juni, genehmigt Regierung den Kontrakt.
1828 Verkauf eines Teiles der Orgel (vermutlich Rückpositiv, Schleife von Vox humana blieb leer) an die ev. Kirchengemeinde Berchum für 300 Rthlr. neben freier Kost und Logis für den Orgelbauer und einen Gesellen. Mellmann stellt das Instrument dort auf der neu gebauten Westempore auf.
1829 NB Joh. Christoph Mellmann
1831, 2. Mai, „Vorstand der vereinigten Petri Nicolai Kirche" bittet um Genehmigung für 400 Th. Gratification, die Mellmann für Mehrarbeiten fordert. Hat 3 Jahre mit 3 Gehülfen und einigen Handlangern gearbeitet. (Mellmann hatte auch versprochen, die Schmiede-, Schreiner- und Schlosserarbeiten zu übernehmen.)
1850 UB/NB Carl Herbst (Dortmund)
1881/85 UB Meyer (Herford)[484]: 37 Register
1896 NB Walcker op. 753[485]

I. Manual C-f'''
Principal 16 C-h Holz Rest 12-löth.Zinn
Liebl. Gedeckt 16 Holz
Principal 8 C-H Holz, Rest Probzinn
Gedeckt 8 Holz, Metall

Hohlflöte 8 Holz
Viola di Gamba 8 Probzinn
Gemshorn 8 C-H Holz, Rest Probzinn
Salicional 8 C-H Holz, Rest Probzinn
Quintatön 8 Probzinn
Trompete 8 aufschl., Zungen Messing, Stiefel u.Becher Zinn
Oktave 4 Probzinn
Rohrflöte 4 Metall
Nasat 2 2/3 Probzinn
Octav 2 Probzinn
Mixtur 2 2/3 5f Probzinn

III. Manual
Liebl.Gedeckt 8 Holz
Aeoline 8 Holz, Zinn
Voix céleste 8 u.4 Probzinn
Principal 4
Flauto travers 4 Holz

Waldflöte 2
Spitzquinte 1 1/3

II. Manual SW
Bourdon 16 Holz
Principal 8 C-H Holz, Rest Probzinn
Concertflöte 8 Holz
Clarinette 8 einschl., Zungen u. Platten Mess., Stiefel, Holz, Becher Zinn
Fugara 4 Probzinn
Cornett 8 3-5f von c an, Probzinn

Pedal C-d
Principalbaß 16 Holz offen
Subbaß 16 Holz gedeckt
Violonbaß 16 Holz offen
Gedecktbaß 16 Holz
Posaunenbaß 16 aufschl., Zungen u. Kehlen Messing, Stief.u. Bech. Holz
Quintbaß 10 2/3
Octavbaß 8 Holz
Violoncello 8 Holz, Zinn

Normalkop., Tutti, Forte, Mezzoforte, Piano, Pedalpiano, Oktavkoppel Ped., Oktavkoppel I, Schwelltritt, freie Kombination, vollpneumatische Windladen, Spieltisch vörwärtsspielend vor der Orgel, Tasten Celluloid und Ebenholz, Prinzipal 16 im Prospekt blind.

1920 übernahm Gerard Bunk bis zum September 1925 das Amt an der „wenig erfreulichen ... stumpf klingenden Orgel"[486]. Er ließ das Werk umbauen: Transmittierter Quintbass 10 2/3, schwerer Gang der Pneumatik verbessert, Registerwalze. Das Orgelwerk war in zwei Hälften auf der Empore aufgebaut. Chor und Orchester konnte zwischen und vor den Werken der C-

und Cis-Seite aufgestellt werden.
1941 UB Walcker zwei neue Register, jetzt 38 Register auf 3 Manualen und Pedal.
AEK Petri Spez. 15 Nr. 51
Kostenanschlag der Veränderung der Disposition der Orgel in der Petrikirche Dortmund 7. Mai 1941
Der Plan soll nach Schlepphorst nicht ausgeführt worden sein.[487] Bunk berichtet, dass die Arbeiten ungefähr fertig waren, als die Orgel im 2. Weltkrieg zerstört wurde.
1955 NB Walcker Serieninstrument op. 4809: 6/P1
1970 an St. Barbara (Dortmund-Deusen) verkauft.

Ev. Predigerseminar
1964 NB Führer (Wilhelmshaven): 4 Register und Pedal.
1972 nach Soest verkauft.

Propsteikirche St. Johannes Baptist, ehem. Dominikanerkloster, kath., erb. 1352, Propsteihof 3
1988 NB Siegfried Sauer (Höxter-Ottbergen)[488]: 12/11/17/P12

Geschichte:

1415 zwei Orgeln, größere an der Südseite, kleinere im Chor[489]
1507 Chororgel Rep. Theodor Kremer (Soest); 22 Goldgulden
1515 Große Orgel Rep. Johannes, Schüler von Kremer
1523 Große Orgel. Wahrscheinl. Bau eines Rückpositives
1676 Verkauf der Chororgel nach Brackel
1738 NB Große Orgel
1876 Rep. Carl Herbst (Dortmund)
1882 NB Eggert (Paderborn)

I. Manual	II. Manual	III. Manual	Pedal
Prinzipal 16	Prinzipal 8	Liebl.Gedackt 8	Prinzipalbaß 16
Prinzipal 8	Bordun 16	Salicional 8	Violonbaß 16
Bordun 8	Flûte harmonique 8	Voix céleste 8	Subbaß 16
Gemshorn 8	Dolce 8	Flûte harmonique 4	Quintbaß 10 2/3
Hohlflöte 8	Äoline 8	Dolce 4	Octavbaß 8
Viola di gamba 8	Fugara 4		Cello 8
Quintflöte 5 1/3	Gemshorn 4		Baßflöte 4

Octav 4
Rohrflöte 4
Octav 2
Cornett 2-4f 4
Mixtur 4f 2 2/3
Trompete 8
Flautino 2
Cornett 3f 2 2/3
Clarinette 8

Koppeln II/I, I/P, II/P, Tritte Tutti, Forte, Mezzoforte, Kalkantenruf, mechanische Kegellade. Preis 14.432 Mark „Mitgift".

1898 Carl Holtschneider wird Organist an der Propsteikirche. Forderte nach dem ersten Gottesdienstspiel Umbau der zähen Mechanik.
1899 UB der mechanischen Spieltraktur auf Pneumatik. Neuer Spieltisch mit Rollschweller und freien Kombinationen. In Westfalen erste elektrische Windanlage. Bälge wurden über ein elektrisch betriebenes Gestänge aufgezogen, kein Ventilator.
1954 NB Anton Feith Paderborn 3 (4) Man. u. Ped., 31 (65) Reg., elektrische Kegelladen

Realschule
1907 NB Walcker op. 1365[490]

I. Manual C-g'''	II. Manual	Pedal C-f'
Bourdon 16	Liebl.Gedeckt 8	Bourdon 16 Transm. I
Holz gedeckt	Holz, Probzinn	
Principal 8, A-a Prosp., C-H Zink, Rest Probzinn, Stimmschl.	Echo Gamba 8, C-H alumin. Zink, Rest Probzinn, Stimmschl.	Zartbaß 8 Transm. I
Flauto amabile 8, Holz, offen	Voix céleste 8, von c, Probzinn, Schwebung m. Aeoline(?)	
Octav 4, C-a Prospekt, C-F Stimmschl., alumin. Zink, Stimmschl.		
Rauschquinte 2 2/3 u. 2, Probzinn, Stimmschl.		

Alle Register außer Prinzipal und Rauschquinte im Schwellkasten, Normalkoppeln, Tutti, Mezzof., pneumatische Kegelladen.

Reinoldi, ev., erb. 1250, Klosterstr. 16, 44135 Do
1958 NB Walcker[491]: 15/12/17/9/P17
1969 Walcker Positiv op. 5383: 6 Reg.

Geschichte:
1377 Beim Besuch Karls IV. *hat dat orgeln vermits groter vreuden vrolich sinnen klank und sote stemme tuschen dem sange der priesters und scholers lieflich horen laten.*[492]
1522 Rep. der alten Orgel durch Johann von Schwerte
1523 NB Johann von Schwerte beim Turm[493]. Reinoldi besaß zu dieser Zeit zwei Orgeln.
1594/96 UB Jan von Slegel[494]
1594 bis 1596 Rep. Jan Slegel
1598 NB Jan Slegel aus Zwolle
1611 in der Kirche stehen zwei Orgeln.[495]
1615 Orgel soll Reinoldi ein Glockenspiel, das vom Orgeltisch angespielt wurde, besessen haben, das mit dem Turmuhrschlag den Luther-Choral „Durch Adams Fall ist ganz verderbt menschlich Natur und Wesen" spielte.[496] Es ist nicht klar, ob ein Carillon im Turm gemeint ist[497] oder ein Glockenspiel in der Orgel, das mit einer mechanischen Walze verbunden war. Beim Turmglockenspiel hätte der Organist, wie in den Niederlanden weit verbreitet, über eine eigene Klaviatur die Glocken bedient. Der Choral konnte von der Bevölkerung weit gehört werden. Rätselhaft bleibt, warum man nur den nicht gerade sehr eingängigen Choral gespielt haben soll und keine Lob- und Danklieder.
1644 Der Orgelbauer Albertus Alberti amtiert als Organist an Reinoldi.
1661 Am Kantatensonntag stürzt der Turm ein und beschädigt schwer die große Orgel. Feldmann berichtet, *man habe sich lange mit der kleinen Meßorgel begnügt, welche zur Seite des Chores in einem Neben Gewölbe ganz in die Höhe gebaut war.*[498]
1667 Ren. Albertus Alberti. Neues Rückpositiv[499]. Die Malerarbeiten führte Haselhoff aus.
Später einige größere Reparaturen.
1787 Vorarbeiten für das Gebläse der neuen großen Orgel.[500]
1788 stiftete ein reicher Schuhmacher und Ratsherr 46 Pistolen für neue Orgel.[501]
1798 wird Archidiakonatsstelle abgeschafft, durch die der Schullehrer und Organist, aber auch der Orgelfond finanziert wurde.

Trampeli-Orgel
Vorgängerorgel soll über 48 Register besessen haben.[502]
Der damalige Organist Günther stammte aus Sachsen.
1803-05 NB Joh. Gottlob Trampeli (Adorf).
1802 *Daß der hiesige Orgelbaumeister, Herr Johann Gottlob Trampeli mit einem feuerfesten brauberechtigten Bürgerhause, dann mit anderen beträchtlichen Grundstücken an Feldern, Wiesen und Gehölzen, angesessen ist, welches Immobiliarvermögen, darauf weder Consens noch andere Hypothekarische Schulden haften, noch einem nur mäßigen Ueberschlag, wenigstens 4000 Thaler, schreibe viertausend Thaler wert sind, solches wird von Obrigkeitswegen hiermit pflichtmäßig attestirt. Adorf im Vogtland am 8. Febr. 1802 Bürgermeister und Rat daselbst Friedrich Wilhelm Schüller reg. Bürgermeister.*
Unter den Subscribenten der Spender auch Feldmanns Erben.[503]
Ag 1824 (Festbuch = Holtschneider, Disposition des Kostenanschlages vom 30. April 1801)
Disposition der durch Johann Gottlob Trampeli, Orgelbauer aus Adorff im Königl. sächs. Voigtland, erbauten Orgel in die St. Reinoldi Kirche zu Dortmund

Hauptmanual oder Mittel Clavier weiter gravitätischer Mensur
Prinzipal 8 Fuß von engl. Zinn im Gesicht 54 Pfeifen[504]
Bordun 16 von Holz gedeckt 54 (Festbuch: Eiche, C-H an den Seitenwände)
Gemshorn 8 von Metall daß ist 1/3 Zinn und 2/3 bley 54
Rohrflöte 8 von Metall gedeckt 54 (Festbuch: Grob Gedackt 8 Eiche)
Flauto trav. 8 von Holz von c bis f''' 42 (Festbuch: g-f''', Labia Birnholz)
Octave 4 von Metall 54
Rohrflöte 4 von Metall 54 gedeckt (ab cs'' konisch offen)
Octave 2 von Metall 54
Quinte 3   « 54
Tertz aus 2 « 54
Cornett 4fach „von a bis f''' 132
Mixtur 5fach   „ 270
Cimbal 3   „ 162
Trompete 8 Fuß Aufsätze in der tiefen Oktave von Metall nachher von Zinn 54

Oberwerk, oder oberes Clavier, etwas enger aber pompöser Mensur

Principal 8 Fuß von engl.Zinn im Gesicht 54 Pfeifen (Festbuch: erhabene Labien, hell poliert)
Quintatoen 16 tiefe Octave von Holz das übrige von Metall gedeckt 54 (Festbuch: Eiche, Rest Metall)
Viola di Gamba 8 von Metall 54 (tiefe Oktave Holz, ab c Metall mit niedrigen Kastenbärten)
Gedact 8 von Holz 54 (Festbuch: Rohrflöte 8)
Octave 4 von Metall
Salicet 4   „   (Festbuch: Gemshorn 4 Metall)
Octave 2   „
Nasart 3   „   gedeckt (ab fs' offen)
Mixtur 4fach   „   216
Scharff 3fach   „   162
Vox humana 8 Fuß, Aufsätze von Zinn 54 (ab a, Mundstücke, Zungen und Krücken Messing, „Silbermännischer Art" (Dulzian-Regal))

Brustwerk oder unteres Clavier enger Mensur
Prinzipal 4 Fuß von engl. Zinn im Gesicht 54 Pfeifen
Lieblich Gedact 8 Fuß von Holz 54 (Festbuch: Eiche)
Quintatön 8 Fuß von Metall gedeckt 54 (tiefe Oktave Holz)
Flöte douce 4   „   „   54
Octave 2   «   54
Quinte 1 ½   «   54
Mixtur 3fach   «   162
Cornett 3fach   «   von a bis f''' (Festbuch: Hautbois 8 von a-f''', Aufsätze Zinn)

Pedal
Principalbaß 16 Fuß von engl.Zinn im Gesicht 27 Pfeifen
Violone 16 Fuß von Holz 27 (Festbuch: Eiche)
*Octavbaß 8   „   * (mit Stimmdeckeln)
Quinte 6   von Metall 27   „ (Festbuch: Octave 4 Metall)
Posaune 16 Aufsätze von Holz von vorzüglicher Kraft 27 (Festbuch: Eiche, Kehlen Metall, beledert, Zungen und Krücken Messing, Kehlen und Zungen unten gerundet wie bei Silbermann)
Trompetenbaß 8 Fuß Aufsätze von Metall
Clarine 4 Aufsätze von Zinn 27
Nebenzüge: Coppel zum Hauptmanual ins Pedal

Tremulant auf dem Oberwerk
Sperrventile zum Pedal, Haupt-, Ober- und Brustwerk
Calcantenwecker
Blinder Zug „zur Simmetrie" worauf Untersatz 32 Fuß geschrieben
Die Orgel enthält also 48 Züge
Alle 3 Klaviere können gekoppelt werden. Zum ganzen Werk gehören 5 Bälge, jeder von 12 Fuß lang und 6 Fuß breit, wovon 3 zu den Manualen und 2 zu dem Pedal gehören-Der Mechanismus ist nach Silbermannscher Art, mit Winkelhaken und Schlüßel ganz vortrefflich angelegt, so daß man bey jeder Kleinigkeit beykommen kann, ohne etwas loszureißen[505] – Das Regierwerk geht ohne Zischen und Knarren, äußerst leicht-Die Claviere in den Manualen gehen von C Cs bis f''' oder 5 1/2 Octaven und im Pedal con C Cs bis d' oder 2 Octaven und 2 Töne-Die Windladen, Bälge, holzernes Pfeiffenwerk, Windführungen, Wellen etc. sind von guten Eichenholz gearbeitet, mit Ausnahme der Flauto Trav. welche von Birnbaum Holz ist, und sind Bälge Pfeiffen und Windführungen außerdem, inwendig auch mit rothen Bolus ausgestrichen. Die Registerzüge sind, so weit sie sichtbar werden, auf Maghahony Art gebeizt, die Klaviaturen von Ebenholz und Elfenbein, die Registerknöpfe schwarz lackiert und die Inschrift auf feines Porcellan.
Das Gehäuse ist hellbraun angestrichen, die Bildhauer-Arbeit weiss lackiert und zum Teil vergoldet. Die Bälge treiben 30 Grad Wind und die Orgel steht im Kammerton. – Es war dieses, wie mir vorsteht die 53ste Orgel[506], welche Trampeli erbaut hat.
Vorstehendes ist auf Ersuchen und Verlangen des Herrn Pastors Müller von mir angefertigt. Dortmund am 5. Febr. 1824 C.H. Pottgiesser.
N.S. Die Orgel ist 1803 angefangen zu bauen und 1805 vollendet worden.

(Handschrift Müller Pastor von Reinoldi):
Ihre Anlage hat über 10.000 r.g.G. gekostet. Der mit dem Technischen des Orgelbaues sehr bekannte Verfasser beiliegender Disposition und um die Erhaltung unserer Orgel sehr verdiente Kaufmann H. Pottgießer senior, so wie der geschulte Orgelbauer, Herr Mellmann, haben bisher die Reparaturen an derselben verrichtet.[507]

Liste: 3 Clav. 48 Reg. (?)
Im Prospekt standen 1908 stumme, bronzierte Pedalholzpfeifen.[508]
Vom 11. Sept. 1798 bis 1846 war Traugott Friedrich Günther aus Sachsen Organist der Reinoldikirche. Er gab zusammen mit den Stadtmusikern und

Chorschülern Konzerte. Zu seinen Schülern zählte u.a. Lübke (am 17. Jan. 1826 in Dortmund geb.), später berühmter Kunstprofessor. Unter Breitenstein wurde die Orgel 1852 stark umgebaut. Bei der Wiedereinweihung spielt er folgendes Konzertprogramm:
Praeludium für Orgel-Hymne für Tenor mit Orgelbegl. von Panseron
Praeludium von Bach
Choral „Herr Jesu Christ, dich zu uns wend" mit Veränderungen
Hymne für Alt, Chor und Orgel von Mendelssohn
Freie Phantasie.[509]

1807-08 Rechnung über den Orgelbau in der Kirche zu Reinoldi vom 14. August 1807 bis den 27. Decbr. 1808[510]

Zur Kommission gehörten Wilhelm Feldmann, Preller, H. Pottgiesser und J.Fr. Günther.
Nach der vorigjährigen Rechnung restirten meister Niemann und Wild für den Pott nebst zubehör, worin das Bley und Zinn gegossen 8 rt. 30 stbr
Nottebohm von dem verkauften alten Postument R 7 – 9 s
Wild ferner für die verkaufte 4 alte Blasbälgen R 25 – 30 s
Kerzen, welche bei der Stimmung der orgel gebraucht sind
1830 Im Jahr 1805 wurde die schöne große Orgel in der majestätischen Reinoldi-Kirchee vollendet und im Herbst eingeweiht. Sie hat 38 Register, kostet circa 9000 Thlr. berg., und der berühmte sächsische Orgelbauer Trampely war ihr Erbauer ... Es war seine 54ste, welche er baute, aber wie er sagte, die erste ganz von hartem Holze, weshalb er mit großer Vorliebe daran arbeitete. So ist sie denn nun wirklich wol das schönste und vollständigste Werk im ganzen Land zwischen Rhein und Weser, Münster etwa ausgenommen, vielleicht auch Paderborn. Auch ihr Äußeres ist derselben ganz angemesen: sie steht auch unter dem Thurm, die ganze große Kirche vor sich habend. An derselben Stelle stand auch ehemals die alte noch größere, welche im Jahr 1661 am Sonntage Kantate Abends zwischen 9 und 10 durch den Einsturz des Thurmes zertrümmert wurde. Seit den vielen Jahren hatte man sich mit der kleinen Meßorgel begnügt, welche zur Seite des Chores in einem Neben-Gewölbe ganz in die Höhe gebaut war. Ihr Alter konnte niemand angeben; sie war aber so alt, daß alle Tasten durchgespielt waren.
Bei Erbauung der neuen Orgel zeigten unsre braven Mitbürger und besonders die Gemeinde-Glieder abermals ihren Gemeinsinn auf das schönste, durch ganz freiwillige, sehr freigiebige Beiträge zur Bestreitung der großen

Kosten eines der Kirche würdigen Werks, und haben sich dadurch ein bleibendes Ehrendenkmal getiftet.
Schade, daß dies schöne Werk auf einem etwas zu niedrigen Fußgestelle, zu entfernt vom oberen Gewölbe steht, weßhalb der Ton nicht kräftig genug anschlagen kann, um zurückkommen zu können und daher in der Höhe zu sehr verhallt.[511]

1830 Feldmann gibt 38 Register an.
1852-54 UB Herbst. Einbau von Barkerhebeln. 3. Manual in Schwellkasten und erweitert. 47 Reg.[512]
Um 1902 Zustandsbericht von C. Holtschneider (Direktor des Konservatoriums)[513]: *In einem Zustand, der jeder Beschreibung spottet. Ein Teil der Register spricht überhaupt nicht mehr an und es ist ausgeschaltet:*
I. Man.
Prinzipal 8' u. 16' – Flöte 8'
Octave   - Trompete
Quinte   - Cimbel
Quinte   - Mixtur
II. Man.
Quintatön –Rohrflöte – Oboe
Scharff   - Salicet
Cornett   - Trompete
III. Man.
Principal 8' u.16' - Viola
Vox humana   - Flöte
Pedal:
Subass   -   Violoncell
Posaune   -   Clairon
Octavbass -   Quinte
u.s.w.

Die noch erklingenden Stimmen sind so schwindsüchtig, daß eine richtige Begleitung des Kirchengesanges kaum möglich ist. Dieser Fehler ist hauptsächlich auf die zu enge Windführung in den Windladenkanzellen zurückzuführen. (Mechanik ausgespielt und klappert laut. Wurmbefall der Holzpfeifen). Das einzig Gute am ganzen Werk der Orgel ist das Gebläse, das vor einigen Jahren neu eingesetzt wurde.
Einige Fragen wirft die Zuordnung der Register auf die Manuale auf. 1824

wurde vom 1. Manual das Brustwerk, vom 2. Manual das Hauptwerk und vom 3. Manual das Oberwerk angespielt. Holtschneider, der wahrscheinlich von der Lage der Registerzüge bei seiner Aufzeichnung ausgeht, notiert auf dem 1. Manual Hauptwerkstimmen, aber auf dem 2. und 3. Manual Register des Oberwerkes. Dass er für das 3. Manual einen Prinzipal 8 + 16 wie auf dem 1. Manual angibt, ist mehr als zweifelhaft. Der Doppelprinzipal könnte von Herbst beim Umbau 1852–54 eingebaut worden sein.

I. Walcker-Orgel 1909
1908 NB Walcker op. 1444 Interimsorgel 4 Reg.
1909 NB Walcker Kostenanschlag vom 24. Nov. 1908[514]

Hauptwerk C-a'''

Principal 16 Bass Diskant	*C-g Zink, Rest Metall, teilw. Prospekt*
Bourdon 16 " "	*C-h Holz, Rest Metall, gedeckt*
Principal 8	*C-g Zink, Rest Metall mit Stimmschlitzen*
Hohlflöte 8	*Holz, offen*
Viola di gamba 8	*C-H Zink, Rest Probzinn mit Stimmschlitzen*
Gemshorn 8	*C-H von Holz, c-g Zink, Rest Metall mit Stimmschl.*
Bourdon 8	*sehr weite Mensur, C-h Holz, Rest Metall*
Dulciana 8	*C-H Zink, Rest Probzinn mit Stimmschl.*
Quintatoen 8	*C-H Zink , Rest Metall*
Oktave 4	*C-H Zink, Rest Metall*
Rohrflöte 4	*Metall*
Quinte 2 2/3	*Probzinn mit Stimmschl.*
Oktave 2	*Probzinn mit Stimmschl.*
Mixtur 2 4f.	*Probzinn mit Stimmschl.*
Cornett 8 3-5f.	*Probzinn mit Stimmschl.*
Cymbel 2/3 4f.	*Probzinn mit Stimmschl.*
Bombarde 16	*aufschlagend, Zungen Messing, Stiefel u. Becher C-H Holz, c-h Zink, Rest Metall, Expressionsschlitze*
Trompete 8	*aufschl., Zungen Messing, Stiefel u. Becher C-H Zink, Rest Metall mit Exprschl.*
Clairon 4	*aufschl., Zungen u. Becher C-a''' Metall, Expressionsschl.*

Positiv C-a'''

Rohrflöte 16 Bass Diskant,	C-H Holz Reste Zink und Metall
Floetenprincipal 8	C-F Holz, Fs-f Zink, Reste Metall mit Stimmschl.
Flûte harmonique 8	C-H Holz, Rest Metall, mittlere Mensur, überblasend
Salicional 8	C-H Holz, Rest Probzinn mit Stimmschl.
Nachthorn 8	C-H Zink, Rest Metall
Unda maris 8[515]	C-H gedeckt Zink, Rest Metall mit Stimmschl.
Fugara 4	C-H Zink, Rest Probzinn mit Stimmschl.
Flauto dolce 4	C-gs" Holz, Rest Probzinn
Quinte 2 2/3	Probzinn mit Stimmschl.
Flautino 2	Probzinn mit Stimmschl.
Mixtur 1 1/3 4f	Probzinn mit Stimmschl.
Clarinette 8	aufschlagend, Zungen Messing, Stiefel u. Schallbecher Metall mit Expressionsringen
Basson 8	aufschlagend, Zungen Messing, Stiefel und Becher C-H Zink, Rest Metall mit Expressionsschlitzen
Glockenspiel mit Tonkörpern	

<u>Schwellwerk C-a'''</u>

Bourdon Bass u. Diskant 16	C-h Holz Rest Metall
Hornprinzipal 8[516]	C-F Holz, Fs-g Zink, Rest Metall mit Stimmschl.
Traversflöte 8	C-H Holz, Rest Metall, weite Mensur, überblasend
Lieblich Gedeckt 8	C-H Holz, Rest Metall mit Röhren
Gambe 8	C-f Zink, Rest Probzinn mit Stimmschl., weite Mensur, niederer Aufschnitt
Aeoline 8	C-H Zink, Rest Probzinn mit Stimmschl.
Voix céleste 8	von 4' an Probzinnn mit Stimmschl. mit Aeoline in Schwebung
Principal 4	C-G Zink, Rest Metall mit Stimmschl.
Flûte octaviante 4	von Metall
Salicet 4[517]	Probzinn mit Stimmschl.
Quinte 2 2/3	Probzinn mit Stimmschl.
Flageolet 2	Probzinn mit Stimmschl.
Terz 1 3/5	Probzinn mit Stimmschl.
Superquinte 1 1/3	Probzinn mit Stimmschl.

Septime 1 1/7	Probzinn mit Stimmschl.
Piccolo 1	Probzinn mit Stimmschl.
Mixtur 2 2/3 5f.	Probzinn mit Stimmschl.
Basson 16	aufschlagend, Zungen Mesing, Stiefel u. Becher C-h Zink, Rest Metall, Expressionsringe
Trompete 8	aufschl., Zungen Messing, Stiefel u. Becher C-H. Zink, Rest Metall, Expressionsringe
Oboe 8	aufschlagend, Zungen Messing, Stiefel u. Becher Metall mit Expresionsschlitzen
Clairon harmonique 4	aufschlagend, Zungen Messing, Stiefel u. Becher Metall, Expresionsschlitze
Tremolo	

SW-Pfeifen in allen Registern um 12 Pfeifen ausgebaut

<u>Solowerk C-a'''</u>

Bourdon Bass Diskant 16	C-h Holz, Rest Metall
Synthematophon 8[518]	C-h Zink, Rest Metall
Fugara 8	C-H Zink Rest Metall mit Stimmschl.
Hornflöte 8[519]	C-H Zink., von c Metall
Geigenprinzipal 4	C-G Zink, Rest Metall mit Stimmschl.
Quinte 5 1/3	Metall
Terz 3 1/5	Metall
Nasard 2 2/3	Metall
Septime 2 2/7	Metall
Doublette 2	Metall
Gross-Cornett 8 1-8f	Metall mit Stimmschl.
Tuba Magna 16[520]	C-h Zink, Rest Metall, aufschlagende Zungen
Tuba Mirabilis 8[521]	aufschlagend, Zungen Messing, Stiefel u. Becher C-H Zink, Rest Metall, Expressschl.
Cor harmonique 4	aufschlagend, Zungen Messing, Stiefel u. Becher Metall, Expressschl.[522]
Trompete 8	aufschlagend, Zungen Messing, Stiefel u. Becher C-H Zink, Rest Metall, Expressschl.
Cor Anglais 8[523]	aufchlagend, Zungen Messing, Stiefel u. Becher Metall, Expressschl.

Ausbau aller Register mit 12 Pfeifen

<u>Echowerk C-a''' (auf dem Dachboden)</u>

Quintatoen Bass Diskant 16	C-H Holz, c-h Zink, Rest Metall
Principal 8	C-H Holz, c-g Zink, Rest Metall mit

	Stimmschl.
Viola 8	*C-H Zink, Rest Probzinn mit Stimmschl.*
Vox angelica 8[524]	*von 4' an Probzinn mit Stimmschl.*
Bourdon doux 8	*C-H Zink, Rest Metall*
Gemshorn 4	*C-G Zink, Rest Probzinn mit Stimmschl.*
Flautino 2	*Probzinn mit Stimmschl.*
Nasard 2 2/3	*Probzinn Stimmschl.*
Larigot 1 1/3	*Probzinn Stimmschl.*
Flageolet 1	*Probzinn Stimmschl.*
Cornett-Mixtur 2 2/3	*Probzinn Stimmschl.*
Vox humana 8	*aufschlagend, Zungen Messing, Stiefel u. Becher Probzinn, Expressschl.*
Trompete 8	*aufschlagend, Zungen Messing, Stiefel u. Becher C-f Zink, Rest Metall Expressschl.*
Tremolo	
<u>Pedal C-f'</u>	
Contra-Principal 32	*C-H Holz, Rest Transm. Prinzipalb. 16*
Subbass 16	*Holz, sehr weite Mensur*
Principalbass 16	*Holz offen*
Contrabass 16	*Zink mit Stimmschl. teilw. Prospekt*
Salicetbass 16	*Zink mit Stimmschl.*
Bourdon 16	*Transm. Bourdon SW*
Quintbass 10 2/3	*Holz gedeckt*
Violon 8	*Zink mit Stimmschl.*
Bassflöte 8	*Transm. Traversfl. SW*
Bourdon 8	*Holz*
Cello 8	*Transm. Gambe SW*
Terz 6 2/5	*C-H Zink, Rest Metall mit Stimmschl.*
Quinte 5 1/3	*C-H Zink, Rest Metall mit Stimmschl.*
Septime 4 4/7	*C-h Zink, Rest Metall mit Stimmschl.*
Principalflöte 4	*C-H Zink, Rest Metall mit Stimmschl.*
Cornettbass 8 4f.	*3 1/5 u. 2 2/7 selbst.; 5 1/3 u. 4 Transm. Quinte Ped. und Principalflöte*
Contraposaune 32	*C-H selbst., Rest Transmission Pedalposaune 16*
Posaune 16	*aufschlagend, Zungen Messing, Stiefel u. Becher C-H Holz, Rest Zink, Expressschl.*
Trompete 8	*aufschlagend, Zungen Messing, Stiefel u. Be-*

	cher C-f Zink, Rest Metall, Expressschl.
Basson 16	*Transm. Basson SW*
Clairon 4	*Transm. Clairon harm SW*
Donner[525]	

NEBENZÜGE
SW/Pos – Solo/SW – Solo/Pos – Echo/Pos – Echo/HW – Echo/P – Pos/HW – SW/HW – Solo/HW – HW/P – Pos/P – SW/P– Solo/P – Superoktav. P – Supoktk. Solo/HW – Suboktk. SW/HW – Supoktk. Echo – Suboktk. Echo – Supoktk. Solo – Suboktk. Solo (Holtschneider Festbuch: Nachtrag: nachträglich: Melodiekoppel SW/HW)
2 freie Kombinationen – Kollektivtutti – Mezzoforte – Labialforte – Labialtutti – Zungentutti - Zungen ab – 16' ab – Einführungstimmentritte HW; Pos; SW; Solo; Pedal; ganzes Werk – Trittregisterschweller mit Zeiger – Automatische Crescendo-Decrescendovorrichtung – Schwelltritte Schwellkästen SW; Solo; Echo mit Zeiger – Automatisches Pianopedal
WINDLADEN Walckerkonstruktion pneumatisch mit direkter Windzuführung[526]
REGIERWERK elektrisch, Schwachstrom
SPIELTISCH freistehend vor Orgel mit polierten Registerstaffeleien, 5 Manualklaviere, Tastenbelag Celluloid und Ebenholz, Pedalklaviatur Hartholz,
GEBLÄSE Kompensationsfaltenreservoir, Schöpfer zum Treten und Motorbetrieb, Gleichstrommotor 220 Volt, 6 PS, 1400 Touren, Regulieranlasser mit 10% Tourenerhöhung und 40% Verminderung, Rückschlagventil mit elastischer Rohrverbindung
SCHWELLKÄSTEN Solo außer Tuba magna, Tuba mirabilis u. Cor harm. aus 4 cm starkem Holz, aufrechtstehende Jalousien, Echo 4 cm Holz, aufrechtst. Jal.
GEHÄUSE Abbruch der alten Orgel und Beihilfe bei Wiederaufstellung, Abänderungen gehen zu Lasten der Gemeinde. (Altes Gehäuse wurde übernommen)
PREIS 46.910,00 Mark   Ludwigsburg, den 26. November 1908 A. Kirn

Dispositionsänderung[527]:
HW: Zusätzlich Praestant 8 im Prospekt nach dem 1. Weltkrieg eingebaut.
Pos: Statt Clarinette 8 ein Bassethorn 8[528]
Solo: Statt Cor anglais 8 eine Clarinette 8
Der Spieltisch wurde nach Rupps Elsässischen Normalspieltisch zum er-

stenmal in Deutschland gebaut, die Orgelempore für den Neubau erweitert, um Platz für Orchester und Chor zu schaffen.

Mit einem großen Bachfest vom 20.-22. März 1909 wurde die Walcker-Orgel eingeweiht. Weit über Dortmund hinaus fand dieses Ereignis große Aufmerksamkeit. Es versammelte sich in Reinoldi eine illustre Künstlerschar: Albert Schweitzer, Sittard, Rupp u.a. Der Theologe Julius Smend forderte in einem Aufsatz, veröffentlicht im von der Orgelbaukommission herausgegebenen Festbuch, Bach für die Liturgie zurück.[529] Das Programm ist breit angelegt[530]:
20. Mai Kammermusik Reinoldinum: Bachwerke mit einem Bach-Vortrag von A. Schweitzer.[531]
Festgottesdienst in St. Reinoldi, Predigt: Julius Smend
Nachmittags Orgelkonzert Francke (Köln)
Abends Kantatenkonzert mit Bachorgelwerken. Orgel: Albert Schweitzer
Montag Versammlung der westfälischer Organisten mit Bachorchesterkonzert und Vortrag von Rupp (Straßburg) mit abschließendem Orgelkonzert von Sittard, Rupp und Heyse. (Karl Heyse, geb. 1879 in Petersburg, Schüler von Hohmeyer in Leipzig, später Organist in Frankfurt und Lehrer am Hoch'schen Konservatorium.)

1917 Abgabe der Prospektpfeifen. Sie wurden 1922 von Walcker ersetzt.
1939 soll ein Spieltisch aus Reinoldi nach Ostbevern-Brock, Herz Jesu Kirche, gekommen sein. Das lässt sich aber aktenmäßig nicht belegen.[532]
1939 Walcker op. 2640 neues „kunstvoll geschnitztes" Rückpositiv, spielbar vom 1. Manual (Positiv)[533]:

Gedeckt 8	Cymbel 3f
Prinzipal 4	Regal 8
Schwiegel 2	Tremolo
Quinte 1 1/3	

Damit besaß die Orgel 113 Register.
Bunk ließ in einem Schaltkasten neben dem Spieltisch zusätzlich vier weitere freie Kombinationen einbauen.[534]

Beim Luftangriff am 23. Mai 1943 verbrannte das Fernwerk auf dem Dachboden. Wenige Tage später fielen Steine auf das Rückpositiv, das kaum vier Jahre alt war, und zerstörten es mit einem Teil der Orgelempore. Die Decke über der Orgel drohte einzustürzen, deshalb war die Sicherung der großen Orgel unmöglich. Zunächst wurde das Gewölbe durch ein Gerüst vor dem Prospekt abgestützt und die Orgel mit Läufern und Decken gegen Regen etwas geschützt. Man suchte dann einen Ort für die Auslagerung des Instrumentes, erhielt aber keine Transportmittel. Die Orgel der Gelsenkirchener Hans-Sachs-Hauses, nach Bunks Meinung ein viel schlechteres Instrument, konnte damals ausgelagert werden. Der Dortmunder Stadtbaurat Schütte lehnte aber die Auslagerung der Reinoldi-Orgel ab, da es kein historisches Instrument sei. Auf den Hinweis, das Trampeli-Gehäuse habe einen historischen Wert, kam die Erwiderung, dass es keinen hohen Wert besitze. Gauleiter Albert Hoffmann veranlasste aber dann doch die Sicherstellung des Instrumentes. Es kamen aber keine Hilfskräfte für den Abbau. Am 24. März 1944 wurde durch Bomben der größte Teil des Instrumentes zerstört. Jetzt versuchten ausländische Zwangsarbeiter, Reste der Pfeifen aus den Trümmern zu bergen. Bunk befürchtete, dass der wertvolle gotische Prospekt der Marienkirche ebenfalls verloren gehen könnte, wenn nichts unternommen würde.[535]

1953 NB Walcker im Seitenschiff: 18 Register[536]

I. Manual	II. Manual	Pedal
Prinzipal 8	Grobgedackt 8	Subbass 16
Quintatön 8	Salicional 8	Oktavbass 8*
Flöte 4	Prinzipal 4	Gedacktbass 4**
Okatve 4	Russ.-Horn 4	Choralbass 4
Oktave 2	Schwiegel 2	Oktave 2
(Trompete 8 ?)***	Quinte 1 1/3	(Posaune 16 ?)***
Mixtur 3-4f	Krummhorn 8	
	Tremolo	

* von G. Bunk. Kanzelle war 1953 vorhanden.
** Vielleicht 1956 eingebaut.
*** Fehlt in der Dispositionsaufzeichnung.
II/I, Suboktkoppel II/I, Superoktavk. II/I, Superoktavk.I, Superoktavk. II, I/P, II/P
1956 in die wiederaufgebaute Kirche versetzt.

Rothkirchkapelle, ev., (Kirche der heutigen Markusgemeinde Do-Mitte) wurde im 2. Weltkrieg zerstört.
1934 NB Walcker op. 2435[537], gebr. Windladen u. Pfeifen

I. Manual C-g'''	II. Manual 6 Reg. ausgebaut	Pedal C-f'
Prinzipal 8	Liebl.Gedeckt 8	Subbaß 16
Spitzflöte 4	Geigenprincipal 4	Sanftbaß 16 Windabschw.
Schwiegel 2	Nachthorn 4	Quintbaß 10 2/3 z.T. aus Subbaß
Oktav-Mixtur 4f	Blockflöte 2	Violon 8, C-H Holz, Rest Zink
Oktav 4 neue Lade u. Pf.	Scharff 1 3f, neue Lade u. Pfeifen	
	Terzian 1 3/5 u. 1 1/3	

Organist war 1937 Dr. Otto Brodde.

Schulen

1905 Oberrealschule NB Walcker op. 1263: 10 Reg.

1907 Realschule NB Walcker op. 1364: 10 Reg.

1917 Oberrealschule Walcker op. 1891: 9 Reg.

St. Suitbertkirche, kath., erb. 1948/51, ren. 1984 und 1986, Annenstr. 16, 44137 Do
1991 NB Sauer (Ottbergen/Höxter): 9/5/11/P5, Disposition Ludger Lohmann[538].

Geschichte:
1926, 24.1., „Neue Orgel soll nächsten Sonntag geweiht werden"[539]

Synagoge, erb. 1900 im Stil der gegenüberliegenden Oberpostdirektion.
1900 NB Walcker op. 883, Fernwerk 1907 op. 1392

Manual I C-g'''	Manual II	Manual III (SW)	Manual IV (Fernwerk von 1907)
Großprinzipal 16'	Bordun 16'	Lieblich Gedackt 16'	Quintadena 16'
Prinzipal 8'	Prinzipal 8'	Geigenprinzipal 8'	Spitzflöte 8'
Doppelflöte 8'	Flûte harmonique	Konzertflöte 8'	Bourdon doux 8'
Gedackt 8'	Gemshorn 8'	Quintadena 8'	Echo-Gambe 8'
Salizional 8'	Viola 8'	Bourdon doux 8'	Vox angelica 8'[540]

Viola da Gamba 8' Dolce 8'   Aeoline 8'   Prinzipal 4'
Oktave 4'   Prinzipal 4'   Vox coelestis 8'   Spitzflöte 4'
Rohrflöte 4'   Traversflöte 4'   Flauto dolce 4'   Flautino 2'
Superoktave 2'   Mixtur 3f. 2'   Fugara 4'   Trompete 8'
Mixtur 5f. 2 2/3' Klarinette 8'   Harmonia aetherea   Vox humana 8'
                                       3f. 2 2/3'
Kornett 3-5f. 8'   Vox humana 8'   Oboe 8'
                   (im Schwellkasten)
Trompete 8'
Pedal C-f'
Prinzipal 16'   Subbaß 16'
Gedackt 16'
Violon 16'   Oktave 8'
Violoncello 8'
Oktave 4'   Posaune 16'

Nebenregister: Manualkoppeln: 2 Schwelltr. Fernwerk II/I, III/I, III/II, IV/I, Tremolo Fernwerk, Pedalkoppeln: Tremolo Vox humana, I/P, II/P, III/P, IV/P, Einschalter Man. IV, Oberoktavkoppeln: Kollektivpedal Tutti, III/II, IV, Mezzoforte, Unteroktavkoppel II/II, 3 freie Kombinationen, Generalkoppel Auslöser, Pianopedal II und III, Rollschweller an, Rollschweller Auslöser Handregister, Schwelltritt II. Manual, Auslöser Mixturen u. Schwelltritt Vox humana, Zungen aus im Tutti, Kalkantenruf

Synagogen-Orgel
Dortmund-Mitte

1907 Walcker op. 1392 NB Fernwerk

Opus 883 Dortmund-Synagoge.
Lt. Bestellung vom 23.Mai 1899 lieferbar: nach der Versammlung in Dortmund vom 28.3.99 der dabei vereinbarten Disposition der Register, us. Disposition vom 4.3.99, soweit sie nicht durch die Vereinbarung abgeändert ist, us. Kostenvoranschlag vom 4.März 18999 für einen Electromotor & us. Ko-

stenvoranschlag vom 21.3.99 für das Orgelgehäuse bis Ende December 1899 zur Abnahme fertig. Für Aufstellung an Ort & Stelle wird uns eine sechswöchentliche Frist gewährt & uns weitere 6 Wochen vorher schriftlich mitgeteilt, dass das Gebäude soweit fertig gestellt sein wird, dass mit dem Aufbau der Orgel begonnen werden kann. Für jeden Tag der verspäteten Ablieferung werden uns Mk 20. in Abzug gebracht.
Lt. Brief des Herrn Arch. Lorf vom 22.9.99 & im Einverständnis mit dem Vors. des Synagogenrates wird der Fertigstellungstermin bis zum 16.März 1900 verschoben

I. Manual C-g''' 56 Noten
1.) Principal 16' zwei Octaven von Holz, Forts. Von Probzinn mit Stimmschlitzen. C-D mit Quinte E Mens.
2.) Principal 8' von 14löthig. Zinn in den Prospect gestellt & und mit Stimmschlitzen versehen. Do Mens.
3.) Doppelflöte 8' von Holz offen
4.) Viola di Gamba 8' zwei Octaven von Naturgussmetall, Forts. Von Probzinn mit Stimmschlitzen
5.) Gedackt 8' von Holz
6.) Salicional 8' zwei Octaven von Naturgussmetall, Forts. Von Probzinn mit Stimmschlitzen
7.) Trompete 8' aufschlagend, Zungen von Messing, Stiefel & Schallbecher von Probzinn mit Expr.-Schlitzen
8.) Octav 4' von Probzinn mit Stimmschlitzen
9.) Rohrflöte 4' von Metall
10.) Octav 2' von Probzinn mit Stimmschlitzen
11.) Mixtur 2 2/3' 5fach von Probzinn mit Stimmschlitzen
II. Manual C-g''' 56 Noten
12.) Bourdon 16' von Holz gedeckt
13.) Principal 8' (Flöten) von 14 lötg. Zinn in den Prospect gestellt & mit Stimmschlitzen versehen
14.) Gemshorn 8' C-H von Holz, Forts. Von Probzinn mit Stimmschlitzen
15.) Flûte-harmonique 8' von Holz mit überblasendem Ton
16.) Dolce 8' zwei Octaven von Naturgußmetall, Forts. Von Probzinn mit Stimmschl.
17.) Clarinette 8' einschlagend, Zungen & Platten von Messing, Stiefel von Holz, Schallbecher von Probzinn
18.) Vox humana 8' mit eigener Winddruck & Regierwerk (s.Schwellung &

    Tremolo)
19.) *Principal 4' von Probzinn mit Stimmschlitzen*
20.) *Traversflöte 4' von Holz überblasend*
21.) *Cornett 8' 3-5fach, von Probzinn mit Stimmschlitzen*
III. Manual C-g''' 56 Noten
22.) *Liebl. Gedeckt 16' von Holz*
23.) *Geigenprincipal 8' C-H von Holz, Forts. Von Probzinn mit Stimmschlitzen*
24.) *Concertflöte 8' von Holz offen*
25.) *Quintatön 8' von Naturgussmetall*
26.) *Bourdon-douce von Holz gedeckt*
27.) *Aeoline 8' zwei Octaven von Naturgussmetall, Forts. Von Probzinn mit Stimmschlitzen*
28.) *Voix-celeste 8' von 4' an von Probzinn mit Stimmschlitzen & mit Aeoline 8' in Schwebung gestimmt.*
29.) *Oboe 8' aufschlagend, Stiefel & Schallbecher von Probzinn mit Stimmschlitzen*
30.) *Fugara 4' von Probzinn mit Stimmschlitzen*
31.) *Flauto dolce 4' von Holz offen*
32.) *Harmonia aetheria 2 2/3e' 3fach von Probzinn mit Stimmschlitzen*
Pedal C-f' 30 Noten
33.) *Principalbaß 16' von Holz offen*
34.) *Violonbaß 16' von Holz offen*
35.) *Subbaß 16' von Holz gedeckt*
36.) *Posaunenbaß 16' aufschlagend, Zungen von Messing, Stiefel & Schallbecher von Holz mit Expr.-Schlitzen*
37.) *Octavbaß 8' C-E von Holz, Forts. Von 14 löt. Zinn in den Prospect gestellt & mit Stimmschlitzen versehen*
38.) *Octavbaß 4' von 14 löt-Zinn in den Prospect gestellt & mit Stimmschlitzen versehen*
39.) *Gedecktbaß 16' von Holz ganz schwache Intonation in den Schwell-Kasten des II. Man*
40.) *Violoncello 8' von Naturgussmetall mit Stimmschlitzen zu stellen*
Nebenzuege
41.) *Coppel III. Manual zum I. Manual*
42.) *Do   II.   "   "   I. do*
43.) *Do   III.   "   "   II. Do*
44.) *Do   I   "   "   Pedal*

45.) Do   II   "   "   do
46.) Do   III. "   "   do
47.) Collectivpedal für Tutti & Coppeln   sich gegenseitig
48.) Freie Combination I für alle Register   auslösend
49.) "   "   II."   "
50.) "   "   III."   "
51.) Auslöser für N:47-50
52.) Auslöser der Zungenstimmen & Mixturen aus dem Tutti
53.) D: der Handregistrierung
54.) Generalcrescendo- & Decrescendo – Vorrichtung fürs ganze Werk mittelst Registerschwellers
55.) Generalcrescendo an
56.) Generalcoppel
57.) Superoctavcoppel III. Man. Z.II.Manual
58.) Schwelltritt fürs III.Manual
59.) Schwelltritt & Tremolo für Vox-humana
60.) Calcantenruf als Taste

Uebrige Teile
1.) Windladen mit Kegelventilen nach der von uns erfundenen Construction pneumatisch
2.) Regierwerk mittelst Röhrentractur äußerst präzis & zuverlässig in seiner Wirkung & widerstandsfähiger gegen Temperatureinflüsse als ein mechanisches Regierwerk
3.) Clavierkasten vor der Orgel angebracht & zum Vorwärtsspielen gerichtet mit polierten Registerstaffeleien & verschieden-farbigen Registertasten mit Aufschriften & verschließbar
   3 Manualclaviaturen C-g''' je 56 Tasten mit Celloloid & Ebenholz belegt.
   1 Pedalclaviatur C-f' 30 Tasten aus Eichenholz
   1 Sitzbank & 1 Notenpult
4.) Geblaese mit Compressionsfaltenreservoire & Schöpfern
   Mechanisches Getriebe zum Motorbetrieb des Gebläses, im Orgelraum selbst untergebracht, mit abgedeckter Welle, Excentern, Rohgusslagern & gusseisernen Lagerböcken, Schwungrad, Transmissionsrolle & Riemen (ohne Motor)
5.) Schwellkasten fürs II Manual, sämtliche Register dieses Manuals & 2 des Pedals einschließend aus 4cm starkem Holz gefertigt & mit aufrechtstehenden dichtschließenden Jalousien versehen

6.) *Windkanäle fürs ganze Werk*
7.) *Einrastrieren sämtlicher Pfeifen*
8.) *Intonation & Stimmung des ganzen Pfeifenwerkes*
9.) *Verpackung & Transport bis franco Dortmund & Reise der Monteure hin & zurück samt Aufstellung an Ort & Stelle.*
10.) *Ein Schuckert'scher AF 1 ½ Gleichstrom Motor bis 220 Volt Spannung, 1 ½ PS 1.9 Kw Effectbedarf, 1100 Umdrehungen pro Minute mit 100 mm Antriebscheibe. 1 Anlaßwiderstand, cylinderförmig, mit Belastung anlaufend*
1 Regulierwidertand für Hauptstromregulierung bis 80 % und Seilscheibe
1 Riemenspannschlitten
1 Vorgelege mit 2 Lagerböcken & Schrauben
1 schmiedeeiserne teilbare Riemenscheibe mit 800 mm Durchmesser, 40mm Bohrg
& 100mm Kranzbreite
1 Riemenscheibe 200 mm Durchm. 40mm Bohrg. & 100mm Kranzbreite
1 Riemenscheibe auf die Excenterwelle mit 800,, Durchm. 40mm Bohrg & 100mm Kranzbr.
1 Welle 1,00m lg. & 40mm Durchmesser
2 Stellringe
Verpackung & Transport inclusive Montage an Ort und Stelle ohne Stromzuleitung
11.) *Gehäuse nach Zeichnung des Herrn Reg.-Baumeister Fürstenau im Maßstab 1:20 in schönstem, astlosen, deutschen Eichenholz ausgesucht, gebeißt & gewachst samt Transport & Aufstellung an Ort & Stelle*

A. *Tischlerarbeit in sauberster & sorgfältigster Ausarbeitung mit 2 geschweiften Kuppelaufsätzen & ebensolchen Konsolen für die 8Eck vorspringenden samt Prospectpfeifen & Befestigungenskosten.*
B. *Bildhauerarbeit in schönster, kunst- & stylgerechter Ausführung nach den Detailzeichnungen des Herrn Architekten.*
C. *Rohrgeflecht für den Bogenfries im Untergehäuse. 11 St. Je o: 60/60cm groß in Meerrohr ohne Anstrich!*

(Andere Handschrift)
Op: 1392 Erstellung eines Fernwerkes & eines neuen 4 manualigen Spieltisches in der Synagoge zu Dortmund
Bestellt: 22. Mai 1907   Lieferbar 28. Agust 1907

1) *Herstellung eines neuen Spieltisches mit 4 Manualen & 1 Pedal 6 52 Registerzügen.*

    Innere Einrichtung desselben:
a)   *für Manuale*
b)   *1 Pedal*
c)   *Coppel II.Man. zum I.Man.*
d)   „   III „   I „
e)   „   III. "   II "
f)   "   IV "   I, "
g)   2   I "   Pedal
h)   "   II "   "
i)   "   III "   "
k)   "   IV "   "
l)   *Collectivpedal für Tutti*
m)   "   *Mezzoforte*
n)   *Freie Combination I*   *sich gegenseitig auslösend*
      "   "   *II*
      "   "   *III.*
o)   *Auslöser für l-n*
p)   „   „   *Zungenstimmen & Mixturen aus dem Tutti*
q)   *Auslöser für Handregistrierung*
r)   *Generalcresc: & Decrescendo mittelst Rollschweller*
s)   *Rollschweller an*
t)   *Generalcoppel*
u)   *Autom. Pianopedal, neueste Erfindung*
v)   *Suboctavcoppel II. Man zum II. Man.*
w)   *Superoctzavcoppel II. Man. zum II. Man.*
x)   „   *IV. Man*
y)   *Schwelltritt zur Vox humana*
Tremolo Vox humana
Calcantenruf

1)   *Quintatoen 16' untere Octave Holz, Forts. Zink & Probzinn mit Stimmschlitzen*
2)   *Spitzflöte 8' untere Octave Holz, Forts. Probzinn*
3)   *Bourdon doux 8' untere Octave Holz, Forts. Metall*
4)   *Echo Gamba 8' untere Octave Zink. Forts. Probzinn mit Stimmschlitzen*
5)   *Vox angelica 8' mit No 5 in Schwebung gestimmt von Probzinn mit*

  Stimmschlitzen
6) *Principal 4' von Probzinn mit Stimmschlitzen*
7) *Spitzflöte 4' von Probzinn*
8) *Flautino 2' von Probzinn mit Stimmschlitzen*
9) *Trompete 8' aufschlagend. Zungen von Messing, Stiefel & Schallbecher von Zink & Probzinn mit Stimmschlitzen*
10) *Vox humana 8' aufschlagend, Zungen von Messing, Stiefel & Schallbecher von Probzinn*
12) *(!!!) Tremolo fürs ganze Fernwerk*
13) *2 Schwelltritte elektro-pneumatisch betätigt für's Fernwerk*
14) *Schwellkasten die Register des Fernwerkes einschließend, aus 4cm starkem Holz gefertigt, mit aufrechten Jalousien.*
15) *1 ca 10 Meter langer Schallkanal lm/lm und 4 cm stark mit Jalousien am Ende*
16) *1 Windkanal ca 12 meter lang von der Orgel zum Fernwerk.*
17) *1 Compensationsbalg zum Fernwerk*
18) *1 electropneumatisches Contactkästchen für's Fernwerk*
19) *1   ,,   Relais*
20) *12   ,,   Registerzüge*
21) *ca 15 laufende Meter electr. Kabel*
22) *Kleine Dynamomaschine zur Herstellung von Schwachstrom von ca 15 Volt & 5 Ampere*
23) *Kleiner Electro. Motor zur Dynamo mit Einschalter*
24) *Fracht der neuen Register, des Spieltisches & der Motoren*
25) *Montage an Ort & Stelle, sowie Reise der Monteure hin & zurück*
Aenderungen an der Orgel selbst
26) *a) Verlegen des Cornetts von II.Man. ins I.Man., mit eigener Windlade*
  b) Einsetzen einer neuen 3 fachen Mixtur ins II. Manual
  c) Einsetzen einer neuen Viola 8' ins II.Manual
27) *4 Kondakte (!) am Vorsängerpult angebracht samt 4 elektropneumatischen Relais & Klappenbetätigung*
28) *Besondere Einschaltung des IV. Manuals*
29) *Leitungsröhren aus verzinntem Blei ca. 200 mtr.*
30) *Neue Windzuleitung und Abänderg der bestehenden*
31) *Einrichtung der Registerzüge*
32) *Einsetzen und Intonieren an Ort und Stelle.*

Mixtur nach der jetzigen Gambenmens. 4 ½ teilig labirt

C 2-1 1/3-1
c 2 2/3-2-1 1/3
c' 4-2 2/3-2
c" 4-2 2/3-2
c'" 4-2 2/3-2

Stadttheater
1904 NB Walcker op. 1178: 12 Reg.[541]

Trinitatis, ev.
197? NB Kleuker: 4/P1

Universität
1973 NB Willi Peter (Köln): 4/5/P2
1973 NB Gebr. Stockmann (Werl): 5 Reg. 2 Man. Ped.
1988 NB Tzschöckel Truhenorgel[542]: 4 Reg.

Vincenzheim
1964 Feith: 2 Man. 16 Reg.

Westfalenhalle Dortmund, Goldener Saal,
vor 1978
links offene Orgel,
oben geschlossen

Westfalenhalle
1952 NB Walcker op. 2983[543]: 16/12/19/P15. Prospektzeichnung besitzt Herr Silva.

Um 1978 erklang das Instrument bei einem großen Pfingstgottesdienst der Neuapostolischen Kirche Deutschlands zum letzten Mal, nachdem es von Silva wieder spielbar gemacht worden war. Eine gründliche Restaurierung kam nicht zustande, da der Sachberater Prof. Ständer dies ablehnte wegen minderwertiger klanglicher und technischer Qualität. Silva kaufte dann die Orgel und baute aus Teilen des großen Instrumentes mehrere kleinere Orgeln, die an neuapostolische Gemeinden weitergegeben wurden. Ca. 30 Reg. kamen in die Orgel der Neuapostolischen Kirche Herford.

Wichernhaus (Lukaskirche), Alsenstr. 110
1954 Walcker op. 3272: 4/4/P2
2002 Orgel abgebaut durch Orgelbauer Klimke (Westf. Orgelbau S. Sauer) und soll ins neue Lutherzentrum umgestellt werden.[544]
Im Wichernhaus steht jetzt ein E-Piano.

Nette

Kirche, ev., Joachim Neander Str. 3, 44359 Do
1957 NB Steinmann (Vlotho): 7/7/P5

St. Joseph, kath., erb. 1911, ren. 1976, Friedrich Naumann Str. 11, 44359 Do
1961 NB Stockmann (Werl): 9/7/P6

Geschichte:
Zunächst Harmonium
1943 Ankauf einer Gebrauchtorgel von Klais. Teile der Orgel wurden beim Bombenangriff auf den Kölner Hauptbahnhof zerstört und später ergänzt. Elektr. Traktur mit freistehendem Spieltisch und Freiprospekt.[545]

Neuapostolische Gemeinde, Dörwerstr. 40 (kirchlich zu Mengede)[546]
1956 NB Mendel (Brilon-Brixen): 4/5/P2

Oberdorstfeld siehe Dorstfeld

Obereving

St. Marien, kath. (Mariä Heimsuchung), erb. 1959, Umbau 1984. 1. Kirche 1914
1986 NB Simon (Borgentreich): 9/10/P6

Geschichte:
1937 NB Anton Feith (Paderborn): 12 Register auf 2 Manualen und Pedal, elektropneumatische Laden
1937 erweitert auf 16 Register

Oespel

Ev. Kirche, Ewald Görshop Straße 43, 44149 Do
1902 NB Walcker, 2005 rest. Stockmann (Werl)[547]

I. Manual C-f'''
Prinzipal 8	C-Ds Zink orig., jetzt auf Pfeifenstock, E-d' Prospekt Zinn 1975, ds'-f''' Zinn
Oktave 4	neu 2005
Flöte 8	Kiefer, C-D gedeckt
Viola di Gamba 8'	C-H neu, Rest z.T. aus Oktave 2 1975, c-h' neue Holzrollen an Labien
Mixtur 2 2/3 3f	2 2/3 + 2 + 1 3/5 (konisch, neu) aus alter Mixtur, Verzicht auf Repetition bei c'''

II. Manual C-f'''
Salicional 8	orig., C-Gs Zink gedeckt, Seitenbärte, A-H Zink offen, Kastenbärte, Rest Zinn offen, Kastenbärte, A-f''' Expressionen
Liebl. Gedackt 8	orig., C-gs''' Kiefer, Vorschläge Buche, g-f' doppelt labiert, a''-f''' Zinn gedeckt

Pedal C-d'
Subbass 16	Kiefer, Vorschläge und Füße Buche

Koppeln II/I, I/P, Tuttitritt, Stimmhöhe 439 HZ bei 18° C
Gehäuse: Neue Rückwand.
Windladen: Neue Keilbälgchen, neue Dichtung der Pedalwindladenbälgchen mit flexiblem Stoff. Neue Belederung der Registerventile
Pfeifenstöcke: Neue Bleikondukte, neue Pfeifenstöcke
Pneumatik: „Beipassleitungen" von 1975 beseitigt
Windanlage: Neuer Windmotor mit Schallkasten, nicht mehr im Orgelinnern, sondern im Turmraum. Neuer Kanal vom Schwimmerbalg mit größerer Öffnung.

Geschichte:
2005 Rest. Stockmann (Werl).
1989 Truhenorgel Förster und Nicolaus

Oespel-Kley

Ev. Kirche, siehe Kley

Christus unser Friede, kath., 1971 erbaut. Hedwigstr. 18
1985 NB Seifert (Kevelaer)[548]: 8/11/P6

Geschichte:
Die gebraucht gekaufte Ibach-Orgel der alten Herz Jesu Kirche (Engelbertstr.) wurde 2001 an die Kathedrale von Banja Luka (Bosnien-Herzegowina) verschenkt.[549]

Oestrich

Ev. Kirche, Auf dem Brauck 9, 44357 Do
1973 NB Walcker: 4/5/P2

Rahm-Jungferntal

Heilig Kreuz, kath., erb. 1972[550], 1998 Erweiterung. Jungferntalstr. 49, 44369 Do
1982 Ankauf Walcker-Positiv von einer Ev. Gemeinde: 5/P1

Renninghausen = Brünninghausen

Ev. Kirche, Walcker Serieninstrument 2/P

Rüddinghausen

Ev. Kirche, alte Kirche wurde abgerissen.

Geschichte:
1809 Kleinorgel aus dem Katharinenkloster Dortmund angekauft. 1 Man. 8 Register. Abgebrochen und eingelagert.
1833 Antrag des Lehrerorganisten Friedrich Fismer, Spenden bei Freunden sammeln zu dürfen, um die alte Orgel wiederaufzustellen. Die Gemeinde sei zu arm, und er selbst sähe sich außerstande, den Gemeindegesang ohne Orgel zu führen. Kosten der Aufstellung 140 Rthlr. Gesuch wurde vom Präsidenten von Vincke abgelehnt.

Scharnhorst

Ev. Kirche, erb. 1911, 1943 zerstört, 1956/57 wieder aufgebaut. Friedrich Hölscher Str. 393, 44328 Do

1957 NB Walcker op. 3670[551]: 7/6/P4

Schalom Gemeindezentrum, Buschei 94, 44328 Do
Gemeindesaal: Elektronische Orgel
Kapelle: 1998 Ankauf des Ott-Positivs der ev. Erlöserkirche (Münster): 5 Reg.

St. Immaculata, kath., erb. 1953/54, Westholz 40, 44328 Do
1954 NB Fr. Klingenhegel (Münster) op. 29: 5/6/P3

St. Franziskus von Assisi, kath., erb. 1973/74, Gleiwitzstr. 282, 44328 Do
Elektronische Ahlborn-Orgel[552].

Neuapostolische Kirche, Westholz 76, 44328 Do[553]
1982 NB Orgelbau Hofbauer und NAK-Orgelbau-NRW: 5/5/P3

<u>Schüren</u>

Ev. Kirche, Niegartenstr. 7, 44269 Do
1966 (1956?)NB Walcker op. 3543[554]: 5/6/P5

Geschichte:
1913 Gemeindehaus Alt-Schüren erbaut.
1922 Umbau des Hauses. Das Harmonium, das heute im Foyer steht, wird durch eine kleine Orgel ersetzt.

Gemeindezentrum Schüren Ost - Neuschüren
1994 NB Noeske-Rotenburg: 5/5/P3

Geschichte:
1963 NB Walcker op. 4592: 6 Reg.

St. Bonifatius, kath., erb. 1961/63, Gevelsbergstr. 36, 44263 Do
1971 NB/UB Sauer (Höxter) unter Verwendung von Pfeifenmaterial der Vorgängerorgel[555]: 7/6/P4

Geschichte:
1924 NB Stockmann: 7 Reg. 1 Man. Pneumatisch[556].
1961 UB Gebr. Stockmann (Werl)[557].

Söderholz

Ev. Gemeindehaus, 2. Pfarrbezirk der ev. Gemeinde Sölde
1968 NB Walcker[558]: 5/P2

Sölde

Ev. Kirche, Sölder Str. 84, 44289 Do
1968 NB Walcker op. 5317 Modell E 8, Gehäusetyp „Hamburg": 4/4/P3

St. Marien, kath., erb 1968, Sölder Str. 130
1989 NB Stockmann (Werl): 7/7/P5. Einige alte Register

Geschichte:

1911 1. Orgelweihe[559]

1934 Ankauf der Orgel des Ufa-Palastes Hamm, Westentorstr., die 1905 für den Musikverein Hamm geliefert wurde.[560] Ren. von Stockmann (Werl) und Aufstellung in Sölde. Bild in der Festschrift. Pneumatisch[561].
1905 NB für Hamm. Furtwängler & Hammer (Hannover)

I. Manual C-f'''	II. Manual	Pedal C-d'
Principal 8, C-H Holz	Dolce 8, C-H Holz	Subbass 16, Holz
Rest Metall	R. Metall	
Gamba 8, C-H Holz	Traversflöte 8, C-H Holz	Principalbass 8 Holz
Rest Metall	R. Metall, ged. R. offen	
Bordun 8, C-H Holz	Gemshorn 8, beschriftet	
Rest Metall, nicht überbl.	„Salicional"	
Octave 4 Metall	Flöte 4, Metall, konisch	
Cornett 3-4f 2 2/3, Metall		
Trompete 8, C-H Bärte Zk		
R. Metall		

1965 Umstellung in die neuerbaute Kirche. Später große Teile verkauft.
1989 Abgebaut. Wenige Register wurden von Stockmann für den NB verwandt. Es kam damals zu einer Meinungsverschiedenheit zwischen dem kirchlichen Sachberater Prof. Schmitz (Paderborn), der auch die Ansicht der Pfarrgemeinde vertrat, und dem staatlichen Sachberater Prof. Schlepphorst (Landesdenkmalamt Münster). Schlepphorst wollte die ganze Furtwängler-

Orgel erhalten, Schmitz argumentierte, die Orgel sei für die Gottesdienste nicht zu gebrauchen. Denkmalpflegerische Gesichtspunkte müssten da zurückstehen.

Syburg

St. Peter, ev. Saalbau, erb. nach 1100, Heideweg 13, 44267 Do
1998 NB Claus Sebastian (Geesthacht): 7/7/P2, 3 Transm. Koppelmanual

Geschichte:[562]
In der Syburger Wahl- und Steuerliste 1852: Fischer, Adam Orgelbauer, wohnhaft Haus Husen[563].
1896 Orgelbau auf eigener Empore. Vorher benutzte man ein Harmonium, das dann in die Schule kam.

Manual C-f'''
Gedackt 8 Holz   Salicional 8 C-H aus Flöte, Rest Metall
Flöte 8 Holz   Prinzipal 4 Metall
Angehängtes Pedal C-d'
Schleifladen

1930 NB Paul Faust Schwelm

I. Manual C-g'''	II. Manual	Pedal C-f'
Prinzipal 8	Bordun 8	Subbaß 16
Jubalflöte 8[564]	Aeoline 8	Zartbass 16
Dulciana 8	Vox coelestis 8	Octavbaß 8
Prestant 4	Blockflöte 4	
	Gemshornquinte 2 2/3	
	Waldflöte 2	
	Terzflöte 1 3/5	
	Echocornett 2 2/3 3f	
	Waldhorn 8	

18 Koppeln und Spielhilfen, elektrische Trakturen.
Orgel in einem Jalousiekasten auf dem Kirchenspeicher über dem Schiff eingebaut. Öffnung zum Kirchenraum durch ein Gitterwerk. Spieltisch seitlich auf Orgelbühne. Preis 12.000,00 RM. Abnahme durch Gerhard Bunk (Dortmund).

... Es hat die Firma Paul Faust, Schwelm, wiederum ein Orgelwerk ge-

schaffen, das ihrem Rufe alle Ehre macht. Die Übernahme des schönen Werkes, das sowohl für Kult- wie für Konzertzwecke gleich ausgezeichnet sich eignet, kann bedingungslos empfohlen werden. Gerard Bunk Organist an St. Reinoldi, Dortmund
Der in Fachkreisen noch heute bekannte Johannes Biehle (1870 – nach 1930), Professor für Raumakustik und Orgelbau an der Technischen Hochschule Berlin-Charlottenburg, Gutachter des Ministeriums, lobte das Werk ebenfalls nach einer Besichtigung: Ihre Orgel in Hohensyburg ist in der Tat ein Prachtstück.[565]
1945 Orgel wird beim Bombenangriff am 7. März zerstört.

1961 NB Walcker op. 4011[566]: 6/4/P3

Unterdorstfeld siehe Dorstfeld

Wambel

Apostelkirche, ev., Eichendorffstr.31, 44143 Do, Adresse siehe Körne
1972 NB Steinmann: 5/4/P4

Geschichte:

Gemeindehaus um 1930? NB Faust II/9[567]

St. Meinolfus, kath., erbaut 1957, Rabenstr. 16, 44143 Do
1992 NB/UB Simon (Borgentreich-Muddenhagen): 9/8/P5[568]

Wellinghofen

Alte Kirche, ev., zweijochige Halle, erb. um 1200. Overgünne 3-5, 44265 Do
Jetzige Disposition nach Rest. Peter (Köln) 1951. Umstellung auf Seitenempore.

OW c-f''''	UW	Ped C-d'
Gedackt 8 *	Rohrflöte 8	Subbaß 16
Oktave 4	Quintade 4	Offenbaß 8
Flöte 4 *	Oktave 2 *	Stillposaune 16
Quinte 2 2/3 *	Quinte 1 1/3	
Nachthorn 2	Jauchzend Pfeife 1 3/5 (auf Registerschild 1)	
Mixtur 3-4f. 1	Krummhornregal 8	
	Tremulant	

1709 NB 1. Aug Vertrag mit Johann Georg Alberti[569]

1. *Principal 4 Fuss*
2. *Gedact 8 „ **
3. *Quinte 3 „ **
4. *Flöte 4 „ **
5. *Quintadena 4 „*
6. *Octave 2 „ **
7. *Flöte 1 „ (2')*
8. *Sexquarte 2 fach*
9. *Mixtur 3 fach*
10. *Cornett 3 fach*
11. *Octave 1 Fuss*

* = teilweise erhalten

Rekonstruktion der Alberti-Orgel (Schuke/Berlin)

Geschichte:
1709 NB Johann Georg Alberti
Aufzeichnungen Dr. Maxton (Dortmund) (Schreibmaschinenskript unveröffentlicht):
1. Aug. 1709 Kontrakt mit Johann Georg Alberti „zur Ehre Gottes in der Kirche zu Wellinghofen eine Orgel wie die Wittensche an structur, stimmen und Register ist, machen … und noch im Jahre 1696 in der Kirchen zu Witten eine gemacht, so wohl geraten." Preis 224 Thaler.
Die Wittener Orgel stand über dem Altar: *Die Orgel war über dem Altar* (Grundrisszeichnung Zustand vor 1752 Archiv EK Witten). *In der neuen Kirche soll die Cantzel über das Altar und die Orgel über die Cantzel gesetzet werden* (Grundriss der neuen Kirche 1752 AEK Witten).[570]
1710 Kontrakt mit Wilhelm Genckel, geb. in Meinerzhagen, über Bau des Orgelstandes.
1710 Quittung von Wilhelm Middelhoff aus Wellinghofen für drei Tage Arbeit am Balghaus.
1713 Vergleich zwischen Lutheranern und Reformierten. Beide Gemeinden bezahlten die Hälfte des Kaufpreises.[571]
1738 Rep. Diederich Nohl 12 Rthlr
Bis 1808 Pflege und Rep. Nohl
1810 Grevel: Kirchengeschichte der Pfarre Wellinghofen, 1810:

Die Orgel ist am Turm angebracht, ruht auf zwei hölzernen Pfeilern, welche im Schiff der Kirche stehen und nur 7 Fuß (ca. 2 m) *hoch sind.*
1808 Rep. Nohl
1820 Rep. Meyer (Herford) 12 Thlr.
1829 Rep. Sassenhoff (Lünen) 2 Thlr 9 gr.
1831 Rep. Sassenhoff (Lünen) 6 Thlr 19 gr.
1843 KA Mellmann für Rep.
1844 Gutachten von Reformierten eingeholt: keine Mitbestimmung bei Reparaturen für Lutheraner. Kontrakt mit Sassenhoff in Soest. Arbeiten 21. Sept. 1844 beendet.
1845 Frh. von Romberg schenkt der Kirche die Reparaturkosten von 96 Thlr 10 Sgr. Trotzdem will das luth. Presbyterium von ref. Gemeinde die Hälfte der Kosten.
1858 UB Herbst
Die neue Orgel enthält folgende Disposition:

I. Hauptwerk	*II. Positiv*	*Pedal*
1. Praestant 4 Fuss	*1. Gambe 8 Fuss neu*	*Subbass 16 Fuss neu*
2. Gedact 8 Fuss	*2. Lieblich-Gedact 8 Fuss neu*	*Octavbass 8 Fuss neu*
3. Hohlflöte 8 Fuss	*3. Flöte 4 Fuss neu*	*Posaune 16 Fuss neu*
4. Geigenprinzipal 8 Fuss		
5. Quinte 3 Fuss		
6. Flöte 4 Fuss		
7. Octav 2 Fuss		
8. Mixtur 3 fach		

Sachberater Breidenstein lässt zusätzlich einen Bordun 16 im Hauptwerk einbauen.

1903 Umstellung der Orgel von der Bühne am Turm in das dem Chor am nächsten nördlichen Seitenschiffgewölbe und kleiner UB. Prospekt zu 50% in der Nische verdeckt. Ein Chor der Mixtur wurde entfernt (Pfeifenreste lagen 1948 in Zeitungspapier des Hannoverschen Anzeigers vom Dienstag den 21. Oktober 1902 eingepackt im Gehäuse) und Löcher auf dem Pfeifenstock zugeklebt.
1947 Gutachten des kirchlichen Sachverständigen Siegfried Gerdes (Schwelm)
1948 Disposition nach Aufzeichnung von Schönstedt:

I. Manual	II. Manual	Pedal
Bordun 16	Liebl. Gedackt 8	Subbaß 16
Gedackt 8	Gamba 8	Oktavbaß 8
Hohlflöte 8	Flöte 4	Posaune 16 (durchschlagend)
Geigenprinzipal 8		
Oktave 4		
Flöte 4		
Oktave 2		
Quinte 2 2/3		
Mixtur 3f		

Schleiflade mit doppelten Tonkanzellen für Manuale
Alter Spieltisch, neue Pedalklaviatur. Alt fünf Manualregister und zwei Labialregister Pedal, neue Spiel- und Registertrakturen.

1951 UB (Rest.) Willi Peter (Köln)
1972 Rep. Steinmann
Neuer Spieltisch, UB Manualwindladen (durchschoben) zu Fundamentafelladen, Zarge bleibt, neue Schiede und Windkästen. Pedalwindlade neu für drei Register, Spieltraktur fast ganz neu, Registertraktur Pedal fast ganz neu, Manual überarbeitet, neue Schwimmerbälge und Antrieb (Meidinger).
2003 Dokumentation des Bestandes durch Klais (Bonn).
Gehäuse: Gurtrahmen-Eichengehäuse von 1710, Verbreiterung des Unterteils 1856 durch Herbst mit Eichenholz, Pedal Fichte (Herbst) und Sperrholz (Peter 1951).
Pfeifenwerk:

Oberwerk
Gedackt 8	C-H ged. Fichte (1856), ab c ged. Metall (1856) um ganzen Ton versetzt
Oktave 4	C-gs" Prospekt (1951)
Flöte 4	C, ds'-f'" ged. Metall (1856), Cs-dd' ab ds' konisch (1710)
Quinte 2 2/3	C, Cs, f, c' (1856), Rest (1710) aus verschiedenen Registern
Nachthorn 2	C-G Zink, Rest Naturguss (1951)
Mixtur 3-4f	1 1/3 Zinn und Naturguss (1951)

Unterwerk
Rohrflöte 8	C-H ged. Fichte (1856), c-gs Zink, Rest Naturguss

	(1951)
Quintade 4	C-G Zink, Rest Naturguss, ab c'' Holzstöpsel (1951)
Oktave 2	C-Ds, c-d Metall (1856), E-H, ds-h'' (1710) aus verschiedenen Registern, Rest (1951)
Quinte 1 1/3	zylindrisch, Naturguss (1951)
Jauchz. Pfeife 1 3/5	C-D ged. Naturguss (1951 1')
Krummhornregal 8	Diskant labial, Fabrikat Giesecke (1972)
Pedal	
Stillposaune 16	Fabrikat Giesecke (1972)
Gemshorn 8	Zinn (1972)
Subbass 16	Mahagoni (1972)

1951 neue Kerne, Aufschnitte erniedrigt, im Bericht von Klais Mensurtabellen.

Bilder und Zeichnung aus dem Nachlass
von Dr. Willy Maxton

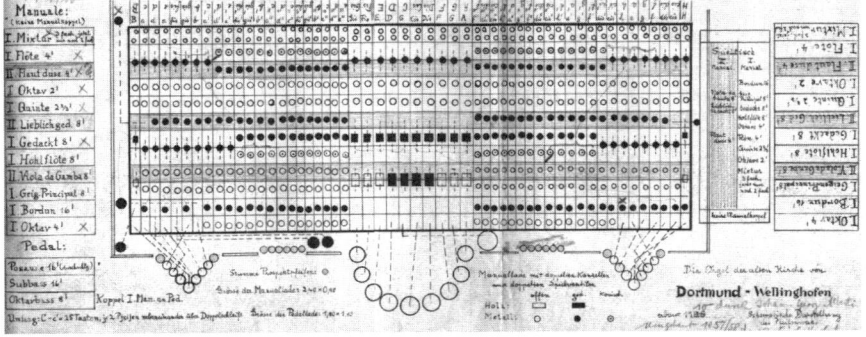

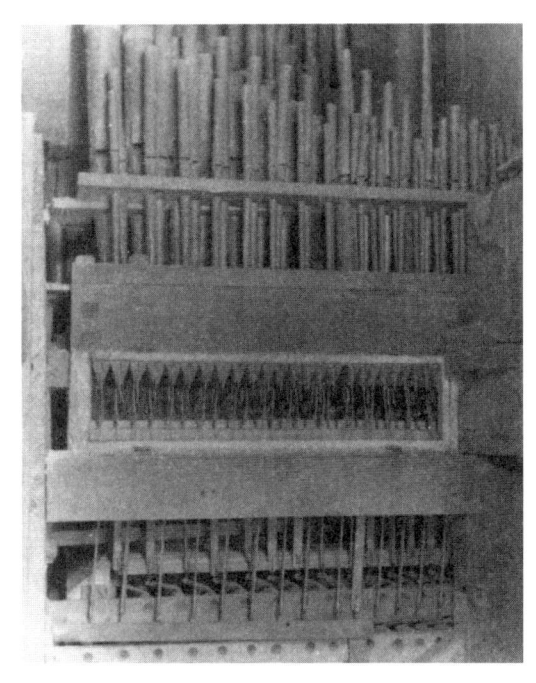

Alte KIrche Wellinghofen,
Zustand um 1940

<u>Windladen</u> 1951 und 1972
<u>Mechanik</u> 1951 und 1972
<u>Spieltisch</u> 1972

Dreieinigkeitskirche, ev.
1963 NB Ott Göttingen: 8/8/P6

<u>Geschichte:</u>
1902 Furtwängler & Hammer NB: 14 Reg. Nr. 458[572]

Friedhofskapelle
1976 Truhenorgel Führer (Wilhelmshaven): 3 Reg.

Heilig Geist, kath., erb.1955, Auf den Porten 4, 44265 Do
1997 NB Stockmann (Werl)[573]: 7/8/P5

Geschichte:
Die Kirche soll vorher eine alte Orgel von Seifert (Kevelaer) besessen haben.

Westerfilde

Ev. Kirche, erb. 1909, Westerfilder Str. 11, 44357 Do
1983 NB Weigle Leinfelden-Echterdingen: 6/6/P4

Geschichte:
1940, Juni, Orgel hat 1 Man. 4 Reg. und 1 Pedalreg. Handbetrieb für Blasebalg.[574]
20.10.1940 Beschluss, Orgel nach Kostenanschlag von Walcker und Gutachten von KMD Gerdes zu erweitern. Arbeiten durften im letzten Krieg zunächst nicht ausgeführt werden. Das Instrument soll in zwei Gehäusen um Rosette herum auf der Empore über Eingang gestanden haben.
1943 UB Walcker 9 Register[575].
1947 Orgelbauer Rath (Dortmund) soll Orgel rep.
1949 Orgel ist unspielbar. Walcker repariert für 250,00 DM
1952, April. Ein 13-jähriger Junge stiehlt Pfeifen.
Vor 1983 Elektronenorgel angeschafft.

Wickede

Johanneskirche, ev., Wickeder Hellweg 82-84, 44319 Do
1964 Vertrag NB mit Führer (Wilhelmshaven): 2 Man. HW RP
1972 NB Führer: 8/6/P4

Geschichte:
Um 1560 Organistenstelle[576]

Barockorgel
1744 Die Adelsfamilien von Bodelschwingh und von Voigt stiften den Reformierten eine Orgel.
1769 Rep. für 35 Reichstaler.
1790 Vertrag mit Georg Wilhelm Steffen (Bochum), Steffen erhält Vorschuss. *Daneben aber noch folgende Verbeßerungen zu machen, als*
a. 1 Principal von 8 Fuß
b. 1 Viole de Gamba 8 Fuß, die beiden untersten Octaven im Baß mit einer Floete d'Amour von 4 Fuß zu besezen

c. *1 Trompette 8 Fuß*
d. *1 Gedact von 8 Fuß, die beiden untersten Octaven aber von Holz*
e. *zu der schon befindlichen Mixtur noch 2 Chor zu sezen, auch die neuen Register so zu stimmen, daß selbige mit den alten Register harmoniren.*

1790 Quittung von G. Wilh Steffen, Orgelbauer, über 100 Rthlr. Vorschuss für Versetzung und Verbesserung der Orgel.
1791 Beginn des Orgelumbaus
1793 Gerichtsverhandlungen zwischen Reformierten und Lutheranern in Unna wegen des Orgelumbaues.
1794 Neue Orgelbühne.
1798 Reformierte Gemeinde ist mit dem Umbau einverstanden.
1798-99 Orgelbauer Steffen ist öfter für längere Zeit in Wickede. Die Gasthauskosten werden vom Wirt eingeklagt.
Juni 1800 Revision des Umbaues durch Orgelbauer Fromme (Soest)
1880

Wegen Revision der Orgel. Actum Wickede in der Kirche d. 11ten Juny 1800
1) Die Viola di gamba sey zwar nicht in der Orgel vorhanden statt deren aber ein register von flauto traverso im discant und flauto d'amour im Baß gemacht worden, ar nun Erstens gut gemacht so glaubte H. Fromme, daß dieses die Stelle der Viola di gamba vollkommen vertretten konne
2) Das principal von 8 Fuß sey da
3) Die trompette sey zwar 8 Fuß lang H.Fromme (meint) daß die Korpers der Pfeifen nicht groß genug seyn und schwehrlich die gehörige Stimmung halten werden, weshalb das gantze Register ausgebeßert und größere Pfeifen gemacht werden mußen
ad 4 Das Register sey gut und daran nichts auszusetzen
5 Die Mixtur sey jetzt 4 Chörig wie sie vormals gewesen wusste H. Fromme nicht.
Steffen verspricht, außer den fehlenden Leerschleifen alles übrige innerhalb von vier Wochen zu verbessern.

26. April 1800 Schreiben der Luth. Gemeinde an das Landgericht: Steffen hat die Orgel neun Jahre später geliefert. Deshalb sind ihm Zinsen für den Vorschuss von 100 Rthlr. berechnet worden.
10. Juni 1800 Quittung *J:G:Fromme Orgelbauer in Soest*, über 8 Reichsthlr. für die Revision.

31. Juli Nachrevision durch Fromme. Die Mängel, die im Juni festgestellt wurden, sind nicht behoben.
3.2.1874 Lehrer Schüler attestiert die gute Arbeit des Blasebalges. Herbst hat auch die Orgel repariert. Trotzdem gibt es in der Mechanik und Intonation noch Fehler, die aber nicht Herbst, sondern dem sehr schlechten Zustand der sehr alten Orgel anzulasten sind.

R o h l f i n g - O r g e l[577]
Werkverzeichnis Nr. 55, erbaut 1878, 17 Reg., 5.630,00 M.

I. Manual C-f'''	II. Manual	Pedal C-f'
Prinzipal 8	Flauto major	Subbass 16
Bordun 16	Salicional 8	Violon 8
Gamba 8	Flûte travers 4	
Doppelflöte 8		
Oktav 4		
Rohrflöte 4		
Oktave 2		
Mixtur 3f		
Trompete 8		

Koppeln, Mechanische Schleifladen

8.12.1914 Brief Pfarrer Jürgenmeyer praes. presb. an Konsistorium Münster: Beschluss gefasst, die Orgel in den Turm zu verlegen und umzubauen nach Plan von Faber & Greve.
Kostenanschlag Faber & Greve, vormals Heinrich Faber sen. Gegründet 1863 Salzhemmendorf Provinz Hannover.
6. Juni 1928 Pflegevertrag mit Paul Faust (Schwelm). Asseln hatte auch Pflegevertrag mit Faust.
25.11.1946 Kostenanschlag Faust

Disposition nach UB 1948

I. Manual	II. Manual	Pedal 1932 durch Faust hinzugefügt auf neuer Lade ds'-f'
1. Principal 8	10. Praestant 4 Pfeifen aus Geigenprinzipal, obere Oktave neue Pfeifen	14. Subbaß 16

2. Bordun 16
3. Quintflöte 2 2/3 neu
4. Spitzflöte 8 neu
5. Octave 4
6. Rohrflöte 4
7. Octave 2
8. Mixtur 3f auf 1 1/3 gesetzt
9. Silbermanntrompete 8 neu
Neu: Oberoktavkoppel II/I

11. Gedacktpommer 8 neu
12. Salicional 8 C-F neue Pfeifen (Holzwurm)
13. Waldflöte 2 anstelle von Aeoline (1914 Faber & Greve?)

15. Stillposaune 16 neu
16. Principalbaß 8 Fuß
17. Choralbass 4 neu oder aus Violonbass 8

Neuapostolische Kirche, Bockumweg 14
1952 NB. Walcker op. 3122[578]: 4/4/P1

Vom göttlichen Wort, kath., erb. 1965/66, Wickeder Hellweg 59, 44319 Do
2005 Einbau der Orgel von Liebfrauen (Hamm) durch Stockmann (Werl)[579]: 11/8/13/P12

Geschichte:
1972 NB Stockmann aus alten Walcker-Orgelteilen[580]: 6/4/P3
Orgel der Liebfrauenkirche Hamm[581]
Zwischen 1909 und 1928 NB Feith (Paderborn).[582] Der erhaltene Spieltisch mit neogotischen Schnitzereien legt das nahe. Vor 1945 Aufzeichnung der Disposition, als im Kriege die Metallpfeifen abgegeben werden sollten, was aber nicht geschah.

I. Manual	II. Manual	III. Manual	Pedal
Bordun 16'	Sing. Gedackt 8'	Quintadena 16'	Prinzipalbass 16'
Prinzipal 8'	Holzflöte 8'	Ital.Prinzipal 8'	Subbass 16'
Rohrgedackt 8'	Gedecktpommer 8'	Doppelflöte 8'	Echobass 16' Transm.
Gemshorn 8'	Dolce 8'	Zartgeige 8'	Dulcian 16'
Octave 4'	Querflöte 4'	Schwebung 8'	Quintbass 10 2/3'
Tibia 4'[583]	Blockflöte 4'	Weitprinzipal 4'	Octave 8'
Nachthorn 2'	Superoktave 2'	Gemsquinte 2 2/3'	Bassflöte 8'
Cornett 2-4f.	Quinte 1 1/3'	Waldflöte 2'	Kupferflöte 4'
Mixtur 4-6f	Scharf 4-5f	Terz 1 3/5'	Hintersatz 4fach

I. Manual	II. Manual	III. Manual	Pedal
Trompete 8'	Rankett 16'	Rauschpfeife 3-4f	Bauernflöte 2'
Krummhorn 8'	Oboe 8'	Horntrompete 8'	Posaune 16'
		Bärpfeife 8	Trompete 8'

Orgel wurde vor 1948 von Stockmann abgebaut und 1952 mit geänderter Disposition in einer rechten und linken Chornische aufgestellt.

I. Manual	II. Manual	III. Manual	Pedal
Prinzipal 8'*	Geigenprinzipal 8'	Gedackt 16'	Prinzipalbass 16'*
Gemshorn 8'*	Doppelflöte 8'*	Seraphon Prin. 8'	Violon 16'
Rohrgedackt 8' *	Quintatön 8'	Spitzflöte 8'	Subbaß 16'*
Ital.Prinzipal 4'	Zartgeige 8'*	Gedacktpommer 8'*	Quintbaß 10 2/3'*
Dolce 4'*	Prästant 4'	Oktave 4'	Zartbaß 16' Tr.*
Querflöte 4'*	Gemshorn 4'	Blockflöte 4'*	Oktavbaß 8'*
Gemsquinte 2 2/3'*	Schwiegel 2'	Waldflöte 2'*	Gedackt 8'*
Oktave 2'	Glöckchen 1'	Quinte 1 1/3'*	Kupferflöte 4' *
Nachthorn 2'*	Terzian 2f	Rauschpfeife 3-4f	Bauernflöte 2' *
Mixtur 5f	Cymbel 3f	Terzzymbel 3f	Posaune 16' *
Trompete 8'*	Oboe 8'*	Waldhorn 8'	
Clarine 4'	Zink 4'	Vox humana 8'	

* = aus alter Feith-Orgel 1909/28
Orgel wurde gestimmt und gewartet von Firma Feith-Sauer (Paderborn).

1976 UB Stockmann (Werl). Neue Schleifladen und Gehäuse aus Eichen-Tischlerplatten. Alter Spieltisch von Feith. Neue elektr. Trakturen. 7 neue Register, einige alte umgebaut. Einweihung 28. Januar 1978

HW C-g'''	RP	SW	Pedal C-f'
Gedeckt 16'	Rohrgedackt 8'	Quintade 16' neu	Prinzipalbaß 16'
Prinzipal 8' neu	Quintade 8'	Geigenprinzipal 8'	Violon 16'
Gemshorn 8'	Oktave 4' neu	Gedacktpommer 8'	Subbaß 16'
Doppelflöte 8'	Blockflöte 4'	Spitzflöte 8'	Quintbaß 10 2/3'
Ital.Prinzipal 4'	Oktave 2'	Zartgeige 8'	Oktavbaß 8' neu
Querflöte 4'	Quinte 1 1/3'	Praestant 4'	Gedackt 8'
Gemsquinte 2 2/3'	Zimbel 3f neu	Gemshorn 4'	Choralbaß 4'
Nachthorn 2'	Vox humana 8'	Schwiegel 2'	Bauerflöte 2'
Cornett 3f ab c neu	Tremolo	Terzian 2f	Rauschpf. 2'
Mixtur 4-6f 1 1/3' neu			Glöcklein 1'

Posaune 16'
Trompete 8'   Scharff 5f 1' neu   Waldhorn 8'
                               Oboe 8'   Clarine 4'
                               Zink 4'
Normalkoppeln, 2 freie Kombinationen, Absteller, PU, Walze

D   Firmenstatistik – Neubauten

Alberti
? Kirchhörde ev. Kirche
1653 Bergneustadt ev. Kirche (1798 kath. Joh. Kurl)
1668 Hörde ev. Kirche
1687 Mengede ev. Kirche
1690 Brechten ev. Kirche
1694 Bodelschwingh ev. Kirche
um 1700 Eichlinghofen ev. Kirche
1709 Wellinghofen ev. Kirche

Bosch
1965 Eving (mit Raupach)
1981 Lanstrop ev. Kirche

Breil
1903 Dreifaltigkeit kath. (Mitte)
1933 Heilig Geist (Mitte)
1962 kath.Heilige Dreigfaltigkeit (Mitte)
1964 Untersuchungshaftanstalt
1967 Huckarde St. Urbanus
1966 Franziskus und Antonius von Padua (Mitte)
1967 Heilig Geist (Mitte)
1969 Kirchderne St. Bonifatius
1969 St. Josef (Mitte)
1970 Lüttgendortmund Maria Magdalena
1978 Musikhochschule
1988 Huckarde Altenheim
1988 Lüttgendortmund Maria Magdalena

Brill
1940 Unterdorstfeld St. Barbara

Buchholz
1937 Lüttgendortmund ev. Kirche

Eggert-Feith
1882 Probsteikirche (Mitte)

1886	Liebfrauen (Mitte)
1892	St. Josef (Mitte)
1894	Lüttgendortmund Maria Magdalena
1895	Applerbeck kath. Kirche
1897	Auf dem Höchsten Kaiser Heinrich Kirche
1897	Hombruch St. Clemens
1899	Fredebaum
1903	kath. Apostelkirche (Mitte)
1908	Antonius von Padua (Mitte)
1914	St. Antonius v. Padua (Mitte)
1916	St.Bonifatius (Mitte)
1920	Liebfrauen
1923	Hauptfriedhof
1923	Antonius von Padua (Mitte)
1927	St. Anna (Mitte)
1927	Hörde St. Clara
um 1928	Hörde St. Clara
1929	Brackel St. Clemens
1937	Obereving St. Marien
1952	St. Antonius v. Padua (Mitte)
1952	St. Michael (Mitte)
1954	Probsteikirche (Mitte)
1955	Kirchhörde Patrokli
1958	St. Suitbert (Mitte)
1961	Heilig Kreuz (Mitte)
1964	Vincenzheim

Epmann
1802	Huckarde St. Urbanus

Euler
1964	Neuapostolische Gemeinde Do-West

Faust
1911	Mengede ev.
um 1930	Methodistengemeinde Friedenskirche
1930	Nicolai ev.
1930	Syburg ev.

um 1930	Pädag. Akademie Wambel
1950	Lüttgendortmund ev. Kirche
?	Pädagogische Akademie vor 2. Weltkrieg

Fleiter
1981	Bodelschwingh Mariä Heimsuchung
1992	Lanstrop St. Michael

Führer
1965	Huckarde ev. Kirche Positiv
1966	ev. Predigerseminar
1967	Benninghofen ev. Kirche
1967	Lindenhorst ev. Kirche
1971	Kirchhörde ev. Kirche
1970	Wickede ev. Kirche
1971	Musikhochschule
1974	Barop ev. Kirche
1976	Wellinghofen ev. Friedhof

Furtwängler & Hammer bzw. Hammer
1899	Eving ev. Kirche Orgel von 1926 kam 1951 in die Christuskirche (Mitte)
1966	Martin ? (Mitte)
1972	Kirchderne ev. Kirche

Heissler
1981	Kirchlinde-Rahm-Jungferntal

Herbst
1850	Herbst ???
1866	Brechten ev. Kirche
1885	Kirchderne ev. Kirche
1867	Lüttgendortmund kath. Kirche Rep.

Hillebrand
1968	ev. Gemeindehaus Arche (Heliand) (Mitte)
1970	ev. Martinskirche
1972	Löttringhausen Hausorgel

Hofbauer
1982   Neuapost. Gemeinde Scharnhorst

Ibach
1881/85   Marten ev., von dort nach Oespel
?   Oespel alte Herz Jesu Kirche, verkaufte Orgel nach Bosnien

Jemlich
1989   Christuskirche (Mitte)

Kemper
1933   Hausorgel Wenzel
1948   Liebfrauen (Mitte)
1949 und 1964 Hörde ev.
1953   St. Bonifatius (Mitte)
ca. 1956   Marten Stephanus ev.
1958   St. Gertrudis (Mitte)
1962   Brechten ev.
?   Hausorgel Lämmerhirt

Kersting
1840/41   Mengede

Klais
Hausorgel Hombruch op. 951
1996   Hombruch Marien-Hospital
2002   Konzerthaus

Kleine
1758   Brackel ev. Kirche

Kleuker
1978   Johannes (Mitte)
?   Trinitatis (Mitte)

Klingenhegel
1954   Scharnhorst Immaculata

Kreienbrink
1956   Husen St. Petrus Casinius

1960 Dorstfeld Neuapostol. Gemeinde
1962 Marten St. Laurentius
1966 Huckarde St. Christophorus

Link
1908 Husen ev. Kirche
1913 Barop ev. Kirche

Lötzerich
1971 ev. Matthäuskirche

Marcussen
1871 Eichlinghofen Maria Königin

Mellmann
um 1810 Brackel ev. Kirche
1829 Petri (Mitte)

Mendel
? Mengede Neuapostolische Gemeinde

Meyer
1891 Bodelschwingh ev. Kirche
1891/95 Brackel ev. Kirche

NAK
1982 Scharnhorst Neuapostol. Gemeinde mit Hofbauer
1993 Neuapostol. Gemeinde mit Simon
1994 Kirchhörde Neuapostol Gemeinde

Noeske
1994 Schüren-Ost ev. Gemeindezentrum

Nohl
1732 Petri (jetzt Berchum)
1738 Wellinghofen Diederich
1780 Marien
1783 Brackel Franz Georg
1785 Kurl kath. Franz Georg, Vater von Gerhardt
um 1810 Derne ev. Kirche

1812 Barop
1814 Derne

Ott
1965 Wellinghofen Dreieinigkeit ev.
1965 Scharnhorst Schalom
1968 Löttringhausen ev. Kirche
1976 Lüttgendortmund ev. Krankenhaus Positiv
? Hausorgel Silva

Peter
1952 ev. Martinskirche (Mitte)
1971 Deininghausen
1975 Universiät

Randebrock
1866 Hörde St. Clara
1877 Mengede St. Remigius

Rath
1944 Unterdorstfeld St. Barbara

Raupach
1954 Hombruch ev.
1965 Lüttgendortmund Martin Luther King Haus ev.

Rieger
1994 ev. Pauluskirche (Mitte)

Rohlfing
1878 Wickede ev. Kirche
1909 Lindenhorst ev. Kirche
1914 Lyzeum
1956 Klein-Barop ev. Kapelle
1956 Margarethenkapelle

Sauer Frankfurt-Oder
1904 Dorstfeld ev. Kirche
1944 ev. Martins Kapelle

Sauer Höxter
1972   St. Nicolaus von Flüe Brackel
1978   Derne St. Alysius
1988   Probsteikirche
1991   St. Suitbert (Mitte)
1994   Josefinenstift
1997   Christinenstift

Schotte
1887   Asseln ev. Kirche KA

Schuke, Karl
?   Klinikum Nord Pos.

Schuke Potsdam
1976   Lüttgendortmund ev. Kirche

Schulze
1870   Aplerbeck ev. Kirche

Schwerte, Jan von
1523   Reinoldi

Sebastian
1998   Syburg ev. Kirche

Seifert
1985   Oespel-Kley Christus unser Friede

Simon
1980   Lanstrop St. Bonifatius
1986   Obereving Marien
1992   Dorstfeld Neuapostol. Gemeinde
1992   Wambel kath. Meinolfus
1993   Derne Neuapostol. Gemeinde
1993   Hombruch Neuapostol. Gemeinde
1995   Börninghausen Herz Jesu
1997   Marten Neuapost. Gemeinde

Slegel, Jan von

1598   Reinoldi

Söhl, Heinrich aus Dortmund
1919   Kirchderne Prospektpfeifen KA

Speith
1968   Musikhochschule
1972   Berghofen St. Joseph

Steffen, Goerg Wilhelm
1790   Wickede

Steinmann
1950   Paul Gerhard (Mitte)
1957   Nette ev. Kirche
1968   ev. Marien (Mitte)
1972   Wambel ev. Apostel

Steinmeyer
1954   Lüttgendortmund Neuapostol. Gemeinde
1980   Holzen ev. Kirche Positiv

Stockmann
1896   Dorstfeld kath. Kirche KA
1898   Asseln St.Joseph
1902   Derne St. Alysius
1903   Marten Heilige Familie
1905   Dorstfeld St. Barbara
1906   Hörde St. Clara
1909   Kurl kath. Kirche
1913   Lanstrop St. Michael
1915   Körne Liborius
1919   Hörde Herz Jesu
1920   Berghofen St. Josef
1921   Hörde Herz Jesu
1924   Schüren St. Bonifatius
1926   Bodelschwingh Mariä Heimsuchung
1926   Börninghausen kath.
1935   Sölde kath. Kirche

1947   Unterdorstfeld St. Karl Borromäus
1949   Lichtendorf St. Bonifatius
1951   Hombruch St. Clemens
1952   Mengede St. Remigius
1956 u. 1961 Musikhochschule
1960   Heilige Dreifaltigkeit (Mitte)
1961   Hörde St. Clara
1962   Nette St. Josef
1962   Marten Heilige Familie
1962   Mengede St. Josef
1963   Hörde St. Georg
1965   Hörde St. Clara
1966   Hörde Herz Jesu
1972   Wickede Vom göttlichen Wort
1973   kath. Apostel (Mitte)
1975   Universität
1988   Auf dem Höchsten Kaiser Heinrich
1989   Sölde Marien
1997   Wellinghofen Heilig Geist
2002   St. Johannis Hospital

Thunich
1987   Hörde ev. Truhenorgel
1995   Hörde Advent

Trampeli
1805   Reinoldi

Tzschöckel
Truhenorgeln für Universität und Hörde ev. Kirche

Walcker
1894   ev. Pauluskirche (Mitte) op. 652 36 Reg.
1895   Johannes (Mitte) op. 714 25 Reg.
1896   ev. Petrikirche (Mitte) op. 753 33 Reg.
1897/99 Hörde ev. Kirche
1899   Hörde Synagoge
1900   Synagoge op. 883 40 Reg.
1901   Kleinkinderschule op. 989 Reg.5

1902	Hausorgel Wemhöner op. 1067 10 Reg.
1902	Oespel op. 1013 8 Reg.
1904	Stadttheater op. 1178 12 Reg.
1905	Loge zur alten Linde op. 1237 11 Reg.
1905 (oder 1917)	Oberrealschule op. 1263 10 Reg.
1905	Pauluskirche op. 1238 6 Reg.
1906	Hausorgel Holtschneider op .1266 8 Reg.
1906	Hausorgel Dr. Overbeck op. 1348 7 Reg.
1906	Lutherkirche op. 1326 27 Reg.
1906	Kirchlinde St. Josef 22 Reg.
1907	Marten ev. Kirche
1907	Realschule
1908	Bövinghausen Herz Jesu
1908	ev. Marienkirche (Mitte)
1908	Reinoldi Interimsorgel 4 Reg.
1909	Reinoldi
1910	Hausorgel Justizrat Pork
1912	Altkathol. St. Martin
1914	ev. Pauluskirche (Mitte)
1917	Oberrealschule
1933	Christengemeinschaft
1933	Hausorgel Dr. Wenzel
1933	Ev. Heliand (Mitte)
1934	Rothkirchenkapelle
1935	Kirchhörde ev. Kirche 12 Reg.
1935	ev. Gemeindehaus Melanchthon (Mitte)
1935	Hombruch ev. Kirche
1936	Konservatorium
1937	Berghofen ev. Kirche
1939	Aplerbeck ev.
1948	Neuapostol.Gemeinde Braunschweiger Straße
1950 (1953)	Huckarde ev. Kirche 9 Reg.
1952 (1955)	Humbold-Gymnasium
1952	Westfalenhalle
1952 und 1997	Marten Neuapostolische Gemeinde 1952 op. 3123 9 Reg.
1953	Reinoldi
1953	Wickede Neuapostol. Gemeinde 9 Reg. Op. 3122
1954	Hörde Neuapostol. Gemeinde 9 Reg.

1954	Wichernhaus (Mitte)
1954	Brüninghausen ev. Kirche
1954	ev. Johannes (Mitte)
1955?	ev. Petrikirche
1955	Deusen ev. Kirche 5 Reg.
1955	Firma Hunnekuhl
um 1956	Marten Stephanus
1956	Schüren op. 3543 16 Reg.
1957	Gemeindehaus Lutherkirche
1957	Scharnhorst ev. Kirche 18 Reg.
1957	Gemeindehaus Oberdorstfeld 10 Reg.
1958	Gemeindehaus Aplerbeck
1958	Auf dem Höchsten ev. Kirche
1958	Reinoldi
um 1960	Kemminghausen ev. Kirche
um 1960	Menglinghausen
1960	Fritz Heuner Heim-Positiv
1960–81	Nicolai ev.
1961	Humbold-Gymnasium
1961	ev. Markuskirche (Mitte)
1961	Syburg ev. Kirche
1962	Hageney ev. Kirche
1963	ev. Melanchthonkirche (Mitte)
1963	ev. Heliand (Mitte)
1964	Schüren-Ost 6 Reg.
1964	Kirchlinde St. Josef
1964 u. 1969	Kirchlinde-Rahm ev. Kirche
1964	Dorstfeld Neuapost. Gemeinde 6 Reg.
1964	Kley ev. Kirche 6 Reg.
1964	Brackel ev.Gemeinde 6 Reg.
1964	Kirchlinde-Rahm 6 Reg.
1965	Kirchlinde 11 Reg.
1965	Petri ev.
1966	Schüren ev. Kirche
1967	Derne Lutherhaus
1967	ev. Gemeindehaus Heliand
1967	Aplerbeck St. Georg
1968	Söderholz ev.

1968	Sölde ev.
1968	ev. Gemeindehaus Brechten
1968	ev. Petrikirche (Mitte)
um 1968	Kirchlinde-Rahm ev. Kirche 17 Reg. op. 5255
1969	Reinoldi 6 Reg.
1973	Oestrich 11 Reg.
1982	St. Gertrudis (Mitte) Positiv
1989	Oberdorstfeld ev. Kirche
?	Kirchderne ev. Kirche
?	Menglinghausen Serieninstrument
?	Gefängnis Lübecker Straße
?	Hostedde

Walentowicz
Hombruch St. Clemens

Weigle
1907	Lüttgendortmund ev. Kirche
1952	Brechten St. Antonius gebraucht gekauft
1983/84	Westerfilde ev. Kirche

Wiggering
2004	Brechten ev. Kirche

Anmerkungen

1. Im vielzitierten Lexikon MGG (Musik in Geschichte und Gegenwart) Sachteil 7, Sp. 924-924 (Westfälischer Orgelbau) werden die nicht nur für Dortmund höchst wichtigen Orgelbauwerkstätten Eggert, Klassmeyer und Alberti vollkommen übergangen.
2. Als am 20. Oktober Kaiser Karl VI. starb, wurde das Orgelspiel für zwei Wochen verboten.
3. H. Brügge, Der Orgelbau im Tecklenburger Land, 2000 S. 188.
   (Kurztitel: Brügge)
4. Stadtarchiv Dortmund Ratsprotokolle Best. 448 2/1.
5. Siehe u.a. Forum Kirchenmusik 2003 und 2004.
6. H.J. Lorenz, Die Innenarchitektur der Bergischen Predigtkirchen, Diss. Wuppertal 2001, gedr. Paderborn 2002.
   W. Groß, Die Kirchen des „Bergischen Typs", in: Drei Konfessionen in einer Region. Beiträge zur Geschichte der Konfessionalisierung im Herzogtum Berg vom 16. bis zum 18. Jahrhundert, 1999 (Schriftenreihe des Vereins für Rheinische Kirchengeschichte 136).
   Ders., Protestantische Kirchenbauten.
7. R. Reuter, Orgeln in Westfalen, 1965, Abb. 100.
   (Kurztitel: Reuter)
8. C.H. Krinsky, Europas Synagogen. Architektur, Geschichte und Bedeutung, 1988 S. 35.
9. P. Imort, Musikalische Kultur Dortmunds im 16. Jahrhundert. Veröffentlichungen des Stadtarchives Dortmund Bd. 14, 1997.
10. O. Stein, Die Reinoldikirche in Wort und Bild, 1906 S. 181 ff.
    (Kurztitel: Stein)
11. H.-H. Wickel, Auswärtige Orgelbauer in Westfalen, 1984 S. 221.
    (Kurztitel: Wickel)
12. Reuter (wie Anm. 7) S. 305.
13. Abbildung bei M.A. Vente, Die Brabanter Orgel, Amsterdam 1958, Abb. 1-3.
14. AEK Meinerzhagen, Mscr. V. Pfarrchronik S. 440 (= Archiv Evangelische Kirchengemeinde)
15. W. Schlepphorst, Der Orgelbau im westfälischen Niedersachsen, 1975 S. 303.
    (Kurztitel: Schlepphorst)
16. Orgelvertrag ev. Kirche Bodelschwingh.
17. Reuter (wie Anm. 7) S. 181 f Abb. 34.

[18] Acta organologica Bd. 1 1967 S. 64.
[19] Reuter (wie Anm. 7) Abb. 139.
[20] Reuter (wie Anm. 7) S. 196 Abb. 212.
[21] Reuter (wie Anm. 7) Abb. 213.
[22] Reuter (wie Anm. 7) Abb. 214.
[23] Vgl. F.G. Bullmann, Die rheinischen Orgelbauer Kleine-Roetzel-Nohl. Schriften zur Musik. Hgg. Walter Kolneder, 1969. (Kurztitel: Bullmann)
[24] Bullmann (wie Anm. 23) S. 134.
[25] Beiträge zur Geschichte Dortmunds XXII, 1913 S. 30: „1732 ist die Orgel in St. Petri gemacht."
[26] Acta organologica Bd. 19 S. 25 ff.
[27] M. Blindow, Die Trampeli-Orgel in der Reinoldikirche Dortmund, in: Ars organi.
[28] Originalverträge in den Pfarrarchiven Großhartmannsdorf und Fraureuth. Vgl. F.H. Gress, Die Klanggestalt der Orgeln Gottfried Silbermanns, 1989 S. 128-130.
[29] Register, die nicht in der Reinoldidisposition vorhanden sind, wurden kleingedruckt. Anstelle Gemshorn 2 kam Oktave 2, anstelle von Spitzflöte 4 Rohrflöte 4 oder Salicet 4.
[30] Wickel (wie Anm. 11) S. 127.
[31] Merkantilisches Taschenbuch für das Jahr 1818 und 19. Elberfeld bei Fr. Hyll, S. 127.
[32] Adreßbuch Stadtarchiv Dortmund.
[33] Staatsarchiv Münster Reg. Arnsberg II E 462 Bl. 191 Der Dortmunder Landrat Hiltrop 1824 an die Regierung in Arnsberg.
[34] Püchau 1729: Principal 8 – Rohrflöte 8 – Quintaden 8 – Octave 4 – Spitzflöte 4 – Quinte 3 – Octave 2 – Cornet 3f – Mixtur 3f. Anstelle der Rohrflöte 8 konnte auch ein Gedackt 8 stehen. Dann war anstelle der Spitzflöte 4 eine Rohrflöte disponiert.
[35] Encyklopädie der ev. Kirchenmusik (Hg. S. Kümmerle), Gütersloh 1895, 4. Bd. S. 595: *Seit etwa 50 Jahren wird Zink, das man ausglüht, um seine Sprödigkeit und klirrende Härte zu mildern, auch im Orgelbau verwendet.*
[36] M. Blindow, Die Orgelakten der Petrikirche Soest und ihre Bedeutung für die westfälische Musikgeschichte, in: Acta organologica, Bd. 28 2004 S. 99 ff.
[37] SAM Reg. Arnsberg II 362 (= Staatsarchiv Münster)

38 Geschichte der Stadt Dortmund, hg. Stadtarchiv Dortmund 1994 S. 241.
39 In Dortmund gab es 1842 17 evangelische und 9 katholische Kirchenvorstände.
40 SAM Oberpraesidium 1888 Bl. 20v.
41 Einwohnerzahl Dortmund 1871, aus: Die Gemeinden und Gutsbezirke der Provinz Westfalen, 1874 ff.
Stadt Dortmund: Insgesamt 44420, Evangelische 24857, Katholiken 18824. Sonstige Christen 61, Juden 677.
42 Eine Subkoppel II/I bot der Dortmunder Orgelbauer Herbst schon 1857 in Schwerte an.
43 Urania 1880, Nr. 5 S. 66 ff.
44 Walcker hatte 1891 in Helsingfors eine seiner ersten pneumatischen Kegelladen gebaut.
45 Walcker begann 1888 mit der Entwicklung. 1899 erreichte man sichere und befriedigende Resultate. J. Fischer, Das Orgelbauergschlecht Walcker in Ludwigsburg, 1966 S. 74.
46 M. Blindow, Die Orgeln der evangelischen Kirchen von Schwelm, in: Jahrbuch für Westfälische Kirchengeschichte, Bd. 98 2003 S. 119.
47 Paul Gerhardt (1867-1946), Schüler von Jadassohn und Homeyer am Leipziger Konservatorium und der Universität, zunächst an der Heilandskirche in Leipzig-Plagwitz, dann 1898 Organist der 108-regi¬strigen Marienkirchenorgel in Zwickau, improvisierte in Gottesdiensten und war ca. 30 Jahre Orgelsachverständiger. Er veröffentlichte viele Kirchenmusikkompositionen im spätromantischen Stil. Riemann Musiklexikon 1959 S. 610. Vgl. auch Monatschrift für Gottesdienst und kirchliche Kunst, 38. Jg. 1933 S. 279.
48 Hans Jenny Jahnn (1894-1959), der große Literat des Expressionismus, setzte sich für den Erhalt der Schnitger-Orgel in Jakobi ein und avancierte zu einem Hauptvertreter des neuen Orgelstils.
49 Helmut Bräutigam (geb. 1914, gefallen 1942) war Student und später Dozent des Leipziger Konservatoriums.
50 Den ersten fahrbaren Spieltisch baute um 1903 Voit & Söhne für die Stadthalle Heidelberg. 1955 erhielt ihn die Gesamtschule Dortmund. Auch der Spieltisch der neuen Konzerthausorgel ist fahrbar.
51 Bunk schrieb noch 1958: *Solange im Orgelbau nicht jene Betriebssicherheit, die die Alten voraussetzten, wieder erreicht wird, kann man der rein mechanischen Traktur, so ideal sie an sich ist, nicht unbedingt das Wort reden. Liebe zur Orgel, S. 156. Oder sehr boshaft auf S. 160: Über-*

haupt auf jede – aber auch auf jede – Bequemlichkeit für den Spieler bei der „neuen" mechanischen Orgel zu verzichten, ist doch vollkommen sinnlos und kann nur ausgedacht und befürwortet werden von Leuten, die selber keine rechten Orgelspieler sind und sich noch nie eine Sehnenscheidenentzündung zugezogen haben beim Spiel mit drei gekoppelten Manualen einer mechanischen Orgel.

52 Romantische offen zylindrische, sehr weite Flöte.
53 Hochdruckzunge mit sehr weiten Bechern.
54 Hitlerjugend und Orgel, in: Musik und Kirche. 10. 1938, H. 5 S. 226.
55 NZfM Bd. 51, Nr. 4 S. 27 ff. (= Neue Zeitschrift für Musik)
56 Karl Friedrich Zelter. Johann Wofgang Goethe. Briefwechsel, hg. von Hans-Günter Ottenberg, 1987 S. 355.
57 Zur Geschichte der Konzertorgel in Deutschland. Die Klais-Orgel der Ruhr-Universität Bochum, Hg. Christian Ahrens, 1999 S. 17. Vgl. auch Ars organi 51. Jg., H. 3 Sept. 2003 S. 151.
58 G. Beer, Orgelbau Ibach Barmen (1794-1904), 1975 S. 128. (Kurztitel: Beer)
59 H.J. Moser, Orgelromantik, 1961 S. 20.
60 Th. Lipski, Die Konzertorgel und wenig Bekanntes aus der Musik- und Kulturgeschichte Frankreichs, in: Ars organi, 53. Jg. Heft 2 Juni 2005.
61 J. Thies, Die Dohnanyis. Eine Familienbiographie. 2004 S. 372.
62 Musica Sacra, 1899 S. 118.
63 Georg Schumann (1866-1952) war Direktor der Berliner Singakademie. Seine „Symphonischen Variationen über den Choral Wer nur den lieben Gott lässt walten für großes Orchester und Orgel ad. lib." op. 24 erschien bei Hofmeister in Leipzig.
64 Taubmann, geb. 1859, war in Dresden Schüler von Wüllner. Seine deutsche Messe wurde in Dortmund uraufgeführt.
65 Max Puchat, geb. 1850, Schüler von Friedrich Kiel, wurde 1896 Dirigent des Oratorienvereins Paderborn, ging dann nach Milwaukee.
66 Konzerthaus Dortmund. Philharmonie für Westfalen, 2002 S. 102 ff.
67 K.-H. Göttert und E. Isenberg, Orgeln! Orgeln! 2002 S. 30 ff. (Kurztitel: Göttert)
68 K.H. Dettke, Kinoorgeln und Kinomusik in Deutschland.
69 51. Internationale Orgeltagung 2003 Bochum, Programmheft S. 64. Und: Ars organi H. 4, Dez. 2003 S. 273 1. Sp.
70 W. Opp, Handbuch des kirchenmusikalischen Dienstes im Nebenamt, 1977 S. 61.

[71] Zeitschrift für Instrumentenbau. 52, 1932 S. 266.
[72] Zeitschrift für Instrumentenbau. 51. 1931, S. 447.
[73] Göttert (wie Anm. 67) S. 70.
[74] Acta generalia des Superintendenten Dortmund, die Orgeln in den Kirchen der Diöcese Dortmund betreffend, 1824 Caps I Nr. 51 Nr. 43 des repon. Repertoirs. Nachrichten zu Barockorgeln der katholischen Kirchen kennen wir kaum. (Ag 24)
[75] Staatsarchiv Münster Oberpraesidium 1888 Bl. 20 v.
[76] Stand 2004.
[77] Reuter (wie Anm. 7) S. 82.
[78] SAM Reg. Arnsberg II E 462. E. Ahmert hatte 1824 mehrere Orgelreparaturen durchgeführt. Als Miterfinder der „Schönenbergschen Carcaßen-Maschine" erhielt er vom Ministerium eine Prämie. SAM Oberpraesidium 1888 Bl. 16 v.
[79] F. Felders, Musik und Musiker in der Stadt Essen, 1936 S. 48. (Kurztitel: Felders)
[80] Orgelakte evangelischen Kirchengemeinde Hohenlimburg.
[81] Reuter (wie Anm. 7) S. 40 Anm. 3.
[82] AEK Hattingen, Chronik Mercker. Reuter S. XX.
[83] Reuter (wie Anm. 7) S. 41.
[84] Reuter (wie Anm. 7) S. 365.
[85] Reuter (wie Anm. 7) S. 285.
[86] Reuter (wie Anm. 7) S. 31.
[87] K. Döhring, Der Orgelbau im Kreis Warendorf, 1995 S. 14. (Kurztitel: Döhring)
Tremonia 1909: Alberti soll die Arbeiten geleitet haben. Seine Helfer: Konrad Wienbreuker und Sylvester Heilmann. Alte westfälische Orgelbauer, in: Tremonia vom 23.3.1909. Autor unbekannt. De Fries?
[88] Bullmann I (wie Anm. 23) S. 61.
[89] Bullmann I (wie Anm. 23) S. 149.
[90] Tremonia 1909.
[91] Reuter (wie Anm. 7) S. 40 Anm. 4.
[92] Heimatblätter, A. Stenger ca. 1922.
[93] Brügge (wie Anm. 3) S. 84 u. 187: 1688 und 1696 Rep. Stiftskirche Leeden Johann Georg Alberti für je 6 Rthlr.
[94] H.J. Busch, Die Orgeln des Kreises Siegen, 1974, S. 156 f.
Reuter (wie Anm. 7) S. 87 verlegt den Neubau auf 1680.
[95] Ders. S. 140.

⁹⁶ OA Bodelschwingh. Siehe Bodelschwingh, Geschichte.
⁹⁷ Nach Aussage OBM Schild (Orgelbau Alfred Führer) lagerte die Lade bei der Firma in Wilhelmshaven.
⁹⁸ Reuter (wie Anm. 7) S. 92.
⁹⁹ Der Verfasser dankt Herrn OBM Lorenz (Wilhelmshaven) herzlichst für die Überlassung der Unterlagen.
¹⁰⁰ Reuter (wie Anm. 7) S. 105.
¹⁰¹ Reuter (wie Anm. 7) S. 104.
¹⁰² Reuter (wie Anm. 7) Abb. 159.
¹⁰³ Reuter (wie Anm. 7) S. 38.
¹⁰⁴ Siehe Do-Wellinghofen.
¹⁰⁵ Archiv der ev. Kirchengemeinde.
¹⁰⁶ Archiv der ev. Kirchengemeinde.
¹⁰⁷ Bild bei Reuter (wie Anm. 7) stammt von einer späteren Orgel.
¹⁰⁸ Reuter (wie Anm. 7) S. 5.
¹⁰⁹ Reuter (wie Anm. 7) rekonstruiert eine Disposition mit 16' und auf Prinzipal 8'-Basis.
¹¹⁰ Reuter (wie Anm. 7) S. 45 Abb. 158.
¹¹¹ OA der Kirchengemeinde. M. Blindow, Die Orgeln der Ev. Kirche in Brechten, in: Festschrift zur Einweihung der neuen Orgel in der St. Johann Baptist-Kirche am Pfingstsonntag 30.5.2004, S. 14 ff. Siehe Do-Brechten.
¹¹² Reuter (wie Anm. 7) S. 331.
¹¹³ Chronik des Dietrich Westhoff, in: Chroniken der deutschen Städte vom 14. bis 16. Jahrhundert, Bd. 20, 1887 S. 436.
¹¹⁴ D. v. Steinen, Westphälische Geschichte III, 1757 S. 1304.
¹¹⁵ G. Krause, Geschichte des musikalischen Lebens in der ev. Kirche Westfalens von der Reformation bis zur Gegenwart. Phil. Diss. Tübingen, 1932 S. 37. (Kurztitel: Krause)
¹¹⁶ Reuter (wie Anm. 7) S. 34.
¹¹⁷ Reuter (wie Anm. 7) S. 31.
¹¹⁸ H. Pennings, Geschichte der Stadt Recklinghausen, Bd. 2, 1936 S. 550.
¹¹⁹ H. Fischer, 100 Jahre Bund Deutscher Orgelbaumeister 1891-1991, 1991. S. 153. (Kurztitel: Fischer)
¹²⁰ Orgelakte lutherische Kirche Kamen.
¹²¹ Privatbesitz Blindow.
¹²² Fischer (wie Anm. 119) S. 159.
¹²³ Fischer (wie Anm. 119) S. 161.
¹²⁴ Döhring (wie Anm. 87) S. 144.

[125] Döhring (wie Anm. 87) S. 182.
[126] AEK Do-Lütgendortmund Nr. 38.
[127] D.W. Prost, Das Wirken der Berliner Orgelbauer Buchholz in Vorpommern, in: Acta organologica, Bd. 20, 1988 S. 149.
[128] Wickel (wie Anm. 11) S. 168.
[129] Ledebur: Tonkünstler Lexikon Berlins, S. 78 f.
[130] U. Pape, Die Buchholz-Orgel in der Stadtkirche zu Kronstadt, 1998.
[131] Döhring (wie Anm. 87) S. 469. Derdack war 1868 Werkführer bei Sonreck. F.-J. Vogt, Franz Wilhelm Sonreck Voigt.
[132] Orgelakte AEK Frömern.
[133] Nachruf in Zeitschrift Instrumentenbau 31, 1911 S. 233 f.
[134] Die Franz-Eggert-Orgel in der Herz-Jesu-Kirche zu Berlin-Prenzlau, 1998 S. 4 f.
[135] Erbkaufprotokolle 1797–1801 Stadtarchiv Essen. Freundliche Mitteilung von Herrn Dr. Wisotzky.
[136] Felders (wie Anm. 79) S. 46.
[137] Felders (wie Anm. 79) S. 33.
[138] Katalog des Musikinstrumentenmuseums der Karl Marx Universität Leipzig, Bd. 6, 1983, S. 59-62, Foto im Bildteil Nr. 261.
[139] Döhring (wie Anm. 87) S. 30.
[140] SAM, Regierung Münster 17583.
[141] Reuter (wie Anm. 7) S. 225.
[142] Reuter (wie Anm. 7) S. 303.
[143] Felders (wie Anm. 79) S.34 f. Es muss wohl „F.J. Epmann" heißen.
[144] Felders (wie Anm. 79) gibt 8 Fuß an, was aber nicht stimmen kann. Möglich wäre auch „Quintadena 8 Fußthon".
[145] Baß: Superoktav 2 ?.
[146] Felders (wie Anm. 79) S. 50.
[147] OA Huckarde.
[148] Felders (wie Anm. 79) S. 48.
[149] Fischer (wie Anm. 119) S. 181.
[150] Fischer (wie Anm. 119) S. 183.
[151] Döhring (wie Anm. 87) S. 38. A. Fischer hatte 1824 noch keine neue Orgel gebaut. SAM Oberpräsidium 1888 Bl. 16 v.
[152] LAB Best. 4 Nr. 27 Bd. P13 (= Landeskirchliche Archiv Bielefeld)
[153] Nach Reuter (wie Anm. 7) S. 51 „Adolf Fischer". Nach Hülsmann S. 188 „Adam Fischer".
[154] LAB Best. 4 Nr. 27 Bd. P3.

155 Reuter (wie Anm. 7) S. 103.
156 Nach Reuter (wie Anm. 7) S. 51 „Adolf Fischer". Nach Hülsmann S. 188 „Adam Fischer".
157 Orgelakte evangelische Kirchengemeinde Hohenlimburg.
158 Reuter (wie Anm. 7) S. 76.
159 Reuter (wie Anm. 7) S. 103.
160 Döhring (wie Anm. 87) S. 38.
161 Bullmann (wie Anm. 23) S. 19 u. 136.
162 OA Ibbenbüren 1725/6.
163 Schlepphorst (wie Anm. 15) S. 233.
164 Döhring (wie Anm. 87) S. 32.
165 Fischer (wie Anm. 119) S. 189 f.
166 Alte westfälische Orgelbauer, in: Tremonia vom 23.3.1909. Autor unbekannt. De Fries?
167 Reuter (wie Anm. 7) S. 36 erwähnt nur die Jahreszahl. Ein Orgelbauer Caspar Haver aus Wesel ist bisher unbekannt.
168 Zwischen 1810 und 1812 besuchte ein Olfener Kirchenvertreter einen Dortmunder Orgelbauer. Nach Kalipp soll dies Carl Herbst (sen.) gewesen sein. BAM AKK Olfen Kart. 25. W. Kalipp, Die westfälische Orgelbauerfamilie Vorenweg-Kersting (1784-1879), 1984 S. 47. Es wird sich um Mellmann gehandelt haben.
169 Adreßbuch Stadtarchiv Dortmund.
170 Die Orgel in der ev. Kirche, in: Heimatblätter, hg. vom Heimat- u. Verkehrsverein Dülmen, H. 2 Aug. 1932.
171 LAB Best. 4 Nr. 27 Bd. P13.
172 AEK Dellwig Best. 4 Nr. 29 (LKA Bielefeld) A XII Bd. 19.
173 250 Jahre Berchumer Kirche, 1981 S. 34.
174 LAB Best. 4, Nr. 47, 6,6 F. 2.
175 M. Blindow, Die Orgelakten der Petrikirche Soest und ihre Bedeutung für die westfälische Musikgeschichte, in: Acta organologica, Bd. 28, 2004 S. 125.
176 Archiv der evangelischen Kirchengemeinde.
177 Schlepphorst (wie Anm. 15) S. 155.
178 SAM Reg. Arnsberg II E 459 – 121 (betr. Beschlagnahme, Bestandserhebung und Enteignung von Prospektpfeifen aus Zinn…). Vgl. auch Acta organologica Bd. 12, 1978 S. 223.
179 Fischer (wie Anm. 119) S. 212.
180 Beer (wie Anm. 58).

[181] Reuter (wie Anm. 7) S. 333.
[182] Schreiben an den Verfasser am 20.3.2003.
[183] W. Kalipp, Die westfälische Orgelbauerfamilie Vorenweg-Kersting (1784-1879), Kassel 1984. (Kurztitel: Kalipp)
[184] Bullmann (wie Anm. 23) S. 154.
[185] Siehe Bullmann (wie Anm. 23).
[186] Fischer (wie Anm. 119) S. 228.
[187] Fischer (wie Anm. 119) S. 233.
[188] 175 Jahre Orgelbau (Matthias Kreienbrink), Osnabrück 1965.
[189] J.B. Nordhoff, Die Kunst- und Geschichtsdenkmäler des Kreises Warendorf, 1886 S. 109.
[190] Reuter (wie Anm. 7) S. 32.
[191] Wickel (wie Anm. 11) S. 127.
[192] SAM Reg. Arnsberg II E 462 Bl. 191. Der Dortmunder Landrat Hiltrop 1824 an die Regierung in Arnsberg.
[193] Die Vorenweg-Orgel in der Stiftskirche zu Cappenberg. Festschrift zur Weihe der restaurierten Orgel am 21. März 2004, S. 17.
[194] Merkantilisches Taschenbuch für das Jahr 1818 und 19. Elberfeld bei Fr. Hyll, S. 127.
[195] Adreßbuch Stadtarchiv Dortmund.
[196] Rheinisch-Westfälischer Anzeiger 1824, Sp. 1455 f.
[197] LAB Arnsberg Best. 4 Nr. 34 Bd. 6,6.
[198] LAB Arnsberg Best. 4 Nr. 34 Bd. 6,6.
[199] LAB Arnsberg Best. 4 Nr. 34 Bd. 6,6.
[200] LAB Best. 4 Nr. 47 Herberde 6,6 F 1.
[201] 250 Jahre Berchumer Kirche, 1981 S. 32.
[202] SAM Oberpräsidium 1888 Bl. 86 r.
[203] AEK Do-Lüttgendortmund Nr. 38
[204] Reuter (wie Anm. 7) S. 60.
[205] Reuter (wie Anm. 7) S. 63.
[206] Reuter (wie Anm. 7) S. 282.
[207] W. Gross, Protestantische Kirchenneubauten des 16.-18. Jahrhunderts am Niederrhein und im bergischen Land, Kirchliche Kunst im Rheinland, Bd. 4, Diss. Bonn 1999. Bd 1 S. 226.
[208] Für die freundliche Überlassung von Kopien der Orgelakten dankt der Verfasser Herrn Pfarrer H.U. Müller aus Heiligenhaus.
[209] Fischer (wie Anm. 119) S. 250.
[210] SAM Reg. Arnsberg II E 462.

211 Fischer (wie Anm. 119) S. 252.
212 Orgelakte evangelische Gemeinde Borgholzhausen.
213 SAM Staatshochbauamt Münster 1027.
214 Stammtafel der Orgelbauer Kleine-Nohl-Roetzel bei Bullmann (wie Anm. 23) S. 154.
215 LKA Bielefeld (AEK Bönen) Best. 4 Nr. 4 Bönen 5,5-5,6.
216 AEK luth. Kamen A 1362.
217 G. Aumüller, Der Höxter Orgelbauer Andreas Schneider und die große Orgel in Corvey, in: Jahrbuch 1996 Kreis Höxter.
218 Zitiert nach Aumüller S. 127.
219 F.-J. Vogt, Die Orgelbauwerkstatt Romanus Seifert in Kevelaer.
220 Fischer (wie Anm. 119) S. 307 f.
221 Fischer (wie Anm. 119) S. 308.
222 OA Kirchderne.
223 E. Schulte, Urkunden und Akten zur Geschichte Wattenscheid, Bd. 1. S. 145.
224 LAB Bielefeld Best. 4 Nr. 29 Dellwig A XII Bd. 19. – G. Vedder, Der Orgelbau in den Kreisen Iserlohn und Unna vor 1800, Köln 1970 S. 69 f.
225 Felders (wie Anm. 79) S. 33 f.
226 Fischer (wie Anm. 119) S. 314.
227 SAM Reg. Arnsberg II E 459-121. Vgl. auch Acta organologica Bd. 12 1978, S. 226.
228 Fischer (wie Anm. 119) S. 318.
229 S. Kümmerle, Encyklopädie der evangelischen Kirchenmusik, 6. Halbband S. 629 f.
230 Für die Lebensdaten und Hinweise dankt der Verfasser Dieter Wülfken und Johann Wulff.
231 Ausführlichere Literaturangabe bei: Wickel (wie Anm. 11) S. 155 f. Zur Biographie von Töpfer: H.-Chr. Tacke, Johann Gottlob Töpfer. Leben – Werk – Wirksamkeit, 2002 S. 26 ff.
232 Acta organologica Bd. 16 S. 73.
233 Bullmann (wie Anm. 23) S. 13.
234 U.a.: E. Flade, Gottfried Silbermann, 1953 S. 214.
235 Freundliche Auskunft durch Herrn Silva, Dortmund.
236 Döhring (wie Anm. 87) S. 68.
237 Es existiert eine Fülle Literatur über die Bedeutung und Entwicklung des Hauses Walcker. Hier nur die Wichtigsten: J. Fischer, Das Orgelbauergeschlecht Walcker in Ludwigsburg, 2. Aufl. 1966. W. Walcker-Mayer, 200

Jahre Orgelbau Walcker, in: Orgelwissenschaft und Orgelpraxis (Veröffentlichungen der Walcker-Stiftung H. 8), 1980.
[238] Wickel (wie Anm. 11) S. 188.
[239] Urania 1908.
[240] Fischer (wie Anm. 119) S. 336.
[241] E. Schulte, Urkunden und Akten zur Geschichte von Wattenscheid, Bd. II 1935, S. 259-573, mehrere Akten.
[242] 1824 bestätigt der Landrat des Kreises Dortmund Wild als Orgelbauer in Dortmund. H. Brügge, Orgeln und Orgelbauer in der Provinz Westfalen, in: Jahrbuch für westfälische Kirchengeschichte, Bd. 90, 1996, S. 132.
[243] Zitiert nach W. Salmen: Geschichte der Musik in Westfalen, Bd. II 1967 S. 246.
[244] LAB Best. 4 Lüdenscheid Synode, 11 Kierspe Nr. 6, Bd. 1.
[245] Reuter (wie Anm. 7) S. 4.
[246] SAM Reg. Arnsberg II A 320.
[247] In einem Brief des Sohnes Wilhelm Wildt aus Dortmund vom 26.8.1826.
[248] W.G. Vogt, Der ehemalige Orgelkanzelaltar. Vergangene Baukunst nach Radevormwalder Prägung, in: Beiträge zur Heimatkunde der Stadt Schwelm und ihrer Umgebung. Neue Folge, 53. Heft 2004, S. 84.
[249] W. Schleef, Geschichte der früheren Bauernschaft Aplerbeck, in: Beiträge zur Geschichte Dortmunds, Jg. 48, 1950 S. 126.
[250] S. Liesenberg, Die Georgskirche in Aplerbeck, S. 31.
[251] Grove's Dictionary of Music V. Aufl. Vol. VII P. 598 (Artikel Schulze).
[252] 110 Jahre Aplerbeck 1899-1999, hg. von H.G. Kirchhoff und S. Liesenberg 1998, S. 128.
[253] Freundliche Mitteilung von Herrn Christoph Macke, Firmenarchiv Walcker.
[254] Chr. Eickhoff, Die Orgel der Lutherkirche zu Dortmund-Asseln. Ein Denkmal des Orgelbaus aus dem frühen 20. Jahrhundert, in: Acta organologica, Bd. 22, 1991 S. 291 ff.
[255] Die Mensurtabellen liegen bei der Firma Hammer, Hannover.
[256] Die Orgeln in der Lutherkirche Asseln. Hg. zur Wiedereinweihung der Furtwängler & Hammer-Orgel am 1. September 1985, S. 15.
[257] Siehe Geschichte Wickede evangelische Kirche.
[258] W. Schickentanz, Die Orgel der St. Joseph-Kirche, in: 100 Jahre St. Joseph-Kirche Dortmund-Asseln, 1993 S. 62 f.
[259] Die Unterlagen stellte die Firma Link aus dem Firmenarchiv zur Verfügung.

[260] Brief Pfarrer Tometten 18.11.2002.
[261] Internetseite der Gemeinde.
[262] Acta generalia des Superintendenten Dortmund, die Orgeln in den Kirchen der Diöcese Dortmund betreffend, 1824 Caps I Nr. 51, Nr. 43 des repon. Repertoirs (= Ag 24)
[263] AEK Do-Lüttgendortmund Nr. 38.
[264] Mitteilung Firma Seifert.
[265] Erzbisch. Archiv Paderborn Barop 11.
[266] Freundliche Auskunft des Pfarramtes.
[267] Freundliche Mitteilung von Herrn OBM Müller, Firma Speith.
[268] Erzbisch. Archiv Paderborn Berghofen 11.
[269] 100 Jahre Stockmann Werkliste.
[270] (Zeitung Nord-West Nachrichten. Aus Mengede und Umgebung. Adolf Esser.)
[271] AEK Bodelschwingh 7.4.
[272] Werkliste OA Frömern.
[273] AEK Bodelschwingh 7.5.
[274] WV 48 und Firmenarchiv Walcker.
[275] Erzbisch. Archiv Paderborn Bodelschwingh 11.
[276] Stockmann Werkliste.
[277] Schreiben der Gemeinde vom 24.1.03. Graefenstein wohnte damals in Hagen-Emst, An dem Haarwege 1c.
[278] Stockmann Werkliste.
[279] Schmitz war Domvikar und Beauftragter für kirchliche Kunst, Orgel- und Glockenwesen für die Diozöse Paderborn.
[280] Schlepphorst (wie Anm. 15) S. 158.
[281] Bullmann (wie Anm. 23) S. 27.
[282] Bullmann (wie Anm. 23) S. 27.
[283] G. Knippenberg, Dortmund-Brackel wie es früher war, 2000 S. 15 (Foto).
[284] Bullmann (wie Anm. 23) S. 145.
[285] Bullmann (wie Anm. 23) S. 27 gibt an, das Instrument sei 1783 von der Turmempore in den Altarraum versetzt worden. Das widerspricht den Angaben von Knippenberg und den überlieferten Fotos.
[286] Werkliste OA Frömern.
[287] Bullmann (wie Anm. 23) S. 27.
[288] G.K. Ommer, Neue Orgeln im Ruhrgebiet.
[289] Siehe OA ev. Kirche Brackel.
[290] OA der Kirchengemeinde.

[291] Keine Orgelakte vorhanden. Brief vom 10.12.2002 an den Verfasser.
[292] Auskunft Pfarramt 14.11.2002: keine Orgelakte.
[293] Stadtarchiv Dortmund Best. 24 Nr. 127.
[294] Stockmann Werkliste.
[295] Freundliche Mitteilung Neuapostolische Kirchenverwaltung Dortmund.
[296] AEK Mengede 4,78 Nr. 264.
[297] Wickel (wie Anm. 11) S. 192.
[298] H.-J. Falkenberg, W. Sauer, 1831–1916, 1990 S. 26.
[299] Freundliche Auskunft Neuapostolische Kirchenverwaltung Dortmund.
[300] Walcker Hausmitteilungen Nr. 44, 1992, S. 34 mit Bild.
[301] Stockmann Werkliste.
[302] Freundliche Auskunft des Pfarramtes.
[303] Ars organi, H. 4, Dez. 2003 S. 272 1. Sp. Und: Historische Orgeln CD, Hg. Chr. Ahrens.
[304] 1889-1989. 100 Jahre Orgelbau im Spannungsfeld von Vergangenheit und Zukunft, Orgelbau Gebr. Stockmann Werl S. 29 ff.
[305] 51. Internationale Orgeltagung 2003 Bochum, Programmheft S. 64. Und: Ars organi, H. 4, Dez. 2003 S. 273 1. Sp.
[306] Reuter (wie Anm. 7) S. 35.
[307] Reuter (wie Anm. 7) S. 35 vermutete ein Positiv mit 9 Registern und anderer Disposition.
[308] www.eichlinghofen-online.de.
[309] Reuter (wie Anm. 7) S. 35.
[310] Reuter (wie Anm. 7) S. 35. Farbgebung des alten Gehäuses grün und braunrot.
[311] Die historischen Reste wurden auf dem Hauptwerk zusammengefasst. R. Reuter, Die Orgel in der Denkmalpflege Westfalens 1949-1971, 1971 S. 36.
[312] Der Verfasser dankt Frau Walentowicz für großzügige Überlassung von Unterlagen. Vgl. A. Walentowicz, Eine J.-A.-Marcussen Orgel von 1871, in: Ars organi, H. 2, Juni 2002 S. 105.
[313] Freundliche Auskunft von Herrn OBM Michael Bosch.
[314] Verzeichnis der gelieferten Orgelwerke von Furtwängler & Hammer, Faksimile-Ausgaben zur Orgelbaugeschichte 2, 1984. AEK Eving-Lindenhorst Kostenanschlag.
[315] AEK Eving-Lindenhorst Nr. 37.
[316] Freundliche Auskunft von Herrn Leffers.
[317] Freundliche Auskunft Neuapostolische Kirchenverwaltung Dortmund.

[318] Erzbisch. Archiv Paderborn Höchsten 11.
[319] Feldmann: Aus der Geschichte der Stadt Hörde, in: Hörder Volksblatt 5.1.1911.
[320] Freundliche Mitteilung Firmenarchiv Walcker (Chr. Macke). Wickel (wie Anm. 11) S. 186/187.
[321] Auskunft des Pfarramtes.
[322] SAM Reg. Arnsberg II K Nr. 263.
[323] Freundliche Mitteilung des Pfarramtes.
[324] 1889-1989 100 Jahre ... Werkliste S. 153.
[325] Erzbisch. Archiv Paderborn Hörde 11.
[326] Freundliche Auskunft von Helmut Diekmann, Dortmund.
[327] Für die Bearbeitung der Pfarrarchivakten dankt der Verfasser herzlichst Herrn Willi Garth, Dortmund.
[328] O. Merx, Urkundenbuch des Stiftes Clarenberg bei Hörde, 1908. Urkunden 452, 456, 464, 466, 470, 471.
[329] Für die Angaben dankt der Verfasser Herrn Willi Garth, Dortmund.
[330] Werkliste Stockmann. Hier werden 33 Register angegeben.
[331] Leiser Streicher.
[332] Bei Weigle eine Doppelbesetzung mit Quintade 8 und Gamba 8. Fr. Eggert hat einige Zeit bei Weigle gearbeitet.
[333] Offene weite Flöte, zylindrisch. Beliebt bei Steinmeyer, einem Lehrer von Fr. Eggert.
[334] Firmenarchiv Walcker, Christoph Macke.
[335] Literatur: U. Bitzel, Damit kein Gras darüber wächst. Ereignisse der Pogromnacht 1938 in Dortmund, 1988.
[336] Walcker-Archiv.
[337] E. Wallies, Die Orgeln der ev. Kirche Hombruch, in: 100 Jahre Ev. Kirche Hombruch 1898-1998.
[338] WV 48, freundliche Auskunft Firmenarchiv Walcker (Chr. Macke).
[339] Freundliche Mitteilung von Frau Andrea Walentowicz.
[340] Erzbisch. Archiv Paderborn Barop St. Clemens 11.
[341] Freundliche Mitteilung von Herrn Philipp C.A. Klais, Bonn.
[342] Freundliche Mitteilung von Frau Andrea Walentowicz und von Herrn Philipp C.A. Klais, Bonn.
[343] Freundliche Auskunft Neuapostolische Kirchenverwaltung Dortmund.
[344] Im Pfarrarchiv 07. Bauangelegenheiten Orgel 1898.
[345] SAM Reg. Arnsberg II E 462 Kath. Kirche Huckarde.
[346] Erzbisch. Archiv Paderborn Huckarde 11.

[347] Hauptstaatsarchiv Düsseldorf, Stift Essen Akten 583.
[348] Freundliche Mitteilung Firma Hammer und Orgelakte AEK Derne.
[349] Für die Auskunft dankt der Verfasser Frau Elke Sunder.
[350] Reuter (wie Anm. 7) S. 36 erwähnt nur die Jahreszahl. Ein Orgelbauer Caspar Haver aus Wesel ist bisher unbekannt.
[351] J. Lappe, Die Bauern von Harbrink, 1939 S. 149: Weil die Orgel „teils durch den Krieg 1679 verdorben, teils ohne dass mangelhaftig gelassen war", wurde am 29. März 1680 mit dem Orgelbauer Caspar Haver in Wesel ein neuer Vertrag geschlossen, dessen fertiges Werk am 30. Juli 1681 geliefert wurde, wobei mehrere Gutachter und die Kirchenräte, auch Harbrink, anwesend waren. Fußnote: „Pfarrarchiv Kirchderne, Kirchenrechnungen ab 1676. Zur Erbauung der Orgel hatten die ‚Brackelschen' Holz geschenkt, desen Bearbeitung für den genannten Zweck von den Kirchspieleingesessenen Harrebrink, Humann und Lutheschulte zu Altenderne überwacht wurden (verzehrt an Branntewein 6 Stüber)." Diese Kirchenrechnungen sind heute im Pfarrarchiv nicht zu finden. Für die Mitteilung herzlichen Dank an Frau Elke Sunder.
[352] Bullmann (wie Anm. 23) S. 28. Anders Reuter (wie Anm. 7) S. 36: Kauf 1759.
[353] Freundliche Auskunft Firmenarchiv Walcker, Herr Chr. Macke.
[354] WV 48.
[355] Freundliche Auskunft Neuapostolische Kirchenverwaltung Dortmund.
[356] Walcker Werkliste S. 32.
[357] Werkliste Stockmann.
[358] Deutsche Bezeichnung für „Flûte harmonique".
[359] Stockmann Werkliste.
[360] AKK Rechnungen Bau.
[361] Bullmann (wie Anm. 23) S. 149.
[362] Bullmann (wie Anm. 23) S. 61.
[363] AKK IIa, 1. (Repertorium des AKK Kurl von 1936, Dr. Albert Wand, Do).
[364] Werkliste Stockmann.
[365] Abnahmebericht Königsfeld vom 18.2.1967, AEK Eving-Lindenhorst, Bild in Rundschau um 20. Jan. 1967.
[366] Bericht von Sachberater Königsfeld vom 5.12.1964 AEK Eving-Lindenhorst Nr. 425
[367] Freundliche Mitteilung von Frau Hatto Ständer, Dortmund.
[368] J.D. von Steinen, Westphälische Geschichte, III. Teil 1757 S. 320.
[369] LAB Bestand 4,26 Nr. 5,4 Fasc. 1.

[370] Die Orgel der Bartholomäuskirche Lütgendortmund. Hg. Das Presbyterium der Evangelische Gemeinde Lütgendortmund. Festschrift zur Einweihung 1. Advent 1976.
[371] M. Blindow, Die Barockorgel der Stiftskirche zu Lippstadt, in: Lippstädter Heimatblätter 2001, 81. Jg. S. 105 f.
[372] Staatsarchiv Münster, Arnsberg II A Nr. 344.
[373] Die Zeitschrift für Instrumentenbau, Jg. 28 (1907) S. 885 meldet: *Fertiggestellte Orgelwerke. Von der Firma Friedrich Weigle (vorm. Carl O. Weigle) in Echterdingen bei Stuttgart sind vor kurzem folgende Orgelwerke fertiggetellt und abgeliefert worden: Für die evangelische Kirche in Lütgendortmund (Westfalen) eine neue Orgel von 36 klingenden Registern auf 3 Manualen und Pedal, für Bad Soden a. Taunus eine neue Orgel mit 28 klingenden Registern, für die Blindenbildungsanstalt Nikolauspflege in Stuttgart eine solche mit 12 klingenden Registern, ferner für Privatmann Motz in Ludwigsburg eine Salonorgel mit 8 klingenden Registern und als Neuheit mit dem Weigleschen Selbstspielapparat „Organiston", und für Privatmann Karl Wittgenstein in Wien eine Salonorgel mit 15 klingenden Registern.*
[374] Urania Jg. 65, 1908 S. 59.
[375] M. Schwarz, Der Orgelbauer Paul Faust. Eine Studie zu seinem Leben und Werk. Examensarbeit Musikhochschule Köln 1989 S. 246 f. Schwarz übersieht im 2. Manual die Zimbel und bezeichnet die Quinte falsch. (Kurztitel: Schwarz)
[376] Schwarz (wie Anm. 375) S. 225.
[377] Freundliche Mitteilung von Kantor Peter Klitzsch, Dortmund.
[378] Freundliche Mitteilung von Herrn OBM Michael Bosch.
[379] Archiv Erzbistum Paderborn.
[380] Mitteilung katholisches Pfarramt Dez. 2002.
[381] W. Topp, Werkverzeichnis der Orgelbaufirma Rohlfing, in: Acta organologica, Bd. 19, S. 215. (Kurztitel: Topp).
[382] Freundliche Auskunft Neuapostolische Kirchenverwaltung Dortmund.
[383] Beer (wie Anm. 58) S. 195.
[384] G.K. Ommer, Neue Orgeln im Ruhrgebiet.
[385] Stockmann Werkliste.
[386] Freundliche Auskunft Neuapostolische Kirchenverwaltung Dortmund.
[387] Historische Orgeln CD.
[388] Krause (wie Anm. 115) S. 55.
[389] Kalipp (wie Anm. 183) S. 103.

[390] AEK Mengede 4,78 Nr. 264.
[391] Festschrift und Chronik der Katholischen Kirchengemeinde St. Remigius in Dortmund-Mengede, 1971.
[392] Werkliste Stockmann.
[393] Festschrift Orgelweihe 24. Februar 1952. Freundliche Mitteilung von Herrn Winfried Kupka, Dortmund.
[394] Enge Holzflöte.
[395] Freundliche Auskunft von Herrn Kupka, Dortmund.
[396] Brief Norbert Fiebig vom 25.1.2003.
[397] Eigene Bestandsaufnahme.
[398] Freundliche Mitteilung Firmenarchiv Walcker.
[399] Freundliche Mitelung des Pfarramtes.
[400] Der Verfasser dankt Herrn Helmut Diekmann und dem Pfarramt für die Auskunft.
[401] Freundliche Mitteilung des Pfarramtes.
[402] Freundliche Auskunft von Herrn Helmut Diekmann, Dortmund. Festschrift: Die Orgel der St. Bonifatiuskirche Dortmund 1972.
[403] Erzb. Archiv Paderborn Dortmund Bonifatius 11.
[404] Zeitschrift für Instrumentenbau, 36. Jg. Nr. 35/36. Leipzig, den 15. September 1916 S. 375 ff.
[405] W.W. S. 32 (= Walcker Werkverzeichnis)
[406] Auskunft 13.11.2002.
[407] Stadtarchiv Dortmund Best. 448 5/1.
[408] Beiträge zur Geschichte Dortmunds XXII, 1913 S. 31.
[409] Auskunft Helmut Diekmann, Dortmund.
[410] Mitteilung des Pfarramtes. Alte Orgelakten nicht vorhanden.
[411] Erzbischöfl. Archiv Paderborn. Breil hatte 1901 auch Instrumente für Wanne und St. Josef (Bochum) geliefert.
[412] K.H. Dettke, Kinoorgeln und Kinomusik in Deutschland.
[413] Freundliche Mitteilung von Herrn Helmut Diekmann, Dortmund.
[414] R. Müller, Referat über eine Orgelbauerfamilie Speith, Rietberg, Westfalen, Rietberg 19. Juli 1988, mschr. S. 3.
[415] Georg Schumann (1866-1952) war Direktor der Berliner Singakademie. Seine „Symphonischen Variationen über den Choral Wer nur den lieben Gott lässt walten für großes Orchester und Orgel ad. lib." op. 24 erschien bei Hofmeister in Leipzig.
[416] Taubmann, geb. 1859, war in Dresden Schüler von Wüllner. Seine deutsche Messe wurde in Dortmund uraufgeführt.

417 Max Puchat, geb. 1850, Schüler von Friedrich Kiel, wurde 1896 Dirigent des Oratorienvereins Paderborn, ging dann nach Milwaukee.
418 www.humanities.mcmaster.ca.
419 Auskunft Gerhard Trubel, ehemaliger Leiter der Dortmunder Kantorei. 12.2.2003.
420 Schwarz (wie Anm. 375) S. 117.
421 Holzflöte, C-H gedeckt, dann innenlabiert, gerundete Aufschnitte.
422 Erzbischöfl. Archiv Paderborn 11 Kirchl. Gebäude.
423 SAM Staatsanwalt Dortmund. Über die Geschichte berichtete auch der „Stürmer", die Zeitung der Nationalsozialisten. Vgl. auch das Kapitel über die Synagogenorgel.
424 Die Unterlagen stellte Herr Prof. Korte zur Verfügung. Freundliche Auskunft von Herrn Helmut Diekmann, Dortmund.
425 Freundliche Mitteilung Prof. Dr. Christian Ahrens, Bochum.
426 Verfasser dankt dem Eigentümer für bereitwillige Auskunft.
427 Freundliche Mitteilung von Herrn Dr. Werner Stempel.
428 W.W. S. 32.
429 W.W.
430 Wickel (wie Anm. 11) S. 186, Disposition Urania Jg. 52, 1895 S. 76.
431 W.W. S. 32.
432 Freundliche Mitteilung der Hospitaldirektion.
433 Freundliche Mitteilung von Herrn Helmut Diekmann, Dortmund.
434 Topp (wie Anm. 381) S. 215.
435 W.W., Einw. Michaelis (Hamburg), S. 32.
436 Freundliche Mitteilung von Herrn OBM G. Müller, Firma Speith.
437 WV 48 (= Werkverzeichnis) und Auskunft Firmenarchiv Walcker.
438 R. Schroeder, Das Musikleben Dortmunds in Geschichte und Gegenwart. Beilage zu den „Mitteilungen" der Industrie- und Handelskammer zu Dortmund, November/Dezember 1961.
439 Orgelweihfestschrift 23. April 1961.
440 Freundliche Auskunft des Pfarramtes und von Herrn Josef Hoffmann, ehemaliger Organist von Liebfrauen.
441 Topp (wie Anm. 381) S. 215.
442 Brief von Josef Hoffmann, Dortmund, Organist der Kirche ab 1946, der das Instrument nicht selbst gekannt hat. Es soll nach der Reinoldi-Orgel das größte Orgelwerk Dortmunds gewesen sein.
443 Erzbisch. Archiv Paderborn Dortmund Liebfrauen 11.
444 Brief von Herrn Alfons Budde an den Verfasser vom 11.12.02.

445 K.H. Dettke, Kinoorgeln und Kinomusik in Deutschland.
446 Werkverzeichnis Walcker Einweihung Michaelis (Hamburg), S. 32.
447 Topp (wie Anm. 381) S. 1770.
448 M. Blindow, Orgelgeschichte der Marienkirche Dortmund, in: Beiträge zur Geschichte Dortmunds und der Grafschaft Mark 2000, Bd. 91, 2000 S. 246 ff. u.
W. Schlepphorst, Die Orgeln der Dortmunder Stadtkirchen bis zum Beginn des 20. Jahrhunderts, in: Wilhelm Feldmanns „Versuch einer kurzen Geschichte des Dortmunder Conzerts, von seiner Entstehung an bis jetzt 1830", Hg. Martin Geck und Ulrich Tadday, 1994. S. 155 ff. (Kurztitel: Schlepphorst-DO)
449 Reuter (wie Anm. 7) S. 31.
450 Stadtarchiv Dortmund: Chronicum Dominicanorum in Tremonia (1535): *Hoc anno innovatum est Organum ad D. Virginem per magistrum Johannem* (Abschrift Prof. Rensing, Münster). Reuter (wie Anm. 7) S. 31.
451 Ag 1824.
452 Werkliste OA Frömern.
453 Eindeutschung für „Flûte harmonique".
454 Ab c meist überblasend.
455 Freundliche Mitteilung Firma Hammer.
456 Musik und Kirche, 1944 S. 19.
457 Walcker-Archiv, mitgeteilt von Herrn Christoph Macke.
458 WV 48, Firmenarchiv Walcker, Mitteilung von Herrn Christoph Macke.
459 Reuter (wie Anm. 7) S. 31: STAM Dortmund Minoriten, Akten Nr. 2. Im Mai Zahlung an „M. Alberto pro reparatione organi".
460 Liber memorabilium des Minoritenklosters Stadtarchiv Dortmund.
461 Staatsarch. Düsseldorf, Stift Essen 53 Orgel.
462 Freundliche Auskunft Neuapostolische Kirchenverwaltung Dortmund.
463 Freundliche Auskunft von Herrn Christoph Macke vom Firmenarchiv Walcker.
464 Freundliche Auskunft Neuapostolische Kirchenverwaltung Dortmund.
465 A. Fahne, Die Grafschaft und freie Reichsstadt Dortmund, Bd. I, 1834 S. 175.
466 Stadtarchiv Dortmund Ratsprotokolle 448 5/1.
467 Stadtarchiv Dortmund Ratsprotokolle Best. 448 5/1.
468 Schwartz (wie Anm. 375) S. 118.
469 Schwartz (wie Anm. 375) S. 120.
470 Werkverz. Walcker S. 32.

[471] Firmenarchiv Walcker.
[472] 100 Jahre Orgelbau Stockmann Werkliste.
[473] Freundliche Mitteilung von Herrn OBM Klöpping Orgelbau Peter, Köln.
[474] Schwartz (wie Anm. 375) S. 122.
[475] Fr. Stork, Die Orgel in der Pauluskirche zu Dortmund, in: Monatsschrift für Gottesdienst und kirchliche Kunst, 10. Jg. 1905 S. 369, und Werkverzeichnis Walcker Michaelis, Hg. S. 32 und Wickel (wie Anm. 11) S. 186.
[476] W.W. S. 32, Firmenarchiv Walcker.
[477] Ab c meist überblasend.
[478] Kräftiges, nicht repetierendes Register. C 2f, c 3f, c" 4f.
[479] Reuter (wie Anm. 7) S. 32.
[480] Schlepphorst (wie Anm. 15) S. 152 ff.
[481] Beiträge zur Geschichte Dortmunds XXII, 1913 S. 30: „1732 ist die Orgel in St. Petri gemacht."
[482] Stadtarchiv Dortmund Ratsprotokolle Best. 448 5/1.
[483] Wickel (wie Anm. 11) S. 156.
[484] Werkliste OA Frömern.
[485] Firmenarchiv Walcker, Wickel (wie Anm. 11) S. 186, bei Schlepphorst (wie Anm. 15) nicht erwähnt.
[486] G. Bunk, Liebe zur Orgel, 1958 S. 84. (Kurztitel: Bunk)
[487] Schlepphorst (wie Anm. 15) S. 155.
[488] Für Auskunft dankt der Verfasser Herrn OBM Siegfried Sauer.
[489] Schlepphorst (wie Anm. 448) S. 158 ff.
[490] WV S. 32, Firmenarchiv Walcker.
[491] R. Schroeder, Musik in St. Reinoldi zu Dortmund vom Mittelalter bis in unsere Zeit, Sonderdruck aus: Beiträge zur Geschichte Dortmunds und der Grafschaft Mark, Bd. 63/1966 S. 142 f. (Kurztitel: Schroeder)
[492] Chronik des Dietrich Westhoff, in: Die Chroniken der westfälischen und niederrheinischen Städte, Bd. 20, 1887, S. 232.
[493] Schlepphorst (wie Anm. 448) S. 142.
[494] Wickel (wie Anm. 11) S. 24.
[495] Schlepphorst (wie Anm. 448) S. 142.
[496] L. v. Winterfeld, Aus der Geschichte der Reinoldikirche, in: St. Reinoldi in Dortmund, Hg. H. Lindemann, 1956 S. 24 f.
[497] Schlepphorst (wie Anm. 448) S. 142.
[498] W. Feldmann, Versuch einer kurzen Geschichte des Dortmunder Conzerts, von seiner Entstehung an bis jetzt 1830.

[499] Stadtarchiv Dortmund: Beurhaus, Altertümer S. 203.
[500] Stadtarchiv Dortmund Best. 488 5/1.
[501] C. Holtschneider, Die alte und neue Orgel der Reinoldi-Kirche, Festbuch 1909, S. 15. (Kurztitel: Holtschneider)
[502] Schroeder (wie Anm. 491) S. 128.
[503] Holtschneider (wie Anm. 501) S. 19-20.
[504] Die Klang- und Mensurbezeichnung bei den einzelnen Werken war bei Silbermann, aber auch bei anderen sächsischen Meistern üblich.
[505] In anderen Verträgen von Trampeli: *Das Regierwerk wird nach Silbermännischer Art angeleget, und alles Angehänge mit Messingen Draht beschlagen, von welchem auch Oeßchen, Beutelbrether und Stifte gemacht werden ...*
[506] Schroeder (wie Anm. 491) S. 128 (nach Feldmann): ... *seine 54ste.*
[507] Tacke behauptet, die Manualkoppeln seien erst 1855 eingebaut worden. Vgl. Schlepphorst/Feldmann S. 148f. Nach dem Bericht von Pottgiesser waren aber 1824 Manualkoppeln vorhanden. H.-Chr. Tacke, Johann Gottlob Töpfer (1791-1870), 2002 S. 27.
[508] Fr. de Fries, Musikgeschichte der Stadt Dortmund, 1946. Unveröffentlicht. Stadtarchiv Dortmund. S. 153.
[509] Holtschneider (wie Anm. 501) S. 23.
[510] Stadtarchiv Dortmund Best. 3 Nr. 5065.
[511] Feldmann-Geck S. 62 f.
[512] Stein (wie Anm. 10) S. 164.
[513] Orgelakte Reinoldi 5-50-3.
[514] Archiv der Kirchengenmeinde Reinoldi 6, 101 Beilage Nr. 1-74 (Reinoldi-Orgel u. Turmbausachen).
[515] Flötenschwebung, 2-chörig.
[516] Enger Prinzipal.
[517] Salizional (enger Streicher) in 4'-Lage.
[518] In Urania 1906: Walcker – Entwicklung, Prinzipalregister, das 3-5fach lauter als der Normalprinzipal klingt, konisch weit aus Metall, doppelt labiert, Labien stehen sich gegenüber.
[519] Zylindrisch offene Flöte, enger mensuriert, entwickelt vom Engländer Normann.
[520] Weitere Schallbecher. Hochdruckregister.
[521] Sehr weite Schallbecher. Hochdruckregister.
[522] E. Rupp, Die Entwicklungsgeschichte der Orgelbaukunst, 1929 S. 291, Anm. 2: Tuba magna, Tuba mirabilis und Cor harmonique mit Winddruck

zwischen 125 u. 150 mm als „en chamade"-Register (aus dem Schwellkasten herausragend).

523 Krummhorn.
524 Streicherschwebung.
525 Die tiefsten Pfeifen des 32' werden progressiv eingeschaltet. Dortmund besaß dieses Effektregister als erste deutsche Orgel.
526 Schlepphorst (wie Anm. 448) S. 152: Taschenladen.
527 Bunk (wie Anm. 486) S. 183 f.
528 Breite Zungen, zylindrische Metallbecher.
529 Siehe gekürzte Fassung im Anhang.
530 R. Schroeder, Musik in St. Reinoldi zu Dortmund, o.J., S. 47 f.
531 Abgedruckt in: Holtschneider (wie Anm. 501).
532 Döhring (wie Anm. 87) S. 280.
533 Bunk (wie Anm. 486) S. 184.
534 Bunk (wie Anm. 486) S. 93.
535 G. Bunk, Reinoldiorganist: Bericht über den Verfall der Reinoldiorgel, April 1944 (Nachlass Bunk Musikarchiv Hagen).
536 Bunk (wie Anm. 486) S. 176. Für die Dispositionsangabe dankt der Verfasser herzlich Herrn Dr. Jan Boecker.
537 WV 1948 (Werkverzeichnis 1948), Firmenarchiv Walcker.
538 Einweihungsfestschrift vom 17. Nov. 1991.
539 Erzbisch. Archiv Paderborn Dortmund St. Suitbertus 11.
540 Streicherschwebung, im Fernwerk stark und rauh intoniert.
541 Walcker Werkverzeichnis Einw. Michaelis (Hamburg), S. 32.
542 Telefonische Auskunft von Prof. Dr. W. Gundlach 07.10.2003.
543 Firmenarchiv Walcker.
544 3 x 1 = 1 Evangelische Friedensgemeinde, Ausgabe 75, Advent 2002, S. 4 f mit Bildern vom Abbau.
545 Schreiben von Herrn Andreas Dolata vom 6.2.03.
546 Freundliche Auskunft Neuapostolische Kirchenverwaltung Dortmund.
547 Restaurationsbericht Ingo Bubendorfer vom 10.1.06. Dort auch Mensuren und viele technische Details.
548 Auskunft des Pfarramtes.
549 100 Jahre katholische Gemeinde in Dortmund-Oespel/Kley 1902 – 2002, S. 43. Diese Ibach-Orgel ist bei Beer (wie Anm. 58) nicht aufgeführt.
550 Freundliche Auskunft von Pfarrer E. Bittner.
551 Freundliche Mitteilung von Herrn Christoph Macke, Firmenarchiv Walcker.

[552] Mitteilung des Pfarramtes vom 21.11.2002.
[553] Freundliche Mitteilung Neuapostolische Kirchenverwaltung Dortmund.
[554] Der Verfasser dankt Herrn Chr. Macke vom Firmenarchiv Walcker.
[555] Auskunft Pfarramt.
[556] Werkliste 100 Jahre ... S. 153.
[557] Freundliche Auskunft von Helmut Diekmann, Dortmund.
[558] Freundliche Mitteilung Pfarrer Knorrek.
[559] Die neue Stockmann-Orgel in St. Marien/Dortmund-Sölde. Festschrift zur Weihe am 2. Adventssonntag 1989.
[560] Historische Orgeln CD.
[561] Stockmann Werkliste.
[562] W. Kuhlmann, Die Orgeln in der Kirche St. Peter zu Syburg und ihre Vorgeschichte, www.syburg.de/sy-orgeln-st-peter.htm. Und: E. Gerke, Klangreichtum in St. Peter, in: Ruhr-Nachrichten vom 23.7.2002, Orgeln im Dortmunder Süden.
[563] Döhring (wie Anm. 87).
[564] Vermutlich Holzflöte, C-H gedeckt, dann wie Soloflöte mit gerundeten Innenlabien.
[565] Schwartz (wie Anm. 375) S. 154.
[566] Firmenarchiv Walcker.
[567] Schwartz (wie Anm. 375) S. 117.
[568] Orgelweihfestschrift vom 6.9.1992.
[569] A. Schönstedt, Alte westfälische Orgeln, 1953 S. 16 ff.
[570] Hinweis von Prof. Ernst Biller, Karl Schuke Berliner Orgelbauwerkstatt.
[571] Orgelakte der ev. Gemeinde Wellinghofen.
[572] Verzeichnis der gelieferten Orgelwerke von Furtwängler & Hammer, Faksimile-Ausgaben zur Orgelbaugeschichte 2, 1984.
[573] Freundliche Auskunft von Herrn Pfarrer Wergel.
[574] AEK Bodelschwingh 7.5.
[575] Walcker Verzeichnis der von 1933 bis 1948 gelieferten Orgeln.
[576] Krause (wie Anm. 115) S. 34.
[577] Acta organologica Bd. 19 S. 163.
[578] Freundliche Auskunft der Neuapostolischen Kirchenverwaltung Dortmund.
[579] Wir begrüßen unsere neue Orgel. Festschrift zur Einweihung am 17. April 2005.
[580] Brief von A. Pradel vom 23.12.2002.
[581] Der Verfasser dankt Herrn Dekanatskirchenmusiker Johannes Krutmann

für Überlassung der Unterlagen.
582 Gutachten von Domorganist Helmut Peters (Paderborn) vom 12.11.1997.
583 Weite zylindrische Flöte.

Abkürzungen

7/5/P3	1.Manual 7 Register, 2.Manual 5 Register, Pedal 3 Register
II/31	2 Manuale und Pedal, 31 Register
AEK	Archiv der evangelischen Kirchengemeinde
AKK	Archiv der katholischen Kirchengemeinde
angeh.	angehängt
ausgeb.	ausgebaut
begr.	begraben
BAM	Bischöfliches Archiv Münster
BW	Brustwerk
Disp.	Disposition
elektron.	elektronisch
erb.	erbaut
ev.	evangelisch
ged.	gedeckt
katgh.	katholisch
HO	Historische Orgel
HW	Hauptwerk
KA	Kostenanschlag
Kg	Kirchengemeinde
KMD	Kirchenmusikdirektor
Komb.	Kombination
Kop.	Koppel
LAB	Archiv der evangelischen Kirche Westfalen Bielefeld
löth.	lötig
Man.	Manual
mechan.	mechanisch
NB	Neubau
Normalkop.	Normalkoppel
NW	Nebenwerk
OA	Orgelakte
OB	Orgelbauer
OBM	Orgelbaumeister
Oktavkop.	Oktavkoppel
OW	Oberwerk
P	Pedal

P.kl.	Pedalklaviatur
pneumat.	pneumatisch
Pos.	Positiv
R	Rest
Reg.	Register
Ren.	Renovierung
Rep.	Reparatur
RM	Reichsmark
RP	Rückpositiv
SAM	Staatsarchiv Münster
Stimmschl.	Stimmschlitz
SW	Schwellweerk
Trans.	Transmission
u.a.	unter anderem
UB	Umbau
UW	Unterwerk
vorw.	Vorwärtsspielend
WV	Werkverzeichnis
WW	Werkverzeichnis Walcker
Zn	Zinn
Zk	Zink

A.	Einleitung	5
	1. Dortmunder Orgelbauer	5
	2. Konfessionelle Einflüsse	7
	3. Vernichtung und Zerstörung alter und junger Orgeln	8
	4. Orgeln zwischen Krieg, Politik, Wirtschaftskrisen, Finanzierung und Sachberatern	10
	5. Denkmalpflege	13
	6. Historische Orgeln in Dortmund	15
	7. Kirchenorgeln	17
	7.1 Standort im Kirchenraum	17
	7.2 Dortmunder Orgeln vor 1600	19
	7.3 Das 17. und 18. Jahrhundert. Die Orgelbauer Alberti	22
	7.3.1 Dispositionsschema der einmanualigen Alberti-Orgel	24
	7.3.2 Registrieranweisung zur Alberti-Orgel	24
	7.3.3 Prospektaufbau	25
	7.4 Auswärtige Orgelbauer	26
	7.5 Einfluss der sächsischen Silbermannschule nach 1800. Die Dortmunder Orgelbauer Mellmann und Wild.	28
	7.5.1 Trampeli-Orgel Reinoldi	28
	7.5.2 Johann Christoph Mellmann	36
	8. Der Dortmunder Orgelbau zwischen 1850 und 1920	39
	8.1 Orgelbauer Herbst	39
	8.2 Auswärtige Orgelbauer	40
	9. Zwischen den beiden Weltkriegen	44
	9.1 Orgelbewegung	44
	9.2 Von 1945 bis zur Gegenwart	48
	9.3 Profane Orgeln	51
	9.3.1 Private Hausorgeln	51
	9.3.2 Konzertorgel	52
	9.3.3 Kinoorgeln	56
	9.3.4 Freiluftorgeln	57
	10. Fazit	58
B.	Orgelbauer-Verzeichnis	60
C.	Orgelinventar	100
D.	Firmenstatistik – Neubauten	223
	Anmerkungen	235
	Abkürzungen	259

Orgel und Liturgie
Festschrift zur Orgelweihe in St. Lamberti. Herausgegeben von Michael Zywietz

Orgeln und Orgelmusik sind für die Liturgie der beiden großen christlichen Kirchen unverzichtbar. Nicht nur weil in nahezu jedem Gottesdienst Orgelmusik erklingt, bilden Orgelmusik und Liturgie eine untrennbare Einheit. Das Bemühen um und die Suche nach einer Orgelmusik, die den Gottesdienst- und Konzertbesuchern eine religiös-künstlerische Erfahrung zu vermitteln vermag, gehört zu den zentralen Themen, die Komponisten, Organisten, Liturgie- und Musikwissenschaftler gleichermaßen beschäftigt. Denn im weitgehend säkular gewordenen Leben der Gegenwart ist die Musik für viele Menschen zur „vornehmsten Platzhalterin des Religiösen" (Kardinal Walter Kasper) geworden.
Bd. 9, 2004, 152 S., 9,90 €, br., ISBN 3-8258-8142-3

LIT Verlag Berlin – Hamburg – London – Münster – Wien – Zürich
Fresnostr. 2 48159 Münster
Tel.: 0251 / 620 32 22 – Fax: 0251 / 922 60 99
e-Mail: vertrieb@lit-verlag.de – http://www.lit-verlag.de

Hans-Jürgen Lange
Sein Lob tön' im Posaunenschalle
Die Geschichte der Posaunenchorarbeit der Hannoverschen Landeskirche
Die Hannoversche Posaunenarbeit verdankt ihre Entstehung der Hermannsburger Mission. Im Jahr 1849 gründete Theodor Harms in Hermannsburg den ersten Posaunenchor. Die Posaunenchöre der Hannoverschen Landeskirche können somit auf eine 150-jährige Geschichte zurückblicken. Die vorliegende Untersuchung dient dem Zweck, geistliche Impulse, musikalische Prägekräfte, organisatorische Entwicklungslinien und soziokulturelle Einflüsse aufzuzeigen, die die Hannoversche Posaunenchorgeschichte bestimmten.
Bd. 24, 1999, 248 S., 17,90 €, gb., ISBN 3-8258-4400-5

LIT Verlag Berlin – Hamburg – London – Münster – Wien – Zürich
Fresnostr. 2 48159 Münster
Tel.: 0251 / 620 32 22 – Fax: 0251 / 922 60 99
e-Mail: vertrieb@lit-verlag.de – http://www.lit-verlag.de

Herbert Henck
Klaviercluster
Geschichte, Theorie und Praxis einer Klanggestalt
Bd. 9, 2004, 176 S., 24,90 €, gb., ISBN 3-8258-7560-1

LIT Verlag Berlin – Hamburg – London – Münster – Wien – Zürich
Fresnostr. 2 48159 Münster
Tel.: 0251 / 620 32 22 – Fax: 0251 / 922 60 99
e-Mail: vertrieb@lit-verlag.de – http://www.lit-verlag.de